육효 혼인예측학

六
爻
婚
姻
豫
測
學

육효 혼인예측학

六爻婚姻豫測學

왕호응 著
박형규 譯

가산

가정은 사회의 가장 기본적인 구성 단위이다. 하나하나의 가족 개체가 우리 사회 전체를 구성하고 있다. 혼인은 가정을 유지하는 중요한 연결 고리라는 것을 누구나 알고 있다. 이른바 "고음불생孤陰不生, 고양불장孤陽不長"이라 말한다. 사람이 어른이 되면 짝을 찾아 결혼을 통해 자신만의 가정을 꾸려야 하며, 가족은 인간이 번성하는 과정에서 중요한 역할을 한다.

옛날이나 지금이나 중국 전통문화에서 결혼을 매우 중요하게 생각하여 "종신대사終身大事"로 칭하였다. 그래서 혼인이 사람들의 마음속에서 얼마나 중요한 위치를 차지하는지 알 수 있다. 옛사람의 혼인은 부모의 명령, 중매인의 말, 삼강오상三綱五常 등 전통적 윤리의 구속 속에서 비교적 안정적이었다.

시대가 발전함에 따라 전통적인 윤리는 서양사상의 충격과 영향으로 인하여 사람들의 가치관과 결혼관에 많은 변화를 주었다. 이로 인하여 이혼율은 해마다 증가하고 있다. 원만한 결혼은 행복한 가족의 기본으로 누구나 갖고 싶어하는 것이다. 그러나 모든 사람이 다 뜻대로 되는 것은 아니며 불행한 결혼 생활을 이어가는 사람들이 우리 주변에 매우 많다.

필자의 육효 예측에서 남녀 인연에 대한 질문이 큰 부분을 차지한다. 결혼에 대한 사람들의 중시 및 감정 문제가 모두를 얼마나 괴롭히는지 알 수 있다. 불행한 결말은 반드시 잘못된 시작에서 비롯된다. 인연의 결과를 어떻게 예측할 것인가는 역경易經의 원리에서 유래한 육효 예측학에 달려 있다. 육효 예측학은 시공간을 초월하는 예측 메커니즘을 통해 사물의 전개과정과 결과를 객관적으로 반영할 수 있다. 여러분의 인연 선택에 있어서 귀중한 삶을 살아가는데 좋은 의견을 제공할 수 있다.

필자는 장기간의 많은 상담을 통해 육효 혼인예측에서 많은 규칙과 방법을 발견하였다. 동시에 이 방면에 대한 옛사람들의 잘못된 인식을 수정하였다. 그러나 여전히 많은 문제가 있어 계속 연구되어야 한다. 천년의 역사를 가진 육효예측학이 조화로운 가정과 건전한 사회를 이루는 데 더 많은 지식인들이 이 연구의 대열에 참여하기를 바란다.

무자년(戊子年)
왕호응(王虎應)

혼인이라는 것은 사람 일생의 대사이다. 인간은 남자든 여자든 혼인에 의해 출생 후의 행복과 불행이 결정될 수밖에 없는 존재이다. 남자라면 여인을 잘 만나야 이후의 삶이 안정되고, 여자라면 남성을 잘 만나야 이후의 삶이 행복해진다. 이것은 다른 말로 할 수 없는 인생의 숙명적인 주제가 된다.

남녀간의 문제는 지역이나 시간에 따라 다르지 않고, 인종이나 종족에 따라 다르지 않다. 우리는 자손을 보며 종족·민족을 이어가고 나라를 존재, 유지하고 영원하게 하므로 그 의미는 존재 그 자체가 된다. 사람으로 태어나 그 문제에서 벗어날 수 없다. 생각하고 피해갈 수 없는 이상 바로 직면해서 풀어갈 수밖에 없다.

남녀 문제는 음양의 흐름이고, 음양은 우주의 흐름인 바 남녀의 만남은 우주의 흐름과 다르지 않다. 그러므로 음양을 넘어서는 그 어느 것도 존재의 근원을 상실하는 바이니 중요하지 않을 수 없다. 25세 많은 미국의 트럼프와 멜라니아, 25세 어린 프랑스의 마크롱과 브리짓 트로뉴는 나이와 국적에 상관없이 잘살고 있다. 이러한 관계를 도덕적인 잣대로 말할 수 없음은 물론이고, 점사 외에 알 수 있는 방도가 따로 없지 않겠는가?

엄중한 것이 남녀의 관계라면 팔자를 한순간에 바꾸어버리는 것이 혼담이니 백마 타고 오는 왕자를 기다릴 수도 있고, 백설공주를 사랑하는 난장이로 살아가면서 나도 언제 결혼할 수 있는지 알고 싶은 것은 당연하다. 삶의 엄숙함과 경박함이 어우러진 남녀의 관계를 가볍게 소홀히 할 수 없는 분야가 역학 분야임은 더 이상 거론할 필요가 없을 것이다.

즉, 아버지와 같은 남편을 맞이한다고 흉하다거나 어머니와 같은 여인을 배우자로 맞이한다고 나쁜 남자라고 말할 수 없는 가운데, 윤리 도덕 또한 무시할 수 없는 경우가 남녀의 관계 문제이다. 이처럼 일반성과 특별성이 동시에 갖게 되는 혼인 문제는 남녀의 운명과 직결되어 있음 또한 부정할 수 없다.

시대를 초월하여 오늘날도 남성과 여성에 대한 관심이나 호기심 그리고 바람과 기다림은 어느 것보다 그 중요성이 앞서는 만큼 상담 주제의 70%가 이성관계 혹은 배우자 선택·이별과 만남에 대한 상담이 해당한다. 따라서 이번에 동방문화대학원 대학교 박형규 교수가 그런 중요한 문제를 완벽하게 풀어 밝히는 혼인점에 관한 『육효혼인예측학』서를 출간한 것은 시대적 소명이라 아니할 수 없다.

박형규 교수는 명리학과 육효를 한층 더 발전시키고 있다. 명리에서는 "맹파명리" 분야의 다양한 책을 출간하였고, 육효 점법에서는 핵심 분야인『육효경제예측』『육효풍수예측학』『육효추길피흉화해비전』을 내면서 대한민국 육효학 발전에 지대한 공을 세운 것은 누구나 다 아는 바다. 이번에『육효혼인예측학』을 출간하면서 육효 점법의 3대 분야를 완성하는 쾌거를 이루었으니 이는 육효학의 전 부문을 아우르는 혁혁한 연구를 하신 것으로 그 노고는 높이 평가 받아 마땅할 것이다.

2024년 8월
동방문화대학원대학교
석좌교수 **유방현**

... 역자서문

　같이 공부하는 도반들과 독자들의 질문으로 인하여 365일 거의 하루도 쉬지 않고 "명리·육효"와 함께하는 즐거운 삶을 살고 있다. 질문에 대한 명쾌한 답을 어떻게 줄 것인가? 하는 생각으로 즐거움의 나날이었다.

　맹파명리를 공부하면서 어떻게 하면 사유의 다양성과 정확성을 끄집어낼 것인가? 하는 것이 화두였다. 이 문제를 왕호응 선생의 다양한 저술을 공부하면서 많은 부분을 해결할 수 있었다. 『육효추길피흉화해비전』 『육효경제예측학』 『육효풍수예측학』을 번역 출간 후 도반 및 독자들로부터 호평을 받았다. 아울러 『육효혼인예측학』을 번역 출간해달라는 많은 요청을 받았다.

　2023년 3월 봄비가 내리는 어느 날, 역자의 마음을 움직이는 독자의 문자 한 통을 받았다. 바로 왕호응 선생에게 연락을 취하여 출판권 계약을 하고 번역을 시작하였다. 번역을 하면서 하루하루가 기쁨의 연속이었다.

　특히 "맹파명리"의 혼인에 대한 통변은 자타가 인정하는 논리성과 정확성을 가지고 있는데, 이 논리를 왕호응 선생의 『육효혼인예측학』에서 볼 수 있어 그 기쁨을 이루 말할 수 없었다.

번역을 하면서 수없이 무릎을 쳤다. 육효에서 활용하는 다양한 지지의 상象과 육신六神, 육친六親 등을 통하여 해석해 내는 신출귀몰한 통변은 신神의 경지가 아니고서는 불가능하다고 보았다. 그런데 신묘하게도 너무너무 쉽게 통변을 한다는 것이고 마치 소설을 읽듯이 설명이 잘되어 있다는 것이다.

이 책에 나오는 《연애戀愛》《맞선相親》《미혼동거未婚同居》《부처백미夫妻百味》《혼외정婚外情》《동성애同性愛》《불행한 혼인婚姻》《결혼結婚》《이혼離婚》《재혼復婚》《종신고독終身孤獨》《혼인의 유년流年 분석》 등은 왕호응 선생이 왜 세계적으로 주역과 육효로 유명한 분이신가를 확인할 수 있는 중요한 내용이 될 것으로 보인다.

이 책에는 남녀 관계에서 연애·혼인에 대해 일어날 수 있는 모든 경우의 수를 망라했다고 해도 과언이 아니다. 학문의 즐거움으로 더 넓고 깊은 곳까지 가고자 하는 독자들에게 매우 유익한 책이 될 것이다.

책을 출간하는데 있어 많은 분들의 도움을 받았다. 동방문화대학원 석좌교수 유방현 교수님의 격려와 응원이 큰 도움이 되었다. 그리고 맹파명리학술원 이성열·이승희 전·현 회장님의 격려, 번역을 도와준 황영희, 교정을 도와준 김인수,

심재호, 지태현, 김은희, 조미란 도반의 도움으로 책이 출간되었다. 도움을 주신 분들께 거듭 감사의 말씀을 드린다.

　끝으로 역자를 믿고 출판권을 허락해 주신 왕호응 선생께 진심으로 감사를 드린다.

2024년 8월

종로 서재에서

학산 **박형규** 올림

차례...

제**3**장 혼인 분류 예측.........253

제1장

육효 기초지식을 혼인예측에 응용

"육효혼인예측학"

六爻婚姻豫測學

OI절

혼인예측에서 용신(用神)

육효 혼인예측은 남녀에 따라 용신(用神)이 다르다.

◉ **남자가 혼인예측할 때**는 처재(妻財)를 용신으로 본다.

　여자가 혼인예측할 때는 관귀(官神)를 용신으로 본다.

응효(應爻)는 상대방의 상황과 상대방 가정의 상황을 대표한다.

◉ 자신이 직접 와서 예측하던, 가족·친구가 예측하던 **남자 측을 대표하여 예측할 때**는 처재를 용신으로, **여자 측을 대표하여 예측할 때**는 관귀를 용신으로 본다.

◉ **부모의 결혼을 예측할 때**는 부모를 용신으로 본다.

혼외정사를 예측하는 것도 남녀에 따라 다르다.

◉ **남자**는 처재(妻財)를 용신(用神)으로, **여자**는 관귀(官神)를 용신(用神)으로 본다.

◉ **만약 어떤 사람의 정황을 예측할 때**는 세효(世爻)는 이 사람을 대표하고, 처재나 관귀는 보지 않는다.

◉**결혼증서를 예측하는 것은** 부모를 용신으로 본다.

◉**중매인 역할을 예측하려면** 반드시 응효(應爻)를 용신으로 본다.

◉**상대방의 가정 형편과 태도를 예측할 때는** 응효를 용신으로 본다.

전반적으로 용신은 왕상(旺相)해야 좋고, 일월(日月)·동효(動爻)가 와서 생부(生扶)하는 것이 좋으며, 화(化)하여 회두생(回頭生)을 받는 것이 좋다. 기신이 발동하는 것은 기신의 힘이 어떠한가를 보아야 한다. 휴수(休囚)는 단지 잠시 불리할 뿐이다. 기신이 제압될 때 좋은 계기가 나타날 것이다. 그러나 용신은 지나치게 왕성해지는 것을 두려워한다. 지나치게 왕성하면 사물이 극에 달하여 반드시 반대로 변하니 결혼이 좋지 않은 정보이다.

【예1】 乙酉年 巳月 辛丑日 (旬空:辰巳)					
어떤 분이 딸의 혼인에 대해 문의하였다					
지산겸(地山謙) ➡ 지수사(地水師)					
螣蛇		兄弟酉金	‖		
勾陳		子孫亥水	‖	世	
朱雀		父母丑土	‖		
靑龍		兄弟申金	⚊		官鬼午火
玄武	(妻財卯木)	官鬼午火	⚋	應	父母辰土
白虎		父母辰土	‖		

【판단】 관귀(官鬼)를 용신(用神)으로 본다. 관귀 오화(午火)는 월(月)의 도움을 얻어 왕상(旺相)하여 혼인이 이루어진다. 처재(妻財) 묘목(卯木)은 용신 아래에 복장(伏藏)되어 있다. 즉, 상대방이 여자친구가 있거나 아니면 결혼했음을 나타낸다. 용신이 동(動)하여 부모(父母)로 화하였다. 부모는 결혼증서를 의미한다. 그래서 이미 혼인

한 것으로 본다. 하지만 화출(化出)된 부모 진토(辰土)가 공망(空亡)이라 곧 이혼할
것으로 보인다.

세효(世爻) 자손(子孫) 해수(亥水)는 딸을 대표한다. 세효는 월(月)의 관귀(官鬼) 사
화(巳火)에게 충파(沖破)당하였다. 관귀는 남자를 의미한다. 자손을 충파(沖破)함은
딸이 이미 몸을 버려 처녀가 아니다. 사화(巳火)가 충파(沖破)하는데, 월파(月破)는
또다시 충파(沖破)를 응하기 때문에 신사(辛巳)년에 몸을 버렸다고 판단했다.

《피드백》 Feedback 역시 그의 딸은 신사(辛巳)년에 몸을 버렸다. 현재 사귀고 있는 남자친구는
처가 있다. 그 후 3일 후에 그 남자는 처와 이혼했다.

		【예2】午月 丁丑日 (旬空：申酉)			
		여자가 혼인을 문의하였다			
		풍뢰익(風雷益) ➡ 화뢰서합(火雷噬嗑)			
靑龍		兄弟卯木	|	應	
玄武		子孫巳火	✗		妻財未土
白虎		妻財未土	✗		官鬼酉金
螣蛇	(官鬼酉金)	妻財辰土	ᛁᛁ	世	
勾陳		兄弟寅木	ᛁᛁ		
朱雀		父母子水	|		

《판단》 Judgement 관귀(官鬼)를 용신(用神)으로 본다. 향규(香閨_여자가 거처하는 방에 대한 미칭(美
稱))인 인목(寅木)·묘목(卯木)은 휴수(休囚)하여 입묘(入墓)한다. 관귀는 공망(空亡)
이고 괘에 없다.

결혼증서를 나타내는 부모(父母)가 월파(月破)되었다. 아직 결혼을 하지 못했음을 의미한다. 하지만 관귀(官鬼)가 세효(世爻) 아래 복장(伏藏)되어 이미 남자친구가 있음을 나타낸다.

세효(世爻)는 관귀(官鬼) 유금(酉金)을 생한다. 하지만 관귀 유금(酉金)은 공망(空亡)이라서 생을 받을 수 없다. 복장(伏藏)은 또 회피를 뜻한다. 이 남자의 태도는 적극적이지 않고 그녀의 사랑을 전혀 신경쓰지 않음을 설명한다. 세효가 등사(螣蛇)에 임했다. 등사는 짜증을 나타내는데 현재 그녀의 기분이 좋지 않음을 설명한다. 4효 미토(未土)가 동(動)하여 관귀로 화(化)했다. 현재 또 다른 남자가 나타난 것을 의미한다. 그래서 자신이 망설이며 결정을 내리지 못한다.

《피드백》 실제로 그렇다.

【예3】 酉月 戊戌日 (旬空:辰巳)				
남자가 여자 조카의 혼인에 대해 문의하였다				
산천대축(山川大畜) ➡ 화뢰서합(火雷噬嗑)				
朱雀		官鬼寅木	|	
靑龍		妻財子水	||	應
玄武		兄弟戌土	✗		子孫酉金
白虎	(子孫申金)	兄弟辰土	✗		兄弟辰土
螣蛇	(父母午火)	官鬼寅木	✗	世	官鬼寅木
勾陳		妻財子水	|	

《판단》 관귀(官鬼)를 용신(用神)으로 본다. 괘(卦)에 관귀가 양현(兩現)하여 발동(發

動)한 효(爻)를 용신(用神)으로 한다. 관귀가 지세(持世)하여 이미 남자친구가 있음을 나타낸다. 부모(父母) 오화(午火)가 복장(伏藏)되고 입묘(入墓)하였다. 게다가 묘고(墓庫)가 현무(玄武)에 임했다. 부모(父母)는 결혼증서를 의미하고, 복장(伏藏)과 입묘(入墓)는 공개할 수 없다는 것을 의미한다. 현무(玄武)는 또한 은밀함을 나타내므로 그래서 두 사람은 아직 결혼증서를 받지 않았지만 이미 같이 동거하고 있다고 판단했다.

용신(用神)은 월(月)에 극을 당하여 휴수(休囚)하다. 내괘(內卦)가 복음(伏吟)이라 두 사람은 맞지 않아 오래가지 못한다.

《피드백》 역시 두 사람은 동거했다. 하지만 서로 불화하여 나중에 헤어졌다.

【예4】甲辰日 (旬空：寅卯)					
여자가 남편과 이혼하고 싶은데 가능한지 문의하였다					
화산려(火山旅) ➡ 화지진(火地晉)					
玄武		兄弟巳火	｜		
白虎		子孫未土	‖		
螣蛇		妻財酉金	｜	應	
勾陳	(官鬼亥水)	妻財申金	✗		父母卯木
朱雀		兄弟午火	‖		
靑龍	(父母卯木)	子孫辰土	‖	世	

《판단》 관귀(官鬼)를 용신(用神)으로 본다. 관귀 해수(亥水)가 복장(伏藏)되었다. 남편은 자주 집에 들어오지 않는다. 비신(飛神)인 처재(妻財) 신금(申金)이 독발(獨發)

하였다. 3효에서 관귀를 생한다. 처재는 여자를 의미하고, 3효는 침대이니 남편이 밖에서 바람을 피운다는 것을 나타낸다. 처재 신금(申金)이 부모(父母)인 공망(空亡)으로 화출(化出)하였다. 그래서 이 여자는 이미 이혼한 여자임을 나타낸다.

세효(世爻)는 기신(忌神)이니 자신은 남편과 이혼하고 싶어 한다. 하지만 관귀(官鬼)가 월(月)의 생(生)을 받고, 동효(動爻)의 생(生)도 받아 왕상(旺相)하다. 그래서 이혼을 할 수가 없다.

《피드백》 결국 이 여자는 이혼하지 못했다.

【예5】 寅月 甲寅日 (旬空 : 子丑)				
여자가 어떤 남자와의 관계가 계속 이루어질지 문의하였다				
화풍정(火風鼎) → 뇌풍항(雷風恒)				
玄武		兄弟巳火	✗		子孫戌土
白虎		子孫未土	‖	應	
螣蛇		兄弟酉金	Ⅰ		
勾陳		兄弟酉金	Ⅰ		
朱雀		官鬼亥水	Ⅰ	世	
靑龍	(父母卯木)	子孫丑土	‖		

《판단》 관귀(官鬼)를 용신(用神)으로 본다. 관귀 해수(亥水)가 지세(持世)하여 두 사람은 이미 같이 있다. 사화(巳火)가 현무(玄武)에 임하고 독발(獨發)하였다. 독발은 성질(性質)을 의미하고, 현무는 애매(曖昧_행위 특히 남녀 관계가) 애매하다, 떳떳하지 못하다, 미심쩍다)를 의미하기 때문에 두 사람은 동거 관계라고 볼 수 있다. 관귀는 일(日)과 합

(合)하고, 일(日)은 부모(父母)라서 상대방은 이미 결혼했음을 나타낸다. 독발은 주로 상(象)을 위주(爲主)로 한다. 절지(絶地) 독발이라 오래 사귀지 못한다.

《피드백》 역시 상대방은 처가 있다. 인(寅)월 기묘(己卯)일에 헤어졌다.

【예6】 庚申日 (旬空 : 子丑)				
남자가 여자 동창생의 혼인을 문의하였다				
화천대유(火天大有)				
螣蛇		官鬼巳火	|	應
勾陳		父母未土	||	
朱雀		兄弟酉金	|	
靑龍		父母辰土	|	世
玄武		妻財寅木	|	
白虎		子孫子水	|	

《판단》 관귀(官鬼)를 용신(用神)으로 본다. 세효(世爻)는 남자의 동창생으로도 볼 수 있다. 세효(世爻)는 진토(辰土)이고, 응효(應爻)는 관귀 사화(巳火)이다. 모두 동궁(同宮)이다. 동일하게 손괘(巽卦)에 속하기 때문에 두 사람은 친척(親戚) 아니면 동창생이다.

《피드백》 같은 학교에서 졸업했다.

판단 관귀(官鬼)는 일(日)과 서로 합(合)하고, 일(日)은 형제(兄弟)이니 동창생 남편이 외도했다. 다른 여자와 바람을 피운 것이다. 하지만 관귀가 세효(世爻)를 생하니,

그 남편은 동시에 이 동창생도 사랑한다. 세효와 형제(兄弟) 유금(酉金)이 서로 합(合)을 하였다. 여자 동창 본인도 외도한 것이다. 용신(用神)이 왕상(旺相)하여 두 사람은 이혼하지 못한다.

피드백 역시 두 사람 모두 각자 바람을 피웠고, 여자 동창생은 이혼을 원했지만 그녀의 남편은 동의하지 않았다.

【예7】 寅月 丁卯日 (旬空:戌亥)					
여자가 결혼증서를 수령할 수 있을지 문의하였다					
뇌풍항(雷風恒) ➜ 산풍고(山風蠱)					
靑龍		妻財戌土	✗	應	兄弟寅木
玄武		官鬼申金	‖		
白虎		子孫午火	✗		妻財戌土
螣蛇		官鬼酉金	Ⅰ	世	
勾陳	(兄弟寅木)	父母亥水	Ⅰ		
朱雀		妻財丑土	‖		

〖판단〗 비록 부모효(父母爻)는 결혼증서를 나타내지만, 성사 여부는 관귀효(官鬼爻)를 봐야 한다.

이 괘는 관귀(官鬼)가 양현(兩現)하니, 파(破)된 관귀 신금(申金)을 용신(用神)으로 한다. 관귀가 월파(月破)되고 일진(日辰)의 생부(生扶)를 얻지 못하여 휴수(休囚)하다. 또 괘에 삼합 자손국(子孫局)이 용신을 극한다. 그래서 이 결혼은 성사되지 않아 결혼증서를 받을 수 없다. 더구나 결혼증서를 대표하는 부모(父母) 해수(亥水)는 공망(空亡)이고, 또 괘 안의 처재(妻財) 술토(戌土)에게 극을 당했다. 처재는 응효(應爻)에 임하며 부모를 극한다. 응(應)은 상대방을 나타낸다. 상대방이 결혼하고 싶은 생각이 없다.

이 괘는 자손(子孫) 삼합국이 용신(用神)을 극하는 동시에 또 세효(世爻)를 극한다. 자손이 백호(白虎)에 임했다. 백호는 병증(病症)·혈광지재(血光之災)를 뜻한다. 본인에게 예기치 못한 재난이 발생하지 않도록 예방해야 한다.

자손(子孫) 오화(午火)가 동(動)하면서 술토(戌土)는 공망(空亡)으로 화(化)했다. 출공(出空)이 될 때는 힘이 작용하기 때문에 각별히 조심해야 한다. 질병이 발생할 수가 있어 예방이 필요하다. 자손 오화(午火)는 2002년의 태세(太歲)이다. 이 해에 방심은 금물이다.

[피드백] 결국 여자는 그 남자와 결혼하지 못했을 뿐만 아니라 2001년 술월(戌月)에 자궁암이 발견돼 다방면으로 치료했는데 효과가 없었다. 결국 2002년 술월(戌月)에 병(病)으로 사망했다.

【예8】 辰月 丙午日 (旬空:寅卯) 31세 남자가 인터넷 채팅으로 만난 여자의 상황에 대해 문의하였다				
산수몽(山水蒙)				
靑龍		父母寅木	∣	
玄武		官鬼子水	∥	
白虎	(妻財酉金)	子孫戌土	∥	世
螣蛇		兄弟午火	∥	
勾陳		子孫辰土	∣	
朱雀		父母寅木	∥	應

《판단》 만약에 상대방의 길흉에 대해 예측하고 싶다면 응효(應爻)를 용신(用神)으로 본다. 만약에 상대방과 자신의 관계가 우호적으로 잘 진행될 수 있는지에 대한 예측은 처재(妻財)를 용신으로 본다. 하지만 지금은 그냥 상대방의 상황이 어떤지 문의했기 때문에 세효(世爻)를 용신으로 본다.

세효(世爻) 술토(戌土)는 백호(白虎)에 임했다. 백호는 조급함을 나타낸다. 그래서 성질이 좋지 않고 성격이 급하다. 토(土)는 비만의 의미로 몸이 뚱뚱하다.

《피드백》 성격이 급하고 비만이다.

판단 응효(應爻) 부모(父母) 인목(寅木)이 공망(空亡)이다. 부모는 결혼증서를 의미한다. 무인(戊寅)년에 출공(出空)이니, 이 해에 결혼하였다.

피드백 1998년 무인(戊寅)년에 결혼했다.

판단 자손(子孫) 술토(戌土)는 백호(白虎)에 임하여 월파(月破)되었다. 자손은 아이,

26 육효
혼인예측학

백호는 피·유산을 의미한다. 월파(月破)는 손상을 나타내기 때문에 아이를 유산한 적이 있다.

피드백 맞다. 유산한 적이 있다.

판단 자손(子孫) 술토(戌土)가 월파(月破)되었는데, 1999년 기묘(己卯)년은 합파(合破)하니 이 해에 아이를 낳았다.

피드백 맞다. 아들을 낳았다.

판단 관귀(官鬼) 자수(子水)가 휴수(休囚)하고, 자손(子孫)이 지세(持世)하니 결혼생활이 좋지 않아 부부가 화목하지 않다. 기묘(己卯)년에 세효(世爻)가 자손 술토(戌土)를 합파(合破)하니 힘이 생겨 관귀를 극한다. 그래서 1999년 기묘(己卯)년부터 부부가 불화가 시작됐다.

피드백 1999년 기묘(己卯)년에 별거했다.

02절
혼인예측에서 효위(爻位) 사용법

육효 혼인예측에서 효위(爻位)는 비록 질병예측과 풍수예측을 할 때보다 많이 사용하지는 않지만 여전히 필수적인 참고 정보 중 하나이다. 효위(爻位)는 직업, 거리원근(遠近), 발전 정도, 외모 등을 판단할 때 중요한 작용을 한다.

- 1효(初爻) 이웃, 후손(후대), 처음 시작, 초보, 최초, 토지, 개체(개인), 백성, 하부조직, 발, 시골(지방) 등
- 2효 부처(夫妻), 집(宅), 건물, 집안, 고향, 실내 작업, 다리, 복부 등
- 3효 회계, 문, 침대, 출구, 고향 사람 등
- 4효 고향사람, 외지, 실외, 교외 등
- 5효 도로, 지도자, 학부모, 간부, 중요(重要), 수도, 대도시, 좋아함 등
- 6효 외지, 해외, 먼 곳, 종료, 퇴직 등

비록 일부 효위(爻位)의 뜻을 열거했지만 여기에 구애되어서는 안 된다. 다른 방

면의 효위의 의미를 분석하여 혼인을 예측하는 데 사용할 수도 있다. 동시에 육신(六神), 월파(月破), 공망(空亡), 충(沖), 합(合) 등을 결합하여 판단하면 정확하다.

【예1】庚辰年 丑月 乙未日 (旬空 : 辰巳) 29세 남자가 언제 결혼할 수 있는지 문의하였다				
천지비(天地否)				
玄武		父母戌土	▮	應
白虎		兄弟申金	▮	
螣蛇		官鬼午火	▮	
勾陳		妻財卯木	▮▮	世
朱雀		官鬼巳火	▮▮	
青龍	(子孫子水)	父母未土	▮▮	

판단 처재(妻財)를 용신(用神)으로 본다. 처재 묘목(卯木)은 일월(日月)의 도움을 얻지 못해 휴수(休囚)하다. 또 일(日)에 입묘(入墓)하니 결혼을 늦게 한다. 상장(床帳_침대) 자수(子水)는 일월(日月)에 의해 극상(剋傷)을 당하여 휴수하다. 또 괘(卦)에 없으니 현재 결혼하지 못했다.▾

부모(父母) 미토(未土)는 일(日)에 임했다. 부모효(父母爻)로 결혼응기를 판단한다. 미토(未土)는 월파(月破)되었기 때문에 합파(合破)·실파(實破)가 필요하다. 임오(壬午)년에 부모 미토(未土)가 합(合)을 만났고, 계미(癸未)년에 실파(實破)되었으니, 반드시 2년 이내에 결혼할 것이다.

▾ 혼인괘(婚姻卦)에는 비법이 하나 있다. 남자는 상장(床帳_침대)을 보고, 여자는 향규(香閨)를 본다. 괘신(卦身)을 생하는 것은 상장(床帳), 극하는 것은 향규(香閨)로 본다. 상장(床帳)이 공망이면 장가를 못 가고, 향규가 묘절(墓絶)이면 아직 좋은 배필이 없음을 나타낸다.

처재(妻財) 묘목(卯木)은 3효에 있으며 구진(勾陳)에 임했다. 3효는 문호(門戶)이니 검문소를 의미한다. 구진은 사무실을 의미하는데 목(木)이 임했다. 목(木)은 화(火)를 생하는 오행(五行)이다. 화(火)는 문자·문서를 의미한다. 그래서 회계라고 판단했다. 또 부모(父母) 미토(未土)는 재고(財庫)라서 결혼할 사람이 돈을 관리하는 것을 의미할 수 있다.

용신(用神)이 응효(應爻) 부모(父母) 술토(戌土)와 합(合)한다. 응(應)은 6효에 있다. 6효는 외지(外地)이다. 여자 측의 부모는 외지에 있다. 여자는 외지 사람이다. 하지만 처재(妻財)는 초효(初爻)에 입묘(入墓)한다. 초효는 본지(本地_현지인), 부모는 호구(戶口_호적)·문서(文書)이니 현지 사람임을 의미한다.

[피드백] 그가 2002년 임오(壬午)년에 결혼했다는 것을 나중에 알게 되었다. 그의 아내는 은행에 근무한다.

【예2】 卯月 丙子日 (旬空:申酉)					
여자가 부부 인연을 예측하였다					
풍산점(風山漸) → 천산둔(天山遯)					
靑龍		官鬼卯木	∣	應	
玄武	(妻財子水)	父母巳火	∣		
白虎		兄弟未土	⚋̸		父母午火
螣蛇		子孫申金	∣	世	
勾陳		父母午火	∥		
朱雀		兄弟辰土	∥		

｛판단｝ 관귀(官鬼)를 용신(用神)으로 본다. 관귀 묘목(卯木)은 6효에서 청룡(靑龍)에 임하였다. 월(月)의 도움을 얻고 일(日)이 와서 생(生)하니 왕상(旺相)하다. 두 사람은 이혼하지 않는다. 6효는 퇴직(退職)의 효위(爻位)이다. 남편이 집에서 지위가 없어 집안의 일을 주체적으로 처리하지 못한다. 용신이 목(木)에 임하여 남편의 성격이 연약하다.

용신(用神)은 독발(獨發)한 효(爻)에 입묘(入墓)한다. 이는 남편이 통제당함을 표시한다. 발동(發動)한 효(爻)는 세효(世爻)의 원신(元神)이다. 원신은 사유·생각을 의미한다. 바로 그녀가 남편을 확실히 통제하고 싶어한다는 것을 의미한다. 세효가 용신을 극한다. 그녀가 남편을 좋아하지 않음을 의미한다. 세효는 신금(申金)에 임하고 공망(空亡)이다. 금(金) 공망은 울림과 음성을 나타내어 그녀가 남편한데 자주 욕을 함을 나타낸다.

2효 부모(父母) 오화(午火)가 암동(暗動)하여 세효(世爻)를 극제(剋制)한다. 세효가 용신(用神)을 극하는 힘을 약하게 한다. 2효는 택(宅), 집을 의미한다. 부모(父母)는 어머니·아버지이다. 친정부모는 그녀가 남편에게 욕하지 말고 좋게 이야기하라고 했다.

｛피드백｝ 이상의 판단은 실제 상황과 완전 똑같다.

colspan

【예3】 乙酉年 巳月 乙卯日 (旬空:子丑)

정미년(丁未年)생 여자가 남자로 인한 곤혹스런 감정에 대해 문의하였다

화택규(火澤睽) ➡ 화천대유(火天大有)

玄武		父母巳火	❙		
白虎	(妻財子水)	兄弟未土	❚❚		
螣蛇		子孫酉金	❙	世	
勾陳		兄弟丑土	✗		兄弟辰土
朱雀		官鬼卯木	❙		
靑龍		父母巳火	❙	應	

【판단】 관귀(官鬼)를 용신(用神)으로 본다. 관귀 묘목(卯木)은 일(日)의 도움을 얻고 2효에 있다. 2효는 부처(夫妻)의 자리이다. 용신이 귀위(歸位_제자리에 위치)하였다. 남편은 가정적으로 집안 일을 잘 도우며 용신이 목(木)이라 마음이 선량하다.

하지만 3효 축토(丑土)가 발동(發動)하고 공망(空亡)이면서 세효(世爻)를 생한다. 3효는 침대 혹은 여자의 거실을 의미한다. 그래서 실내가 비어 있음을 나타내어 부부가 같이 있는 시간이 적다. 일(日)에 있는 묘목(卯木) 역시 관귀(官鬼)이다. 세효를 충(沖)하니 충(沖)은 추구함을 나타낸다. 관귀는 남자로 일(日)은 지금 현재이니 현재 한 남성이 자신을 좋아함을 의미한다. 그래서 자기의 마음이 움직인 것이다.

침실은 3효에서 공망(空亡)이며 동(動)하면서 진신(進神)으로 화(化)했다. 3효는 침대를 의미하니 빈 침대 옆에 또 하나의 침대를 더한 것으로 바람을 의미하니 다른 남자와 동거했다. 자손(子孫)이 지세(持世)하고, 향규(香閨_침실)는 또 자손의 묘고(墓庫)이니 임신한 상(象)이다. 하지만 자손 묘고(墓庫)가 공망(空亡)이다. 이것은 또 낙태를 나타낸다. 분명히 동거하는 남자와 임신해서 낙태한 적이 있다.

관귀(官鬼)가 세효(世爻)를 충(沖)하니 마음이 불안하다. 세효가 등사(螣蛇)에 임하고, 등사는 불안을 의미한다. 그래서 이 남자와의 교제가 이미 그녀를 두려움에 떨게 했다는 것을 나타낸다. 자손(子孫)이 지세(持世)하고 암동(暗動)하였다. 자손은 걱정을 해결하고, 기분이 좋고, 즐거움을 의미한다. 그래서 자신은 이런 국면을 빨리 끝내고 싶어 생활의 안정에 대해 문의한 것이다.

〖피드백〗 역시 그랬다. 이 여자는 결혼한 지 십여 년(年)이 되었다. 남편의 상황은 판단한 그대로이다. 남편은 아이를 낳고 나서 예전처럼 그녀에게 관심을 기울이지 않았다. 이때 갑자기 어떤 남자가 그녀의 생활에 들어와 그녀와 사이가 좋아져서 결국 임신을 하게 되었다. 임신 후에야 이 남자가 아내가 있다는 것을 알게 되어 그녀는 낙태를 했다. 하지만 이 남자는 그녀를 붙잡고 놓아주지 않고, 그녀에게 첩을 해달고 했다. 여자는 너무 무서워서 이런 국면에서 벗어나고 싶었다.

【예4】亥月 庚子日 (旬空：辰巳) 남자가 혼인을 문의하였다				
산택손(山澤損) → 산수몽(山水蒙)				
螣蛇		官鬼寅木	⏐	應
勾陳		妻財子水	‖	
朱雀		兄弟戌土	‖	
靑龍	(子孫申金)	兄弟丑土	‖	世
玄武		官鬼卯木	⏐	
白虎		父母巳火	✗	官鬼寅木

〖판단〗 처재(妻財)를 용신(用神)으로 본다. 처재 자수(子水)는 5효에 있으며 일월(日月)의 도움을 얻어 왕상(旺相)하다. 침대인 자수(子水)가 왕상하고 용신과 같으니, 이

미 결혼했음을 의미한다. 하지만 부모(父母) 사화(巳火)가 독발(獨發)하였다. 부모는 결혼증서를 의미하는데 월파(月破)이고 공망(空亡)이다. 혼인은 유명무실하여 결혼 증서는 빈 종이와 같다.

용신(用神)은 5효에 있고 5효는 존위(尊位)이다. 여자가 패권을 장악함을 나타내니, 이 집에서 하고 싶은 말은 다 한다. 세효(世爻)를 합(合)함은 자신을 꼼짝 못하게 해서 집안의 대권을 독차지하려고 한다.

세효(世爻)는 토(土)이다. 이는 자신이 너무 착함을 의미하고 청룡(靑龍)에 임했으니 온화하고 선량하며 예절이 있음을 의미한다. 독발(獨發)은 상(象)을 위주(爲主)로 한다. 부모(父母)가 용신(用神)을 절(絶)하니 이혼은 필연적인 것이다. 용신은 자수(子水)이니 자월(子月)에 이혼한다. 또 부모 사화(巳火)가 월파(月破)를 당하니 응기(應期)는 출현하는 월이 된다.

《피드백》 역시 영험했다.

【예5】 甲申年 卯月 壬子日 (旬空:寅卯)					
여자가 어떤 남자와의 발전이 어떤지 문의하였다					
산수몽(山水蒙)					
白虎		父母寅木	|		
螣蛇		官鬼子水	||		
勾陳	(妻財酉金)	子孫戌土	||	世	
朱雀		兄弟午火	||		
靑龍		子孫辰土	|		
玄武		父母寅木	||	應	

《판단》 관귀(官鬼)를 용신(用神)으로 본다. 관귀 자수(子水)는 5효에 있다. 5효는 지도자 효위이니 상대방은 벼슬을 한 사람이다. 초효(初爻)에 부모(父母) 인목(寅木)이 현무(玄武)가 임하여 공망(空亡)이 되었다. 두 사람은 이미 동거 관계였다. 용신이 안정되어 임오(壬午)년에 용신을 충(沖)하니 이 해에 알게 되었다. 용신은 일(日)의 도움을 얻기 때문에 두 사람은 장기적으로 발전이 가능하다.

《피드백》 역시 임오(壬午)년에 알게 되었고 두 사람은 사이좋게 잘 지내고 있다.

【예6】 壬午年 戊月 壬子日 (旬空:寅卯)				
여자가 와서 남편과의 이혼이 가능하겠는지 문의하였다				
수천수(水天需)				
白虎		妻財子水	▌▌	
螣蛇		兄弟戌土	▌	
勾陳		子孫申金	▌▌	世
朱雀		兄弟辰土	▌	
靑龍	(父母巳火)	官鬼寅木	▌	
玄武		妻財子水	▌	應

《판단》 관귀(官鬼)를 용신(用神)으로 본다. 관귀 인목(寅木)은 2효에서 공망(空亡)이다. 2효는 집을 의미하고, 공망은 집에 없음을 표시한다. 그래서 남편은 종종 집을 비운다. 용신은 일(日)의 자수(子水)를 보면 목욕(沐浴)이니 남편은 여색을 좋아한다. 유혼괘(遊魂卦)라 마음이 자신〔상담자〕에게 없다.

자손(子孫)이 지세(持世)하고 유혼괘(遊魂卦)라 자신은 남편과 이혼하고 싶어 한다.

하지만 관귀(官鬼)는 일(日)이 생(生)하고 원신(元神)이 양현(兩現)하기 때문에 이혼하기 쉽지 않다. 세효(世爻)의 원신을 월파(月破)하여 병술(丙戌)년에는 재앙을 대비해야 한다.

《피드백》 이혼하지 못했다. 결국 병술(丙戌)년에 인삼을 과다 섭취하여 사망했다.

【예7】 子月 庚申日 (旬空:子丑)					
남자가 와서 여자친구와의 이별 여부에 대해 문의하였다					
산천대축(山川大畜) → 뇌택귀매(雷澤歸妹)					
騰蛇		官鬼寅木	✗		兄弟戌土
勾陳		妻財子水	‖	應	
朱雀		兄弟戌土	✗		父母午火
青龍	(子孫申金)	兄弟辰土	✗		兄弟丑土
玄武	(父母午火)	官鬼寅木	│	世	
白虎		妻財子水	│		

《판단》 처재(妻財)를 용신(用神)으로 본다. 괘에 처재가 양현(兩現)하여 응효(應爻) 처재 자수(子水)를 용신으로 본다. 부모(父母) 오화(午火)가 현무(玄武)에 임하고 괘에 없다. 동효(動爻) 술토(戌土)에 입묘(入墓)하였다. 이 조합은 두 사람이 이미 동거했다는 것을 의미한다.

용신(用神) 처재(妻財) 자수(子水)는 5효에서 공망(空亡)이다. 5효는 도로인데 공망이니 2효를 생하지 않는다. 2효는 집을 의미하니 여자친구는 종종 밖에 돌아다니면서 자신의 곁에 돌아오기를 싫어한다. 기신(忌神) 형제(兄弟)는 둘 다 동(動)하였다.

용신은 형제 진토(辰土)에 입묘(入墓)하였다. 여자는 이미 다른 사람의 품에 안긴 것이다. 형제 술토(戌土)는 주작(朱雀)에 임하며 동(動)하니 두 사람 관계는 이미 좋지 않아 자주 다툼을 의미한다.

[[피드백]] 실제로 동거하던 여자 친구와 언쟁을 벌이다가 헤어졌다. 헤어진 후 다시 만나면 또 다투고 헤어지는 일이 반복되었다. 그래서 여자친구는 그를 떠나 다른 남자와 사이좋게 지냈다. 그녀한테 전화해도 받지 않고, 게다가 그녀는 다른 남자를 시켜 자신한테 전화를 걸어 욕을 하게 했다.

03절
혼인예측에서 육친(六親)이 대표하는 의미

    육친은 육효예측에서 구체적인 뜻을 분별하고 정보를 추출하는데 중요한 근거가 된다. 예측한 내용에 따라 육친의 의미가 다르게 나타나기 때문에 육친의 의미를 잘 파악해야만 세부적인 판단을 정확하게 할 수 있다.

- 부모(父母) 어르신, 부모님, 결혼증서, 소식, 집, 중매인 등
- 관귀(官鬼) 남자, 직장, 정부, 질병, 남자 친구, 남편 등
- 처재(妻財) 재물, 여자, 여자친구, 아내 등
- 자손(子孫) 아이, 자녀, 기쁨, 여자 혼인에 불리한 정보 등
- 형제(兄弟) 저항, 남자 혼인에 불리한 정보, 제3자, 친구, 형제 등

【예1】 丑月 丙午日 (旬空：寅卯) 남자가 와서 35세 딸이 언제 결혼할 수 있는지 문의하였다				
수뢰둔(水雷屯)				
靑龍		兄弟子水	‖	
玄武		官鬼戌土	│	應
白虎		父母申金	‖	
螣蛇	(妻財午火)	官鬼辰土	‖	
勾陳		子孫寅木	‖	世
朱雀		兄弟子水	│	

《판단》 관귀(官鬼)를 용신(用神)으로 본다. 괘에 관귀가 양현(兩現)하고 월(月)의 도움을 얻고 일(日)이 와서 생하니 왕상(旺相)하다. 그래서 결혼의 기회가 많다는 것을 나타낸다. 하지만 자손(子孫) 인목(寅木)은 2효에서 구진(勾陳)에 임하며 공망(空亡)이다. 자손은 그의 딸을 의미한다. 2효는 집 혹은 집안을 의미한다. 구진은 움직이지 않는 상(象)이다. 수뢰둔(水雷屯)괘는 진(陣)을 침을 의미한다. 그래서 딸은 외출하는 것을 좋아하지 않는다. 평생 시집 안 가고 집에 있고 싶어 한다.

자손(子孫)이 지세(持世)함은 딸의 혼인에 대해 매우 관심이 많음을 의미한다. 딸 때문에 걱정이 많다. 자손이 지세하지만 공망(空亡)이다. 이는 딸을 한평생 곁에 두고 싶지 않다는 것을 나타낸다.

《피드백》 딸은 내성적인 성격으로 퇴근 후 바로 집에 돌아오면 문을 닫고 책을 읽는다. 나가는 일이 거의 없다. 소통하는 친구도 별로 없다. 비록 많은 사람들이 그녀에게 배우자를 소개해 주지만 선을 본 적이 없다. 딸의 결혼이 그의 걱정거리가 되었다.

【예2】 酉月 癸丑日 (旬空 : 寅卯) 남자가 여자친구와 사귀고 있는데 앞으로 잘될 것인지를 문의하였다				
태위택(兌爲澤) ➡ 택화혁(澤火革)				
白虎	父母未土	‖	世	
螣蛇	兄弟酉金	∣		
勾陳	子孫亥水	∣		
朱雀	父母丑土	⚡	應	子孫亥水
靑龍	妻財卯木	⚡		父母丑土
玄武	官鬼巳火	∣		

《판단》 처재(妻財)를 용신(用神)으로 본다. 처재 묘목(卯木)은 일월(日月)의 도움을 받지 못해 휴수(休囚)하다. 세효(世爻)가 암동(暗動)하여 용신을 입묘(入墓)한다. 자신은 마음속으로 여자친구를 너무 좋아한다. 하지만 용신이 공망(空亡)이다. 여자친구의 마음은 확고하지 못하고 동요한다.

용신(用神)이 월건(月建)에 충극(沖剋)을 받았다. 월(月)은 형제(兄弟)이다. 형제는 다른 남자 및 경쟁자를 의미한다. 월파(月破)는 감정이 깨진 것을 의미한다. 이 조합은 다른 사람의 개입 때문에 여자친구와의 거리감이 생겼다.

하지만 응효(應爻)에 있는 부모(父母) 축토(丑土)가 일(日)에 임했다. 이는 혼기(婚期)가 도래했다는 의미이다. 합(合)을 만나면 응기(應期)가 된다. 그래서 자월(子月)에는 그녀와 약혼할 것이다.

《피드백》 여자친구는 연애 중간에 다른 남자와 왕래하며 마음이 흔들렸지만 그래도 나중에는 그와 화해하기로 결심하고 자월(子月)에 약혼했다.

【예3】 丑月 丙辰日 (旬空:子丑)				
여자가 남동생이 결혼하는데 택일에 대해 문의하였다				
감위수(坎爲水) → 지택림(地澤臨)				
青龍		兄弟子水	‖	世	
玄武		官鬼戌土	✗		兄弟亥水
白虎		父母申金	‖		
螣蛇		妻財午火	‖	應	
勾陳		官鬼辰土	∣		
朱雀		子孫寅木	✗		妻財巳火

《판단》 처재(妻財)를 용신(用神)으로 본다. 감위수(坎爲水)는 팔순괘(八純卦)이다. 감(坎)은 중남(中男)을 의미한다. 그래서 그녀가 둘째 남동생의 결혼에 대해 택일하는 것을 설명한다. 형제(兄弟)가 지세(持世)함은 자신은 동생한테 관심이 많이 있음을 의미한다. 공망(空亡)은 걱정을 나타낸다. 처재 오화(午火)는 비록 일월(日月)의 도움을 받지 못하지만 극(克)을 당하지는 않았다. 초효(初爻) 자손(子孫) 인목(寅木)이 발동(發動)하여 생하니 길하다.

처재(妻財)는 동효(動爻) 술토(戌土)에 입묘(入墓)한다. 술토(戌土)는 관귀(官鬼)이다. 관귀는 남자를 나타낸다. 그래서 이 여자는 다른 남자와 함께한 적이 있음을 나타낸다. 하지만 일(日)에 의해서 묘고(墓庫)가 충개(沖開)되어 이혼(離婚)을 의미한다. 재혼이다.

초효(初爻) 인목(寅木)이 동(動)하여 처재(妻財)로 화(化)했다. 초효는 어린아이를 의미하고, 자손(子孫)은 또 아이를 대표하니 여자 측에 아이가 있다.

세효(世爻)가 공망(空亡)이다. 그래서 세효를 충(沖)하는 날을 선택한다. 그러므로 처재(妻財)를 왕(旺)하게 하는 오일(午日)를 택하는 것이 좋다.

【예4】申月 戊辰日 (旬空 : 戌亥)				
여자가 어떤 남자와의 인연에 대해 문의하였다				
간위산(艮爲山) ➡ 산풍고(山風蠱)				
朱雀		官鬼寅木	|	世	
靑龍		妻財子水	||		
玄武		兄弟戌土	||		
白虎		子孫申金	|	應	
螣蛇		父母午火	⚊		妻財亥水
勾陳		兄弟辰土	||		

《판단》 관귀(官鬼)를 용신(用神)으로 본다. 관귀가 지세(持世)하고 용신과 세효(世
Judgement 爻)가 동일한 효(爻)에 있다. 그래서 두 사람은 일편단심이며 서로 감정이 매우 좋다. 부모(父母) 오화(午火)는 휴수(休囚)하며 암동(暗動)한 술토(戌土)에 입묘한다. 부모는 결혼증서를 의미한다. 휴수(休囚)는 없음을, 입묘(入墓)는 내놓을 수 없음을 표시한다. 묘고(墓庫)에 현무(玄武)가 임하여 애매(曖昧)함을 의미한다. 둘이 사적으로 맺은 굳은 약속이다. 이 조합은 불법적으로 동거하는 정보이다.

용신(用神)이 주작(朱雀)에 임하고 주작은 언어 표현을 의미한다. 남자는 말을 잘하며 말솜씨가 좋다. 용신은 목(木)이라 키가 크고 마른 편이다. 하지만 휴수(休囚)하여 수(數)를 참작해 보았다. 간(艮)은 7의 숫자이다. 그래서 177센티미터일 것이라고 판단하였다.

용신(用神)이 월파(月破)당하여 불길하다. 육충괘(六沖卦)는 흩어짐을 의미한다. 독발(獨發)은 용신의 사지(死地)이다. 그래서 오래 사귀지 못한다는 의미가 된다.

《피드백》 예측이 정확하였다. 인월(寅月)에 다른 사람으로 인하여 헤어졌다.

【예5】 戊月 丁卯日 (旬空：戌亥) 여자가 와서 36세 딸의 혼인에 대해 문의하였다					
수풍정(水風井) ➡ 지산겸(地山謙)					
靑龍		父母子水	‖		
玄武		妻財戌土	✗	世	父母亥水
白虎	(子孫午火)	官鬼申金	‖		
螣蛇		官鬼酉金	∣		
勾陳	(兄弟寅木)	父母亥水	✗	應	子孫午火
朱雀		妻財丑土	‖		

《판단》 관귀(官鬼)를 용신(用神)으로 본다. 괘에 관귀가 양현(兩現)하여 암동(暗動)한 관귀 유금(酉金)을 용신으로 한다. 용신은 역마(驛馬)에 임하여 남편은 외지에 있다는 것을 의미한다. 2효는 공망(空亡)이다. 용신은 2효를 생하지 않아 남편은 집에 잘 들어오지 않는다. 용신은 암동하면서 응효(應爻)를 생한다. 응(應)은 타인이니 남편은 다른 사람한테 정(情)이 있다. 응(應)이 공망이라 생을 얻지 못하니 상대방은 그를 별로 좋아하지 않는다.

세효(世爻)가 공망(空亡)이라 관귀(官鬼)를 생하지 않는다. 세효는 그녀의 딸을 의미한다. 딸은 이미 남편한테 아무 감정이 없다는 것을 나타낸다. 세효에 현무(玄武)가 있고 동(動)하여 부모(父母) 해수(亥水)로 화(化)하면서 공망이다. 현무는 애매모호함을 의미한다. 부모는 결혼증서를 의미한다. 공망은 결혼하기 전에 동거함을 의미한다. 일(日)이 세효를 또 극합(克合)하니 딸도 밖에서 다른 남자를 만난다는 것을 나타낸다.

딸이 외도하여 만난 사람은 관귀(官鬼) 신금(申金)을 보고 판단하였다. 신금(申金)은 세효(世爻)의 장생(長生)이다. 그래서 이 남자는 딸을 매우 좋아한다. 관귀 신금(申金) 아래 자손(子孫) 오화(午火)가 복장(伏藏)되어 있다. 자손은 자식을 의미한다. 그래서 상대방은 자식이 있는 사람이다. 세효와 관귀 신금(申金)의 효위(爻位)는 서로 인접해 있어 두 사람은 가까운 거리에서 지내고 있다. 세효는 일(日)에게 합주(合住) 되어 관귀 신금(申金)을 생하지 못한다. 두 사람을 서로 사랑할 수 없게 하는 방해 요소가 있다. 일(日)은 형제(兄弟)로 경쟁 상대를 나타낸다. 그것은 바로 아내[딸]가 경쟁 상대이다. 아내[딸]가 이혼해 주지 않기 때문에 두 사람은 같이 있을 수 없다.

◉ 괘를 문의하는 분이 또 자신의 건강에 대해 문의하였다

세효(世爻)를 용신(用神)으로 판단한다. 세효는 5효에서 공망(空亡)이고 극(克)을 받는다. 처재(妻財)는 호흡 및 음식을 의미한다. 공망이 합반(合絆)을 당하니 숨이 막히고 입맛도 좋지 않다. 관귀(官鬼)가 왕상(旺相)하면 병(病)이 된다. 3, 4효는 모두 관귀이고 금(金)에 임하니 호흡 계통과 위장 쪽에 질병이 있다.

 [피드백] 이상의 판단이 모두 응험했다.

【예6】 酉月 乙卯日 (旬空:子丑) 일본 남자가 와서 여자친구와 결혼할 수 있는지 문의하였다					
수택절(水澤節) → 진위뢰(震爲雷)					
青龍		兄弟子水	‖		
玄武		官鬼戌土	✗		父母申金
白虎		父母申金	✗	應	妻財午火
螣蛇		官鬼丑土	‖		
勾陳		子孫卯木	✗		子孫寅木
朱雀		妻財巳火	Ⅰ	世	

판단 처재(妻財)를 용신(用神)으로 본다. 처재 사화(巳火)가 지세(持世)하여 자신은 여자친구를 매우 좋아함을 표시한다. 청룡(靑龍)에 임하여 청룡은 즐거움을 의미한다. 그래서 그녀와 같이 있으면 매우 즐겁다. 용신은 월(月)의 도움을 얻지 못했지만 일(日)의 생(生)을 얻었다.

응효(應爻) 부모(父母) 신금(申金)이 발동(發動)하여 세효(世爻)를 합(合)하였다. 응(應)은 상대방 가정을 의미하는데 부모는 연장자를 의미한다. 합(合)은 자신의 여자친구를 데려오는 것을 의미한다. 상대방 부모는 동의하지 않음을 나타낸다.

원신(元神) 자손(子孫) 묘목(卯木)이 발동(發動)하여 월파(月破)를 당하고 퇴신(退神)으로 화하니 좋지 않다. 다행히 5효 관귀(官鬼) 술토(戌土)가 자손(子孫)을 합주(合住)한다. 이 합(合)은 두 가지 의미가 있다. 하나는 월파(月破)를 해결하고, 또 하나는 묘목(卯木)을 퇴신으로 화(化)되지 않게 붙잡는 것이다. 그래서 5효의 술토(戌土)가 관건(關鍵)이다. 5효는 가장(家長)이니 상대방의 가장이 관건이 된다.

상대방의 가장이 혼사를 반대하였다. 술월(戌月)에 상대방의 아버지가 딸을

시집보낸 후 딸이 성(姓)을 바꾸지 않는 것을 승낙하면 결혼에 동의한다는 조건을 제의

했다. 드디어 전기가 마련되었다. 일본에는 여자가 시집 가면 남편의 성으로 바꾸는 결혼

풍습이 있다.

피드백이 돌아오자 문득 깨달았다. 관귀는 이름과 성씨를 의미한다. 고대에 남겨진 예측

술은 뜻밖에도 지역 풍속에 따라 각종 정보를 전달하는 것이다. 애석하게도 당초에 괘를

정확하게 판단하지 못해 이것을 보지 못한 것이다.

【예7】 巳月 辛丑日 (旬空 : 辰巳) 여자가 와서 남동생 가정 혼인에 대해 문의하였다					
산택손(山澤損) → 풍수환(風水渙)					
螣蛇		官鬼寅木	|	應	
勾陳		妻財子水	⚊✗		父母巳火
朱雀		兄弟戌土	||		
靑龍	(子孫申金)	兄弟丑土	||	世	
玄武		官鬼卯木	|		
白虎		父母巳火	✗		官鬼寅木

처재(妻財)를 용신(用神)으로 본다. 처재 자수(子水)가 발동(發動)하여 세효

(世爻)를 합(合)한다. 겉으로 봐서는 남동생과 그의 아내 사이는 괜찮았다. 하지만 용

신이 동(動)하여 공망(空亡)·절(絶)로 화(化)하였다. 그래서 아내는 종종 사라진다.

변효(變爻)는 부모(父母) 사화(巳火)이다. 부모효(父母爻)는 부모를 의미한다. 아내

는 자주 집을 비우며 친정집에 간다.

처재(妻財) 자수(子水)가 휴수(休囚)하여 응기(應期)는 장생(長生)에 있다. 그래서 갑신(甲申)년에 결혼하였다. 자손(子孫) 신금(申金)이 괘에 없는 것은 두 가지 의미가 있다. 하나는 복장(伏藏)된 것이 출현한 응기가 되어 갑신(甲申)년에 아이가 생긴 것이다. 또 하나는 아이가 집에 없고 처와 같이 있는 것을 나타낸다.

[피드백] 역시 그렇다. 후에 화해를 통하여 아내는 집으로 돌아왔다.

04절
혼인예측에서 육신(六神)의 취상(取象)

육신(六神)은 혼인예측에서 주로 사물의 성질과 원인을 나타낸다. 대부분 성격, 외모, 관계 정도, 태도 등을 판단할 때 사용한다.

- **청룡(靑龍)** 시작, 미모, 예쁨, 화장, 고귀, 고상, 주색, 고흥(高興), 새로운 것, 임신, 치장(打扮), 술자리, 귀중(貴重), 부유, 희열(喜悅), 호화 등 의미.

- **주작(朱雀)** 말하다, 좋은 말, 웃는 얼굴, 말씨, 담론, 말다툼, 언쟁, 의논, 미소, 관사 소송, 소식, 의사 표현, 문서 등 의미.

- **구진(勾陳)** 정직, 게으름, 본분(本分), 우둔, 진중, 부풀어오름, 팽창, 관련, 집, 수리, 살찜, 느림, 둔함, 어리석음 등 의미.

- **등사(螣蛇)** 교활, 무서움, 근심, 겁이 많음, 불안, 잔소리, 괴팍함, 고독함, 소견 (少見_견문이 좁다), 희한함, 구두쇠, 소심함, 결핍, 가늘고 길다, 만곡(彎曲) 등 의미.

● 백호(白虎) 조급, 바쁨, 성격이 좋지 않음, 화를 냄, 급한 성격, 쾌속, 유산, 싸움, 상해, 구타, 사나움, 엄격, 매서움, 위풍당당, 용맹함 등 의미.

● 현무(玄武) 섹시, 음란, 애매, 어두워짐, 사적, 암암리, 슬그머니, 남몰래, 도둑, 도박, 투기, 기만, 속임 등 의미.

【예1】亥月 甲午日 (旬空 : 辰巳) 남자가 여자의 현재 상황이 어떤지 문의하였다					
화천대유(火天大有) → 산천대축(山川大畜)					
玄武		官鬼巳火	|	應	
白虎		父母未土	||		
螣蛇		兄弟酉金	✗		父母戌土
勾陳		父母辰土	|	世	
朱雀		妻財寅木	|		
靑龍		子孫子水	|		

【판단】 어떤 개인 상황을 판단할 때 세효(世爻)를 피측자(被測者)로 한다. 세효는 토(土)이다. 토(土)는 주로 진중하고 구진(勾陳)에 임했다. 구진도 듬직하고 성실함을 의미한다. 하지만 세효 진토(辰土)가 공망(空亡)이라서 반대로 판단해야 한다. 실제로 이 여자는 성격이 급하고 감정을 억누르지 못한다. 괘(卦)가 건궁(乾宮)에 있어 도도하다. 세효 진토(辰土)는 자손(子孫)의 묘고(墓庫)이다. 자손은 예술이고, 등사(螣蛇)에 임한 효가 독발(獨發)하여 세효를 합(合)하였다. 등사는 예술을 의미한다. 그래서 그녀는 예술적 소질이 있다고 판단했다.

관귀(官鬼) 사화(巳火)는 응효(應爻)에 임하며 월파(月破)되었다. 독발(獨發)의 효

(爻)는 또 관귀의 사지(死地)이다. 비록 남편은 있지만 없는 것과 같다. 세응(世應)은 모두 공망(空亡)이다. 부처가 서로 신뢰하지 않는다. 세효(世爻) 진토(辰土)와 응효(應爻) 사화(巳火) 모두 손궁(巽宮)에 들어 있다. 부처는 직장 동료 혹은 동창생일 것이다. 응효(應爻)가 현무(玄武)에 임하여 남편은 사기 혹은 도둑을 나타낸다. 독발의 효가 등사(螣蛇)에 임하며 관귀(官鬼) 묘고(墓庫)로 화출(化出)하였다. 독발은 성질을 의미할 수 있다. 등사는 밧줄을, 묘고(墓庫)는 문을 폐쇄하는 의미이니 감옥의 상(象)이다.

역시 판단이 정확하였다. 이 여자는 예술과를 졸업하였다. 부부는 학교 동창이다. 남편이 일찍이 감옥을 갔다 온 적이 있다.

【예2】 酉月 辛亥日 (旬空:寅卯)					
남자가 언제쯤 아내 곁에 있는 아이를 볼 수 있는지 문의하였다					
천산둔(天山遯)					
螣蛇		父母戌土	I		
勾陳		兄弟申金	I	應	
朱雀		官鬼午火	I		
靑龍		兄弟申金	I		
玄武	(妻財寅木)	官鬼午火	II	世	
白虎	(子孫子水)	父母辰土	II		

(판단) **Judgement** 자손(子孫)을 용신(用神)으로 본다. 자손 자수(子水)는 복장(伏藏)하여 괘에 없다. 또 천산둔(天山遯)괘는 은닉의 상(象)이다. 아내는 아들을 숨겨놓고 보지 못하게 한다. 처재(妻財) 인목(寅木)은 공망(空亡)이고 괘에 없다. 공망은 잃어버림을 의

미하고, 복장(伏藏)은 자신의 곁을 떠났다는 것을 나타낸다. 그래서 아내와 이미 이혼했음을 설명하고 있다. 세효(世爻)에 현무(玄武)가 임하여 마음이 우울하고 기분이 좋지 않다.

《피드백》 역시 그랬다.

【예3】 酉月 癸丑日 (旬空:寅卯) 여자가 혼인이 어떤지 문의하였다					
산풍고(山風蠱) ➡ 화풍정(火風鼎)					
白虎		兄弟寅木	❙	應	
螣蛇	(子孫巳火)	父母子水	❚❚		
勾陳		妻財戌土	✗		官鬼酉金
朱雀		官鬼酉金	❙	世	
靑龍		父母亥水	❙		
玄武		妻財丑土	❚❚		

《판단》 관귀(官鬼)를 용신(用神)으로 본다. 향규(香閨) 술토(戌土)가 왕(旺)하면서 세효(世爻)를 생한다. 용신인 관귀 유금(酉金)은 월(月)의 도움을 얻고 일(日)의 생을 얻어 왕상(旺相)하면서 지세(持世)하였다. 이미 결혼했음을 의미한다. 술토(戌土)가 동(動)하여 관귀로 화한다. 1994년 갑술(甲戌)년에 결혼하였다. 원신(元神)이 독발(獨發)하여 세효를 생한다. 그래서 부부가 화목하게 지낸다. 용신이 주작(朱雀)에 임하고, 주작은 언어·문자·교육 등을 의미한다. 남편은 학교 선생이다.

《피드백》 역시 갑술(甲戌)년에 결혼했고 부부는 화목하였다. 남편은 학교 선생이다.

【예4】卯月 壬子日 (旬空 : 寅卯)
여자가 애인과 헤어지는 것이 어떤지 문의하였다

이위화(離爲火) → 화뢰서합(火雷噬嗑)					
白虎		兄弟巳火	|	世	
螣蛇		子孫未土	||		
勾陳		妻財酉金	|		
朱雀		官鬼亥水	✗	應	子孫辰土
靑龍		子孫丑土	||		
玄武		父母卯木	|		

《판단》 관귀(官鬼)를 용신(用神)으로 본다. 관귀 해수(亥水)는 주작(朱雀)에 임하며 세효(世爻)를 충극(沖克)한다. 주작은 말과 언어, 충(沖)은 불화, 극(克)은 반감을 의미한다. 두 사람은 공감대가 없어 말이 통하지 않는다.

육충괘(六沖卦)이고 용신(用神)이 독발(獨發)하면서 묘(墓)로 화하였다. 다음 달에 헤어질 것이다.

《피드백》 역시 진월(辰月)에 헤어졌다.

【예5】 壬午年 戌月 辛亥日 (旬空 : 寅卯)					
여자가 혼인에 대해 문의하였다					
천수송(天水訟) ➔ 천지비(天地否)					
螣蛇		子孫戌土	▮		
勾陳		妻財申金	▮		
朱雀		兄弟午火	▮	世	
靑龍	(官鬼亥水)	兄弟午火	▮▮		
玄武		子孫辰土	✕		兄弟巳火
白虎		父母寅木	▮▮	應	

[판단] 관귀(官鬼)를 용신(用神)으로 본다. 관귀 해수(亥水)는 괘에 없고 형제(兄弟) 오화(午火) 아래 복장(伏藏)하였다. 월(月)이 극하고 일(日)이 도와 쇠왕(衰旺)을 분별하기 힘들다. 부모(父母) 인목(寅木)이 일(日)과 합(合)하고 부모는 결혼증서를 의미한다. 일(日)과 합(合)은 혼기(婚期)를 나타내어 결혼의 정보이다. 하지만 괘(卦)에 자손(子孫) 진토(辰土)가 발동(發動)하여 또 유혼괘(遊魂卦)이다. 이혼의 정보를 나타낸다. 진토(辰土)가 월파(月破)되어 경진(庚辰)년은 실파(實破)가 된다. 경진(庚辰)년에 이혼할 것이라고 판단하였다.

그러나 현무(玄武)가 독발(獨發)하고 관귀(官鬼)는 2효에 입묘(入墓)하였다. 2효는 집 혹 집안이니 남자가 들어와 있다. 현무는 애매(曖昧)의 상(象)이다. 독발은 대부분 혼전 동거를 의미한다. 현재 또 다른 남자와 동거함을 의미한다. 그러나 용신(用神)이 형제(兄弟) 오화(午火) 밑에 복장(伏藏)하였다. 형제는 경쟁자를 의미하고 세효(世爻)와 동일하다는 것은 다른 여자를 의미한다. 이 남자는 아내가 있든지 아니면 또 다른 여자를 좋아함을 의미한다.

자손(子孫) 진토(辰土)는 월파(月破)되고 일(日)이 와서 생하지 않아서 휴수(休囚)하다. 동(動)하여 사화(巳火)로 화한다. 휴수(休囚)는 절(絶)을 논(論)하지 않고 회두생(回頭生)으로 본다. 2효는 태위(胎位) 또는 자궁을 의미한다. 자손은 아이를 의미하고 회두생으로 화함은 임신한 것이다. 현무(玄武)에 임한 것은 사생아를 의미한다. 하지만 자손이 월파(月破)되어 이 아이를 가지고 싶지 않음을 의미한다. 실파(實破)되면 관귀(官鬼)를 극한다. 낙태 때문에 헤어진다고 판단하였다.

〖피드백〗 동거 남자는 이미 다른 여자를 만나고 있었다. 그것도 모르고 그녀는 임신한 것이다. 서로 화해하지 못하여 결국 낙태했다.

【예6】 壬午年 午月 己酉日 (旬空:寅卯)				
남자분이 관운과 혼인에 대해 문의하였다				
지산겸(地山謙)				
勾陳		兄弟酉金	‖	
朱雀		子孫亥水	‖	世
靑龍		父母丑土	‖	
玄武		兄弟申金	∣	
白虎	(妻財卯木)	官鬼午火	‖	應
螣蛇		父母辰土	‖	

〖판단〗 관운을 예측할 때 관귀(官鬼)를 용신(用神)으로 본다. 관귀 오화(午火)는 월(月)의 도움을 얻어 왕상(旺相)하다. 세효(世爻) 자손(子孫) 해수(亥水)는 5효에 있다. 5효는 지도자 지위이니 본인은 관직이 있다는 의미를 나타낸다. 세효는 해수(亥水)이니 부직(副職)의 의미이다. 세효는 응(應)에 있는 관귀를 극하면서 5효에 임했다. 응

(應)은 타인을 대표한다. 남의 벼슬을 빼앗아 지금의 지도자 위치에 오른 것이다. 때문에 이 벼슬은 투쟁해서 얻은 것이다.

혼인을 예측할 때 처재(妻財)를 용신(用神)으로 본다. 세효(世爻)는 해수(亥水)에 임하며 처재를 생한다. 해수(亥水)는 1995년 을해(乙亥)년에 대응한다. 그래서 이 해에 결혼함을 판단하였다. 휴수(休囚)일 때 장생(長生)을 만나는 해가 응기가 된다.

처재(妻財) 묘목(卯木)은 관귀(官鬼) 오화(午火) 아래 복장(伏藏)되었다. 이는 아내가 외도했음을 의미한다. 묘목(卯木)은 기묘(己卯)년에 응기가 된다. 그래서 1999년에 아내가 외도한 것으로 판단하였다. 일진(日辰)이 용신(用神) 처재를 충하니 다른 사람이 아내의 바람을 알게 되었다.

비신(飛神) 관귀(官鬼)는 남자를 나타낸다. 월(月)에 있고 백호(白虎)에 임하였다. 관귀가 월(月)에 임하면 공검법(公檢法)을 의미한다. 백호는 또 법을 집행하는 의미가 있다. 그래서 이 남자는 정법부문((政法部門)에 있는 사람이라고 판단했다.

피드백 Feedback 역시 모 기관의 부사장이다. 아내는 1999년 외도를 하다가 그에게 붙잡혔다. 남자는 법제부문의 높은 관리여서 감히 크게 화를 낼 수 없었다.

		【예7】子月 戊寅日 (旬空：申酉)			
		여자가 남편이 자기와 이혼하려고 하는데 가능한지 문의하였다			
		태위택(兌爲澤) ➔ 천택리(天澤履)			
朱雀		父母未土	乂	世	父母戌土
靑龍		兄弟酉金	ǀ		
玄武		子孫亥水	ǀ		
白虎		父母丑土	ǁ	應	
螣蛇		妻財卯木	ǀ		
勾陳		官鬼巳火	ǀ		

【판단】 관귀(官鬼)를 용신(用神)으로 본다. 관귀 사화(巳火)를 월(月)이 극(克)하고 일 (日)이 생한다. 비록 쇠왕(衰旺)을 구별하기 힘들지만 용신이 세효(世爻)를 생한다. 남 편이 아직도 감정은 남아 있다는 것을 나타낸다.

태궁괘(兌宮卦)이다. 태(兌)는 구설의 의미이다. 또 세효(世爻)는 주작(朱雀)에 임했 다. 주작은 구설(口舌)을 의미한다. 독발(獨發)은 성질(性質) 등을 나타낸다. 둘은 그 냥 다툴 뿐 이혼은 하지 않는다. 게다가 세효는 재고(財庫)라서 당신은 집안의 재정권 을 갖고 있어 그는 이혼하지 않을 것이다.

【피드백】 역시 싸움 때문에 남편이 이혼하겠다고 화를 냈지만 진짜는 아니었다. 그녀는 남편 회사의 회계를 맡았고 4년 후에 또 아들을 낳았다.

05절
혼인예측에서 육친(六親) 변화의 취상(取象)

육효 예측에서 동효(動爻)는 사물의 발단을 나타내고, 변효(變爻)는 사물의 결과를 나타낸다. 육친(六親)이 서로 화(化)함을 보고서 길흉을 판별할 수 있다. 회두생(回頭生), 회두극(回頭剋), 화절(化絶), 화묘(化墓), 화공(化空), 화파(化破), 화합(化合), 화충(化沖) 등이 있다. 이것들은 모두 효위(爻位)의 변화를 통하여 읽어낼 수 있는 정보의 표현이다. 이것 외에 동효(動爻)와 변효(變爻)의 육친은 일정한 의미와 정보를 나타낸다. 모두 용신(用神)에 부화(附和)하여 상(象)을 취하여 판단할 수 있다.

◑ 부모(父母)

⊙ **부모(父母)가 부모(父母)로 화(化)** : 진퇴(進退)를 봐야 한다. 진신(進神)으로 화함은 혼인, 약혼을 맺을 수 있다. 퇴신(退神)으로 화함은 협약을 파기할 수 있다.

⊙ **부모(父母)가 관귀(官鬼)로 화(化)** : 부모 혹은 연장자가 남자친구를 소개해 준다.

⊙ **부모(父母)가 처재(妻財)로 화(化)** : 부모 혹은 연장자가 여자친구를 소개해 준다. 혹은 협약을 파기하기도 한다.

⊙ **부모(父母)가 형제(兄弟)로 화(化)** : 남자의 혼인을 볼 때 약혼을 파기한다.

⊙ **부모(父母)가 자손(子孫)으로 화(化)** : 여자의 혼인을 볼 때 약혼을 파기한다.

◐ 관귀(官鬼)

⊙ **관귀(官鬼)가 관귀(官鬼)로 화(化)** : 진퇴(進退)를 봐야 한다. 여자의 혼인을 볼 때 관귀(官鬼)가 진신(進神)으로 화(化)함은 미혼자는 구애하는 남자가 있고 감정이 점점 깊어짐을 의미한다. 그런데 기혼자는 감정이 점점 소홀해짐을 나타낸다.

⊙ **관귀(官鬼)가 퇴신(退神)으로 화(化)** : 여자의 혼인을 볼 때 미혼인 사람은 파혼하거나 감정이 멀어진다. 이혼인 사람은 부부가 다시 결합하고 사이가 좋아진다.

⊙ **관귀(官鬼)가 부모(父母)로 화(化)** : 여자의 혼인을 볼 때 남자 쪽에 시부모가 있다. 남자의 혼인을 볼 때 중매인을 통한 결혼이다.

⊙ **관귀(官鬼)가 처재(妻財)로 화(化)** : 여자의 혼인을 볼 때 남자가 외도한다. 남자가 마음이 변한다. 남자의 혼인을 볼 때 아내 있는 사람이 와서 속인다.

⊙ **관귀(官鬼)가 형제(兄弟)로 화(化)** : 저항이 겹겹이 쌓인다.

⊙ **관귀(官鬼)가 자손(子孫)으로 화(化)** : 남자의 혼인을 볼 때 남자가 아이가 있다. 여자의 혼인을 볼 때는 불리하다.

◐ 처재(妻財)

⊙ **처재(妻財)가 처재(妻財)로 화(化)** : 남자의 혼인을 볼 때 처재(妻財)가 진신(進神)으로 화함은 여자친구를 사랑하고 감정이 깊다.

⊙ **처재(妻財)가 퇴신(退神)으로 화(化)** : 감정이 옅어진다. 자신과 멀어진다.

⊙ **처재(妻財)가 관귀(官鬼)로 화(化)** : 남자의 혼인을 볼 때 아내가 외도하거나 아니면 아내가 병에 걸려 몸이 좋지 않다.

⊙ **처재(妻財)가 형제(兄弟)로 화(化)** : 남자의 혼인을 볼 때 혼인이 불리하다.

⊙ **처재(妻財)가 자손(子孫)으로 화(化)** : 여자친구가 믿음직하다. 감정이 깊다. 여자

는 아이를 데리고 온다.

⊙ **처재(妻財)가 부모(父母)로 화(化)** : 결혼한 적이 있거나 혹은 괴로움과 고생을 참고 견딘다.

🔾 자손(子孫)

⊙ **자손(子孫)이 자손(子孫)으로 화(化)** : 진신(進神)으로 화함은 여자의 혼인을 볼 때 혼인이 불리하다. 저항이 감소한다. 남자의 혼인을 볼 때 여자친구가 감정이 옅어진다.

⊙ **자손(子孫)이 부모(父母)로 화(化)** : 유산(流産)을 의미한다.

⊙ **자손(子孫)이 관귀(官鬼)로 화(化)** : 남자친구가 자식이 있다. 이혼하고 다시 시집가고 싶어 한다.

⊙ **자손(子孫)이 형제(兄弟)로 화(化)** : 여자의 혼인을 볼 때 혼인에 불리하다. 남자의 혼인을 볼 때 혼인이 오래간다.

🔾 형제(兄弟)

⊙ **형제(兄弟)가 형제(兄弟)로 화(化)** : 저항이 크다. 제3자가 있다.

⊙ **형제(兄弟)가 부모(父母)로 화(化)** : 부모 어르신이 반대한다

⊙ **형제(兄弟)가 관귀(官鬼)로 화(化)** : 친구가 소개한 남자친구이다.

⊙ **형제(兄弟)가 처재(妻財)로 화(化)** : 친구가 소개한 여자친구이다.

⊙ **형제(兄弟)가 자손(子孫)로 화(化)** : 남자의 혼인을 볼 때 아이 때문에 가정이 불화하다.

생각을 폭넓게 해보자는 차원에서 위의 내용을 간단하게 논술해 보았다.

실제 예측에서 효(爻)와 생극충합(生克沖合), 공망(空亡), 월파(月破), 육신(六神) 등의 근거하에 융통성 있게 판단해야 된다.

【예1】 庚辰年 酉月 丁丑日 (旬空：申酉)					
여자가 아들이 언제 결혼하는지 문의하였다					
지뢰복(地雷復) ➡ 산화비(山火賁)					
靑龍		子孫酉金	⚊⚋		官鬼寅木
玄武		妻財亥水	⚋		
白虎		兄弟丑土	⚋	應	
螣蛇		兄弟辰土	⚊⚋		妻財亥水
勾陳	(父母巳火)	官鬼寅木	⚋		
朱雀		妻財子水	⚊	世	

판단 처재(妻財)를 용신(用神)으로 본다. 괘에 처재가 양현(兩現)하여 일(日)과 합(合)을 한 처재 자수(子水)를 용신으로 본다. 3효 형제(兄弟) 진토(辰土)는 태세(太歲)에 임해 발동(發動)하여 처재 해수(亥水)로 화출(化出)했다. 처재는 며느리를 의미하기 때문에 올해 반드시 아들에게 여자친구 생긴다. 현재 유월(酉月)이다. 동효(動爻)는 연(年)에 응(應)하고 변효(變爻)는 월(月)에 응(應)한다. 그래서 해월(亥月)에 나타났다.

원신(元神) 자손(子孫) 유금(酉金)이 공망(空亡)이며 또 합주(合住)당하여 처재(妻財)를 생하지 못한다. 결혼증서를 대표하는 부모(父母)가 복장(伏藏)되었다. 내년에 복장(伏藏)이 출현(出現)하고 묘월(卯月)은 자손 유금(酉金)을 충실(沖實)하고 또 충개(沖開)한다. 그래서 내년 묘월(卯月)에 결혼할 수 있다.

자손(子孫)이 공망(空亡)이면서 동(動)하여 관귀(官鬼)로 화하고 또 등사(螣蛇)에 임한 진토(辰土)에 합주(合住)당하였다. 합주(合住)는 자유를 잃는다는 의미이다. 등사는 밧줄을 의미하고, 자손은 아이를 의미하고, 관(官)으로 화함은 관(官)을 보는 것을 의미한다. 이 조합은 그녀의 아들은 감옥에 간 적이 있음을 표시한다.

《피드백》 역시 그녀의 아들은 절도죄로 감옥에 간 적이 있다. 그래서 결혼이 늦어지고 있다. 그후 해월(亥月)에 한 여자를 알게 되어 축월(丑月)에 동거하여 이듬해 묘월(卯月)에 혼례를 올렸다.

【예2】 寅月 乙亥日 (旬空：申酉) 남자가 올해 도화운이 있는지 문의하였다					
산수몽(山水蒙) → 화풍정(火風鼎)					
玄武		父母寅木	⎜		
白虎		官鬼子水	⎜⎜		
螣蛇	(妻財酉金)	子孫戌土	⚋⚊	世	妻財酉金
勾陳		兄弟午火	⚋⚊		妻財酉金
朱雀		子孫辰土	⎜		
靑龍		父母寅木	⎜⎜	應	

《판단》 처재(妻財)를 용신(用神)으로 본다. 처재 유금(酉金)은 세효(世爻) 아래에 복장(伏藏)되었다. 세효는 또 동하여 처재 유금(酉金)으로 화하였다. 처재가 세효를 협주(夾住)하였다. 3효 오화(午火)는 또 처재 유금(酉金)을 화출(化出)하였다. 이는 많은 여자들이 자기 주변을 에워싼 상(象)이다. 그러나 용신이 일월(日月)의 도움을 받지 못하고 게다가 공망(空亡)이다. 비록 여자는 많지만 오랫동안 사귀지 못한다.

《피드백》 역시 이 남자는 1년 안에 4명의 여자와 육체적인 관계를 가졌지만 모두 절친한 친구가 되지 못했다.

【예3】 申月 丙寅日 (旬空：戌亥) 남자가 가정 혼인에 대해 문의하였다					
수천수(水天需) ➡ 산천대축(山川大畜)					
靑龍		妻財子水	⚋		官鬼寅木
玄武		兄弟戌土	⚋		妻財子水
白虎		子孫申金	⚏	世	
螣蛇		兄弟辰土	▮		
勾陳	(父母巳火)	官鬼寅木	▮		
朱雀		妻財子水	▮	應	

[판단] 처재(妻財)를 용신(用神)으로 본다. 괘에 처재가 양현(兩現)하여 발동(發動)한 처재 자수(子水)를 용신으로 본다. 용신은 월(月)의 생을 얻어 왕상(旺相)하다. 하지만 유혼괘(遊魂卦)라 주로 헤어짐을 의미한다. 용신이 동(動)하여 파(破)로 화하였다. 또 6효에 있다. 6효는 퇴거(退去), 퇴휴(退休)의 효(爻)이다. 아내와 백년해로를 하지 못함을 의미한다.

5효 형제(兄弟) 술토(戌土)는 동(動)하여 처재(妻財) 자수(子水)로 화한다. 현무(玄武)에 임하고 현무는 애매(曖昧)의 상(象)이다. 형제가 재(財)로 화하니 재운을 예측할 때는 다른 사람과 동업한다는 의미이다. 그러나 혼인을 예측할 때는 다른 사람도 아내를 공유한다는 의미가 된다. 왜냐하면 용신(用神)이 파(破)로 화(化)하고, 파(破)는 관귀(官鬼)에 있다. 그래서 아내가 이혼하고 싶은 것은 밖에 다른 남자가 있기 때문이다.

부모(父母)가 왕상(旺相)함은 결혼을 의미한다. 하지만 복장(伏藏)되어 괘에 없고 또 술토(戌土)에 입묘한다. 입묘(入墓)는 매장을 의미하고 복장(伏藏)은 눈에 보이지 않음을 의미하니 이혼의 정보이다. 술토(戌土)가 공망인데 진토(辰土)가 공망(空亡)을 충하여 처재(妻財)를 극하고 부모를 입묘(入墓)하였다. 그래서 진월(辰月)에 이혼하였다고 판단하였다. 세효(世爻)가 암동(暗動)하여 용신(用神)을 생한다. 자신은 현재도 아내를 사랑하고 있다.

《피드백》 역시 그랬다.

【예4】 乙酉年 戌月 辛巳日 (旬空:申酉)					
32세 남자가 언제 결혼할 수 있는지 문의하였다					
산지박(山地剝) ➡ 풍지관(風地觀)					
螣蛇		妻財寅木	I		
勾陳	(兄弟申金)	子孫子水	X	世	官鬼巳火
朱雀		父母戌土	II		
靑龍		妻財卯木	II		
玄武		官鬼巳火	II	應	
白虎		父母未土	II		

《판단》 처재(妻財)를 용신(用神)으로 본다. 괘에 처재가 양현(兩現)하여 월(月)과 합(合)한 처재 묘목(卯木)을 용신으로 본다. 용신은 일월(日月)의 생부(生扶)를 얻지 못하여 늦게 결혼한다. 상장(床帳) 신금(申金)이 공망(空亡)이고 괘에 없어 현재까지 결혼하지 못했다. 세효(世爻)는 5효에서 역마(驛馬)에 임하고 발동(發動)하였다. 5효는 도로(道路)이다. 그래서 자신은 밖으로 뛰어다니느라 고정된 자리가 없어서 가정을 꾸리지 못한다.

자손(子孫) 자수(子水)가 독발(獨發)하여 처재(妻財)를 생한다. 그래서 무자(戊子)년에 결혼할 것으로 판단하였다. 자손이 동(動)하여 관귀(官鬼) 사화(巳火)로 화하였다. 사화(巳火)는 신사(辛巳)년에 대응(對應)한다. 그래서 일찍이 여자와 동거한 적이 있다고 판단하였고, 이 해에 아이를 유산했다.

〔피드백〕 역시 신사(辛巳)년에 아이를 유산했다. 결혼의 응기는 아직 피드백을 하지 않았다.

【예5】甲申年 甲戌月 庚辰日 (旬空:申酉)					
29세 여자가 혼인에 대해 문의하였다					
화풍정(火風鼎) → 건위천(乾爲天)					
螣蛇		兄弟巳火	ǀ		
勾陳		子孫未土	Ⅺ	應	兄弟申金
朱雀		妻財酉金	ǀ		
靑龍		妻財酉金	ǀ		
玄武		官鬼亥水	ǀ	世	
白虎	(父母卯木)	子孫丑土	Ⅺ		官鬼子水

〔판단〕 관귀(官鬼)를 용신(用神)으로 본다. 관귀 해수(亥水)는 2효에서 지세(持世)했다. 2효는 집〔宅〕이고 지세(持世)는 갖고 있다는 의미이다. 용신은 일월(日月)에 극상(克傷)당하고 있다. 기신(忌神)이 5효에서 발동(發動)하여 극한다. 초효(初爻)도 극한다. 용신이 너무 약하기 때문에 이미 결혼함을 설명한다. 원신(元神)이 공망(空亡)이라 혼인이 견고하지 않다.

세효(世爻)는 현무(玄武)에 임했다. 부모(父母) 묘목(卯木)은 복장(伏藏)되어 동효(動爻) 미토(未土)에 입묘(入墓)되었다. 이것은 혼외정(婚外情)의 조합이다. 자신은 남편 외의 다른 남자와 깊은 관계가 있다는 것을 의미한다. 초효 자손(子孫) 축토(丑土)는 백호(白虎)에 임하고 동(動)하여 관귀(官鬼)로 화한다. 자손은 아이를 의미한다. 백호는 유산을 의미한다. 관귀는 사망을 의미한다. 그래서 아이를 유산한 적이 있다고 판단하였다. 관귀로 화출(化出)함은 다른 남자를 표시한다. 이것 역시 혼외정(婚外情)의 정보이다.

〖피드백〗 역시 그랬다. 일찍이 19세에 다른 남자와 관계를 맺어 임신과 유산을 한 적이 있다. 기묘(己卯)년에 결혼했다. 현재 유부남과 불륜 관계가 있다.

〖예6〗 丁亥年 午月 甲午日 (旬空:辰巳) 친구 몇 명이 술집에서 밥을 먹는데 그중 한 친구가 좀 취했다. 그는 취기에 굳이 옆에 서빙하는 여자 종업원을 예측하려 했다. 그 여종업원도 부탁해서 괘를 얻었다

		곤위지(坤爲地)	➡	간위산(艮爲山)		
玄武		子孫酉金	⚋✕	世	官鬼寅木
白虎		妻財亥水	⚋		
騰蛇		兄弟丑土	⚋		
勾陳		官鬼卯木	⚋✕	應	子孫申金
朱雀		父母巳火	⚋		
靑龍		兄弟未土	⚋		

〖판단〗 어떤 특정 예측 방향이 없을 경우 괘의 변화에 따라 판단한다.

관귀(官鬼) 묘목(卯木)은 3효에서 동(動)하여 회두극(回頭剋)으로 화한다. 갑신(甲

申)년, 을유(乙酉)년은 관귀를 극하여 일이 순조롭지 않다. 병술(丙戌)년에 관귀 묘목 (卯木)을 합주(合住)하여 회두극(回頭克)이 되지 않는다. 그래서 안정된 일자리가 있었다.

6효 유금(酉金)이 관귀(官鬼)로 화(化)하였다. 그래서 을유(乙酉)년에 남자친구를 만났다. 하지만 자손(子孫)이 동(動)하여 관귀를 극하고 또 관귀로 화(化)했다. 이런 조합은 원래 남자친구와 헤어지고 또 새로운 남자친구가 출현함을 의미한다.

《피드백》 역시 영험했다.

06절

용신(用神) 양현(兩現)의 의미

육효 예측 중에 때때로 용신(用神)이 2개 혹은 그보다 더 많은 정황을 만날 수 있다. 이런 경우에 그중 하나를 용신으로 선택하여 일의 전개를 판단하는 것이 일반적이다. 하지만 혼인예측은 비교적 특수하다.

⊙ **양현(兩現)**은 종종 미묘한 의미를 암시한다.

즉 2번 혼인관계, 삼각관계, 바람을 피움, 과거와 미래 정보, 상대방의 종합적인 정황, 응기(應期)와 관련이 있을 때도 있다. 그래서 단순히 그중 하나를 버리고 다른 하나를 선택해서 판단을 진행해서는 안 된다.

【예1】 甲申年 未月 甲寅日 (旬空 : 子丑)					
여자가 혼외정에 대해 문의하였다					
수풍정(水風井) ➔ 택풍대과(澤風大過)					
玄武		父母子水	‖		
白虎		妻財戌土	│	世	
螣蛇	(子孫午火)	官鬼申金	✗		父母亥水
勾陳		官鬼酉金	│		
朱雀	(兄弟寅木)	父母亥水	│	應	
靑龍		妻財丑土	‖		

[판단] 관귀(官鬼)를 용신(用神)으로 본다. 괘에 관귀가 양현(兩現)할 때 일반적으로 그중 하나를 택하여 용신으로 본다. 그러나 때로는 예측한 상황에 따라 두 개의 용신이 제각기 쓰일 때도 있다.

동효(動爻) 관귀(官鬼) 신금(申金)은 혼외의 남자이고, 정효(靜爻) 관귀 유금(酉金)은 그녀의 남편으로 본다. 향규(香閨) 자수(子水)와 해수(亥水)가 양현(兩現)하여 동시에 두 사람과 동거하였다. 해수(亥水)는 응효(應爻)에 임했다, 응(應)은 타인(他人)인데 일(日)과 합(合)하였다, 일(日)은 지금 현재를 나타낸다. 그녀는 지금 밖에 있는 남자한테 더 열중한다.

용신(用神) 관귀(官鬼) 신금(申金)은 올해 태세(太歲)에 임하며 발동(發動)하였다. 곧 이 남자와 올해 만났다는 것을 말해 준다. 용신은 역마(驛馬)에 임하고 동(動)하여 부모(父母)로 화하였다. 역마는 차를 의미하고 부모로 화출(化出)한 것도 차를 나타낸다. 등사(螣蛇)에 임함은 주로 기술을 의미한다. 그래서 상대방은 운전을 할 줄 안다. 세효(世爻)가 용신을 생하는 것은 자기가 이 남자를 매우 좋아함을 의미한다. 세효는 처재(妻財)에 임하여 5효에 있다. 5효는 사장을 의미하고, 처재는 사업을 의미한다. 자신은 자영업을 하고 있음을 설명한다

관귀(官鬼) 유금(酉金)은 구진(勾陳)에 임했다. 구진은 성실함이니 남편은 성실한 사람이다.

용신(用神) 관귀(官鬼) 신금(申金)은 일(日)에 있는 형제(兄弟) 인목(寅木)에 충(沖)을 당하고 있다. 또 향규(香閨) 해수(亥水)와 합(合)하여 들어갔다. 형제는 쟁탈자 혹은 자신의 경쟁자를 의미한다. 자기의 향규(香閨)와 합(合)하여 받아들인 것은 혼외정인을 놓고 다투는 다른 여자가 있다.

충(沖)은 쟁탈을 표시한다. 용신(用神)이 충(沖)을 당함은 다른 사람에게 들켰음을 표시한다. 용신이 응효(應爻)를 생하는 것은 정(情)이 없음을 의미한다. 혼외 정인(情人)이 현재 다른 사람을 좋아하고 자신을 냉대함을 표시한다.

세효(世爻)는 백호(白虎)에 임하고 백호는 주로 화를 의미한다. 자기는 기분이 좋지 않고 매우 화가 남을 의미한다.

[피드백] 역시 그랬다. 혼외정인은 정부기관의 운전기사였고 자신은 옷가게 사장이다. 그녀는 자주 연인에게 돈을 쓴다. 상대방을 너무 좋아한다. 남편은 너무 착해서 그녀의 밖의 일에 대해 관여하지 못한다. 그녀와 애인의 관계는 공개적이었다. 하지만 며칠 전 이웃 사람이 그녀의 애인이 다른 여자와 있는 것을 그녀에게 말해줬다. 그래서 그녀는 너무 화가 났다. 하지만 상대방은 전혀 그녀를 생각하지 않았다.

	【예2】 甲申年 壬申月 己巳日 (旬空：戌亥)				
	남자가 어떤 여자와의 관계가 계속 지속될지 문의하였다				
	뇌풍항(雷風恒)				
勾陳		妻財戌土	‖	應	
朱雀		官鬼申金	‖		
靑龍		子孫午火	│		
玄武		官鬼酉金	│	世	
白虎	(兄弟寅木)	父母亥水	│		
螣蛇		妻財丑土	‖		

〖판단〗 처재(妻財)를 용신(用神)으로 본다. 괘에 처재가 양현(兩現)하여 일반적으로 공망(空亡)인 술토(戌土)를 용신으로 한다. 하지만 또 다른 처재 축토(丑土)가 있다. 괘 (卦)의 변화에 따라 융통성 있게 상(象)을 취(取)하여 참고해야 한다.

세효(世爻) 관귀(官鬼) 유금(酉金)은 3효에 있고 현무(玄武)가 임했다. 유금(酉金)은 도화를 의미하고, 현무는 애매를 의미한다. 또 부모(父母) 해수(亥水)는 암동(暗動)하 면서 공망(空亡)이다. 암장(暗藏)된 문서이다. 이런 조합은 이 여자와는 정상적인 연 인관계 아니고 정인(情人)관계가 된다. 축토(丑土)는 바로 그의 아내이다.

용신(用神)이 일(日)의 생을 얻어 왕상(旺相)하지만 공망(空亡)이다. 병술(丙戌)년에 출공(出空)이 되어 헤어질 것이다.

〖피드백〗 역시 병술(丙戌)년에 헤어졌다.

【예3】 申月 癸卯日 (旬空 : 辰巳)				
여자가 부부 인연에 대해 문의하였다				
지화명이(地火明夷) ➡ 수산건(水山蹇)				
白虎		父母酉金	‖	
螣蛇		兄弟亥水	⚊̷	官鬼戌土
勾陳		官鬼丑土	‖	世
朱雀	(妻財午火)	兄弟亥水	❙	
靑龍		官鬼丑土	‖	
玄武		子孫卯木	⚊̷	應 官鬼辰土

【판단】 관귀(官鬼)를 용신(用神)으로 본다. 세효(世爻)의 관귀 축토(丑土)를 용신으로 본다. 용신이 지세(持世)하여 자신은 남편이 있다. 하지만 월(月)을 생하고 일(日)이 와서 극한다. 일(日)은 현재를 나타낸다. 용신이 휴수(休囚)하여 부부 사이 감정이 좋지 않다.

자손(子孫) 묘목(卯木)이 발동(發動)하여 관귀(官鬼)를 극한다. 1993년 계유(癸酉)년은 부모(父母)로 기신(忌神) 묘목(卯木)을 충(沖)한다. 그래서 이 해에 결혼한 것이다. 하지만 유혼괘(遊魂卦)는 이별을, 초효(初爻)는 걱정을 의미한다. 자손 묘목(卯木)은 초효에 임하며 관귀를 극하고 관귀로 화(化)하였다. 이런 조합은 지금 남편과 이혼하고 다른 남자와 결혼하려고 생각한다.

5효 해수(亥水)가 동(動)하여 관귀(官鬼)로 화하였다. 해수(亥水)는 올해 태세(太歲)이고 관귀는 남자를 의미한다. 올해 자신이 좋아하는 사람이 출현함을 의미한다.

【피드백】 역시 그렇다.

		뇌화풍(雷火豊) → 지산겸(地山謙)			
勾陳		官鬼戌土	‖		
朱雀		父母申金	‖	世	
靑龍		妻財午火	✗		官鬼丑土
玄武		兄弟亥水	Ⅰ		
白虎		官鬼丑土	‖	應	
騰蛇		子孫卯木	✗		官鬼辰土

【예4】 午月 己亥日 (旬空：辰巳)
여자가 혼인에 대해 문의하였다

【판단】 관귀(官鬼)를 용신(用神)으로 본다. 괘에 관귀가 양현(兩現)하여 응효(應爻) 관귀 축토(丑土)를 용신으로 본다. 2효는 집을 의미하고 또 부처(夫妻)의 효위(爻位)이다. 관귀는 생을 얻어 왕상(旺相)하고 입택(入宅)한 것이다. 부모(父母) 지세(持世)하여 이미 결혼한 것을 의미한다. 관귀 축토(丑土)는 백호(白虎)에 임했다. 백호는 화를 의미하니 남편은 성격이 좋지 않다. 자손(子孫) 묘목(卯木)은 등사(騰蛇)에 임하여 극한다. 등사는 밧줄을 묶는 의미이니 남편은 감옥에 들어간 적이 있다.

6효에도 관귀(官鬼)가 하나 있다. 게다가 처재(妻財) 오화(午火)는 청룡(靑龍)에 임하며 동(動)하여 관귀로 화한다. 그래서 자신이 외도한 것이다. 청룡은 음식, 주색을 의미한다. 혼외정(婚外情)의 남자는 유흥장소에서 알게 된 것이다. 관귀 술토(戌土)는 혼외정의 남자로 구진(勾陳)에 임하니 비만이다. 세효(世爻)에 역마(驛馬)가 임하면서 5효에 있다. 5효는 도로, 역마는 움직임을 의미하니 자신은 이곳저곳으로 돌아다닌다. 관귀 축토(丑土)는 세효(世爻)의 묘고(墓庫)이니 남편은 그녀가 돌아다니지 못하게 한다.

초효(初爻) 자손(子孫)이 동(動)하여 관귀(官鬼)로 화하니 남편과 이혼하고 자신이 좋아하는 남자와 결혼하고 싶어 한다.

《피드백》 Feedback 역시 실제 상황과 부합하였다.

【예5】 戌月 庚申日 (旬空：子丑)					
남자가 이전에 사귀었던 여자친구에 대해 문의하였다					
火風鼎(火風鼎) → 澤山咸(澤山咸)					
螣蛇		兄弟巳火	✗		子孫未土
勾陳		子孫未土	✗	應	妻財酉金
朱雀		妻財酉金	Ⅰ		
靑龍		妻財酉金	Ⅰ		
玄武		官鬼亥水	✗	世	兄弟巳火
白虎	(父母卯木)	子孫丑土	Ⅱ		

《판단》 Judgement 처재(妻財)를 용신(用神)으로 본다. 괘에 처재가 양현(兩現)하여 일반적으로 그중 하나를 택하여 용신으로 본다. 하지만 2개가 동일하여 같이 볼 수 있다. 3효 처재 유금(酉金)이 청룡(靑龍)에 임했다. 청룡은 미모이니 여자친구는 매우 예쁘게 생겼다. 4효 처재 유금(酉金)이 주작(朱雀)에 임했다. 주작은 외향적 성격이며 언변이 좋다는 의미이다.

부모(父母) 묘목(卯木)이 괘(卦)에 없고 동효(動爻) 미토(未土)에 입묘(入墓)하여 두 사람은 이미 동거한 적이 있음을 의미한다. 그러나 세효(世爻)가 동(動)하여 형제(兄弟)로 화하고 세효가 동(動)하여 자신에게 변화가 있다. 형제로 화함은 여자친구와 교체함을 의미한다.

【피드백】 판단이 정확하였다.
Feedback

【예6】 壬午年 卯月 乙未日 (旬空 : 辰巳) 여자가 딸의 혼인에 대해 문의하였다					
천지비(天地否) ➡ 산지박(山地剝)					
玄武		父母戌土	|	應	
白虎		兄弟申金	✗		子孫子水
螣蛇		官鬼午火	✗		父母戌土
勾陳		妻財卯木	||	世	
朱雀		官鬼巳火	||		
靑龍	(子孫子水)	父母未土	||		

【판단】 관귀(官鬼)를 용신(用神)으로 본다. 괘에 관귀가 양현(兩現)하여 발동(發動)한 오화(午火)를 용신으로 본다. 용신은 월(月)의 생을 얻어 왕상(旺相)하다. 일(日)과 합(合)을 한다. 합(合)은 얻음을 의미한다. 일(日)은 부모(父母)로 결혼증서를 의미한다. 딸은 현재 이미 남자친구가 있으며 결혼증서를 받은 상태이다.

관귀(官鬼) 오화(午火)는 동(動)하여 묘고(墓庫)로 화한다. 입묘(入墓)는 충(沖)으로 열어야 응기가 된다. 그래서 남자친구는 경진(庚辰)년에 알게 된 것이다. 자손(子孫)은 그녀의 딸을 의미하는데 초효에 복장(伏藏)되었다. 관귀를 보지 못하였다. 또 부모(父母)가 왕상(旺相)하고 공망(空亡)에 임하지 않으니 동거한다는 정보는 없다. 그래서 그녀의 딸은 아직 처녀임을 표시한다. 세효(世爻)는 점을 친 사람으로 비록 용신

(用神)을 생하지만 일(日)에 입묘(入墓)한다. 이는 자신은 아직도 결정을 짓지 못하는 것을 나타낸다. 아직도 딸이 사귀는 현재 남자친구를 받아들이지 못한다는 것을 의미한다. 그밖에 2효에 또 관귀 사화(巳火)가 있는데 공망(空亡)에 임하였다. 딸이 헤어진 남자친구가 있었음을 표시한다.

《피드백》 위의 판단이 실제와 동일하였다.

07절
용신(用神) 복장(伏藏)의 의미

　용신이 복장(伏藏)할 때는 예측한 내용의 다름과 괘의 변화에 따라 각양각색의 함의가 있다. 용신 복장은 모습을 드러내지 않음, 회피, 볼 수 없음, 집에 자주 있지 않음, 같이 있지 않음, 떠남, 외출, 은밀한 교제, 사적인 왕래 등을 의미한다. 동시에 복신(伏神)과 비신(飛神)의 관계도 봐야 한다. 복신(伏神)에 대한 비신(飛神)은 억압·억제·통제 등의 의사가 있다.

● 여자가 혼인을 예측하는 경우
관귀(官鬼)가 처재(妻財), 형제(兄弟) 및 세효(世爻)와 오행이 동일한 효 아래에 복장(伏藏)할 때 대부분 상대방은 다른 이성이 있거나 이미 결혼을 했거나 제3자가 나타났거나 아니면 결혼한 적이 있거나 연애한 적이 있음을 나타낸다.

● 남자가 혼인을 예측하는 경우
처재(妻財)가 관귀(官鬼), 형제(兄弟) 및 세효(世爻)와 오행이 동일한 효 아래에 복장

(伏藏)할 때 대부분 상대방은 다른 이성이 있거나 이미 결혼을 했거나 제3자가 나타 났거나 아니면 결혼한 적이 있거나 연애한 적이 있음을 나타낸다.

구체적인 구별은 공망(空亡), 월파(月破), 장생(長生), 십이궁(十二宮) 등을 결합해 서 보는 것이 필요하다.

【예1】 辰月 辛未日 (旬空：戌亥) 여자가 아들과 어떤 여자와의 혼인에 대해 문의하였다					
천산둔(天山遯) ➡ 화천대유(火天大有)					
螣蛇		父母戌土	▮		
勾陳		兄弟申金	✗	應	父母未土
朱雀		官鬼午火	▮		
靑龍		兄弟申金	▮		
玄武	(妻財寅木)	官鬼午火	✗	世	妻財寅木
白虎	(子孫子水)	父母辰土	✗		子孫子水

[판단] 처재(妻財)를 용신(用神)으로 본다. 처재 인목(寅木)이 괘에 없고 2효 관귀 (官鬼) 오화(午火) 밑에 복장(伏藏)하며 현무(玄武)가 임했다. 현무는 주로 검은색이 니 이 여자의 피부는 비교적 검은색이다.

세효(世爻)가 용신(用神)을 압주(壓住)하고, 용신은 일에 입묘(入墓)하고 휴수(休囚) 하여 밖으로 나갈 수 없다. 그래서 자신〔여자〕은 이 혼인에 대해 반대하고 그들이 같 이 있는 것을 원치 않는다.

응(應)에 있는 형제(兄弟) 신금(申金)은 기신(忌神)이며 5효에서 발동(發動)하여 용신

(用神)을 극한다. 응효(應爻)는 상대방 가정이 되고 5효는 집안의 가장이 된다. 상대방 가장의 문제로 인하여 혼인에 문제가 발생한 것이다.

그러나 형제(兄弟)는 일월의 생을 얻고 회두생(回頭生)으로 화하였다. 초효가 동(動)하여 형제를 생한다. 형제가 양현(兩現)하고 과왕(過旺)이면 오히려 재를 극하지 않기 때문에 그래서 이 혼인을 막을 수 없다.

《피드백》 이 여성은 얼굴이 검다. 여성의 어머니는 정신분열증이 있기 때문에 자신은 그들이 함께 지내는 것에 동의하지 않는 것이다.

【예2】 卯月 辛亥日 (旬空：寅卯) 여자가 어떤 남자와 사귀고 있는데 결과가 어떻게 될지 문의하였다					
풍뢰익(風雷益) → 풍지관(風地觀)					
螣蛇		兄弟卯木	|	應	
勾陳		子孫巳火	|		
朱雀		妻財未土	||		
靑龍	(官鬼申金)	妻財辰土	||	世	
玄武		兄弟寅木	||		
白虎		父母子水	✗		妻財未土

《판단》 관귀(官鬼)를 용신(用神)으로 본다. 관귀 유금(酉金)은 괘에 없고 세효(世爻) 아래에 복장(伏藏)되었다. 세효가 관귀를 생하니 자신이 그를 너무 좋아함을 표시한다. 용신과 세효가 서로 합(合)하니 남자 역시 그녀가 접근하는 것을 좋아한다.

용신(用神)이 세효(世爻) 아래 복장(伏藏)함은 자신이 상대방을 영원히 자신 곁에 두고 싶어 한다. 세효와 용신이 동일한 효위(爻位)에 있고 청룡(青龍)에 임하였다. 청룡은 희열을 의미하니 두 사람은 같이 있으면 기분이 좋고 즐거움을 표시한다.

용신은 월건(月建)에 충파(沖破)당하였다. 월은 형제(兄弟)이고 경쟁자를 의미하는데 괘 안의 응효(應爻)에 있다. 응(應)은 타인을 의미하니 이미 다른 사람이 먼저 차지함을 나타낸다.

또 초효 부모(父母) 자수(子水) 독발(獨發)은 용신의 사지(死地)이다. 독발은 상(象)을 위주로 한다. 사지(死地)는 이루어지지 않는다. 부모는 결혼증서를 의미한다. 그와 결혼 연분(緣分)은 없다. 사지(死地)가 처재(妻財)로 화한다. 처재는 여자를 의미한다. 그래서 다른 여자와 결혼함을 나타낸다.

[피드백] Feedback 역시 상대방은 아내가 있었다. 인월(寅月)부터 연락이 안 된다고 하였다.

【예3】 辛巳月 寅月 庚子日 (旬空 : 辰巳)					
여자가 올해 남자친구가 생기는지 문의하였다					
풍뢰익(風雷益) ➜ 감위수(坎爲水)					
螣蛇		兄弟卯木	|	應	父母子水
勾陳		子孫巳火	|		
朱雀		妻財未土	||		
靑龍	(官鬼酉金)	妻財辰土	||	世	
玄武		兄弟寅木	✗		妻財辰土
白虎		父母子水	✗		兄弟寅木

《판단》 관귀(官鬼)를 용신(用神)으로 본다. 관귀 유금(酉金)은 괘에 없고 세효(世爻) 처재(妻財) 진토(辰土) 아래 복장(伏藏)되었다. 용신이 일월의 도움을 얻지 못해 휴수 (休囚)하다. 세효는 관귀를 생하여 자신은 남자친구와 사귀고 싶어함을 표시한다. 공 망(空亡)은 남자친구와 사귀지 못할까 걱정하는 의미가 된다.

괘가 3개 발동(發動)했는데 어느 한 개도 용신(用神)에 유리하게 작용하는 것이 없다. 형제(兄弟)가 왕상(旺相)하고 세효(世爻)를 극한다. 세효가 관귀(官鬼)를 생하는 힘 이 없다. 용신이 괘에 없는 것은 남자친구가 보이지 않음을 나타낸다. 그래서 올해는 남자친구가 생기지 않는다.

《피드백》 역시 그 해에는 남자친구가 생기지 않았다.

【예4】 乙酉年 子月 丁丑日 (旬空：申酉)				
여자가 가정 혼인에 대해 문의하였다				
산뢰이(山雷頤)　➡　지화명이(地火明夷)				
靑龍		兄弟寅木	⚊̷		官鬼酉金
玄武	(子孫巳火)	父母子水	⚏		
白虎		妻財戌土	⚏	世	
螣蛇	(官鬼酉金)	妻財辰土	⚊̷		父母亥水
勾陳		兄弟寅木	⚏		
朱雀		父母子水	⚊	應	

《판단》 관귀(官鬼)를 용신(用神)으로 본다. 관귀 유금(酉金)은 괘에 없고 처재(妻財)
진토(辰土) 아래에 복장(伏藏)되었다. 또 공망(空亡)으로 일(日)에 입묘(入墓)되었다. 부모(父母)는 주작(朱雀)에 임하여 입묘되었다. 유혼(遊魂)이 유혼(遊魂)으로 화하였

다. 이런 조합은 이미 이혼함을 나타낸다. 왜냐하면 용신이 괘에 없는 것은 남편이 보이지 않는 것을 나타내기 때문이다. 공망(空亡)은 없다는 것을 의미한다. 용신이 입묘함은 끝났음을 의미한다. 부모가 주작에 임한 것은 결혼증서를 의미한다. 입묘는 정리했다는 것을 나타낸다. 유혼(遊魂)은 헤어짐을 의미함으로 유혼(遊魂)으로 화하니 더욱더 헤어짐을 나타낸다.

용신(用神)이 복장(伏藏)되었고 또 공망(空亡)에 임하고, 진토(辰土)에 합주(合住)를 당하였다. 복장(伏藏)은 충(沖)할 때 응기가 일어난다. 공망(空亡)도 충(沖)할 때 응기가 일어난다. 합주(合住)는 충개(沖開)할 때 응기가 일어난다. 그래서 1999년 기묘(己卯)년에 이혼한 것으로 판단했다. 왜냐하면 용신과 처재(妻財) 진토(辰土)가 합(合)하여 세효(世爻)를 충(沖)한다. 처재는 여자를 의미하고 합(合)은 유혹을 의미한다. 충(沖)은 충돌을 의미하니 남편은 다른 여자의 유혹에 넘어갔다.

처재(妻財) 술토(戌土)가 지세(持世)하고 일의 도움을 얻어 왕상(旺相)하다. 형제(兄弟) 인목(寅木)이 발동(發動)하여 극한다. 본래는 재운이 좋지 않았다. 하지만 계미(癸未)년에 형제가 입묘(入墓)하고 처재를 왕하게 하니 이 해부터 좋은 조짐이 있었다. 갑신(甲申)년에 형제 인목(寅木)을 충거(沖去)하니 또 한 단계 오른 것이다. 올해 을유(乙酉)년에 형제의 변효가 출공(出空)하고 형제를 완전히 깨끗하게 극하니 재물운이 더 좋아진 것이다. 하물며 유년(流年)이 처재 진토(辰土)를 합주(合住)함은 재물을 얻는다는 것을 의미한다.

피드백 역시 남편은 1999년 기묘(己卯)년에 다른 여자의 유혹에 넘어가 이혼했다. 이것이 그녀를 고통 속에 살게 만든 것이다. 2003년 계미(癸未)년에 이르러서는 갑자기 분발하여 스스로 회사를 차려서 갑신(甲申)년에 많은 돈을 벌었다. 을유(乙酉)년에 한 해만 500만 위안을 벌었다.

		【예5】 酉月 辛巳日 (旬空:申酉)			
		남자가 가정 혼인에 대해 문의하였다			
		천풍구(天風姤) ➡ 택풍대과(澤風大過)			
螣蛇		父母戌土	✗		父母未土
勾陳		兄弟申金	Ⅰ		
朱雀		官鬼午火	Ⅰ	應	
靑龍		兄弟酉金	Ⅰ		
玄武	(妻財寅木)	子孫亥水	Ⅰ		
白虎		父母丑土	Ⅱ	世	

《판단》 처재(妻財)를 용신(用神)으로 본다. 처재 인목(寅木)은 월의 도움을 받는다. 하지만 괘에 없고 2효 자손(子孫) 해수(亥水) 아래에 복장(伏藏)되었다. 주괘(主卦)는 천풍구(天風姤)이다. 구(姤)는 만남을 의미하니 부부가 서로 만남을 원함을 설명한다. 용신이 괘에 없어 부부가 만나지 못함을 나타낸다. 즉, 별거 중임을 의미한다.

독발(獨發)한 부모(父母) 술토(戌土)는 등사(螣蛇)에 임하고 유혼(遊魂)괘로 변하였다. 독발은 원인 등을 의미하고, 등사는 번뇌를 의미한다. 유혼은 한눈을 파는 의미이니 아내와 함께 할 수 없어서 늘 걱정함을 의미한다. 내년 갑신(甲申)년에 처재(妻財)를 충출(沖出)하니 아내와 한자리에 모일 수 있다.

《피드백》 그는 군대에서 일하고 있고 결혼한 지 몇 년이 지났다. 하지만 부부 별거 문제가 계속 해결되지 않았다. 지금 부대는 이 일을 해결하겠다고 약속했다.

【예6】 寅月 己丑日 (旬空：午未)					
47세 남자가 혼인에 대해 문의하였다					
풍산점(風山漸) ➜ 풍화가인(風火家人)					
勾陳		官鬼卯木	┃	應	
朱雀	(妻財子水)	父母巳火	┃		
靑龍		兄弟未土	┃┃		
玄武		子孫申金	┃	世	
白虎		父母午火	┃┃		
螣蛇		兄弟辰土	╳		官鬼卯木

《판단》 남자가 혼인에 대해 예측할 때 처재(妻財)를 용신(用神)으로 본다. 처재 자수(子水)는 괘에 없다. 월이 생하지 않고 일진(日辰)은 극 중에 합(合)을 차고 있다. 또 동효(動爻)에 입묘(入墓)되니 한눈에 봐도 결혼이 나쁘다는 것을 알 수 있다. 그런데 결혼을 했는지 아니면 이혼을 했는지? 아니면 결혼이 왜 계속 늦어지는지?

용신(用神)이 휴수(休囚)하고 기(氣)가 없어 여자와의 인연이 약하다. 처재(妻財)가 괘에 없는 것은 그의 생활 속에 여자가 없다는 것을 의미한다. 동효(動爻) 진토(辰土)에 입묘(入墓)도 여자의 정보를 나타낸다. 처재는 일에 의해 합(合)이 되었다. 일(日)과 합(合)은 묶임의 의미이고 복장(伏藏)됨은 또 방해당한 것을 의미하니 더욱더 여자가 나타나지 않는 것을 의미한다.

세효(世爻)를 다시 보면 월파(月破)에 입묘(入墓)되었다. 월파(月破)되면 용신(用神)을 생할 힘이 없다. 입묘(入墓)는 갇힘을 의미하니 역시 용신을 생할 수 없다. 입묘(入墓)와 현무(玄武)는 성격이 내향적이니 연애를 할 줄도 모른다. 괘명이 풍산점(風山漸)이라 늦어지는 현상이니 결혼이 늦고 골치가 아픔을 나타낸다. 언제 결혼할지 판단하려면 재(財)가 출현할 때, 즉 무자(戊子)년일 수밖에 없다.

실제로 아나운서이다. 업무 중에 말주변이 좋아 말을 잘하지만 여자를 만나기만 하면 횡설수설해서 연애를 못한다.

【예7】 子月 丁丑日 (旬空 : 申酉)
여자가 남편과의 혼인 인연에 대해 문의하였다

		풍수환(風水渙) → 천지비(天地否)			
靑龍		父母卯木	|		
玄武		兄弟巳火	|	世	
白虎	(妻財酉金)	子孫未土	⚊		兄弟午火
騰蛇	(官鬼亥水)	兄弟午火	⚌		
勾陳		子孫辰土	⚊	應	兄弟巳火
朱雀		父母寅木	⚌		

관귀(官鬼)를 용신(用神)으로 본다. 용신 관귀 해수(亥水)는 형제(兄弟) 오화(午火) 아래 복장(伏藏)되었다. 용신이 세효(世爻)를 충극(沖克)하니 두 사람이 서로 말다툼함을 의미한다. 복장은 가출함을 의미한다. 형제 아래 복장함은 다른 여자의 품에 안김을 의미한다.

응효(應爻) 진토(辰土)는 2효에서 발동(發動)하였다. 응(應)은 타인이고 2효는 집이다. 이것은 응(應_타인)이 집(宅)에 들어온 것이다. 비유하면 비둘기가 까치의 둥지를 차지한 것과 같다(鳩占鵲巢). 이것은 바로 누군가가 이 가정에 개입했음을 나타낸다. 관귀(官鬼)가 진토(辰土)에 입묘되어 남편이 이 여자의 유혹에 넘어감을 나타낸다.

용신(用神)이 해수(亥水)이니 응(應)은 월(月)에 있다. 용신은 비록 도움을 얻지만 일 (日)이 극한다. 기신(忌神)이 두 번 동(動)하니 이혼은 시간문제이다.

《피드백》 역시 제3자가 개입하여 부부싸움을 하다가 남편이 집을 나갔다.

08절
진신(進神)과 퇴신(退神)의 의미

진신(進神)과 퇴신(退神)은 예측한 내용에 따라 길흉의 의미가 다르게 나타난다.

⊙ 결혼하기 전의 경우

용신은 진신(進神)으로 화하는 것이 기쁘다.

　① 관계가 점점 더 깊어진다.

　② 밀접해지고 갈수록 서로 사랑하고 감정이 더욱 깊어진다.

기신(忌神)은 퇴신(退神)으로 화(化)하는 것이 좋다. 기신(忌神)이 퇴(退)로 화함은,

　① 불리한 요소가 줄어든다.

　② 결혼에 좋은 전기가 마련된다.

　③ 반대하는 사람들이 반대하지 않음을 나타낸다.

⊙ 결혼을 한 이후의 경우

용신(用神)이 퇴(退)로 화(化)하는 것이 좋지 않다. 용신(用神)이 퇴(退)로 화함은,

① 감정이 옅어졌다.　② 차갑기 시작했다.　③ 열정을 잃다.

④ 떠나다.　⑤ 헤어지다.　⑥ 멀어지다.

⑦ 움츠리다.　⑧ 회피한다.

이혼을 하거나 헤어진 후에 예측을 하는 경우

모순이 없고 성공하기 전의 의사가 서로 반대가 되지 않는다. 용신(用神)이 진신(進神)으로 화(化)하는 것은,

① 돌이킬 여지가 없다.

② 상대방이 떠나기로 결심했다.

③ 두 사람의 감정은 갈수록 나빠진다.

만약 용신(用神)이 퇴(退)로 화함은,

① 오히려 갔다가 다시 돌아오다.

② 화해하다.　③ 곁에 돌아온다.

④ 재결합.　⑤ 잘못을 뉘우치다 등이다.

【예1】 未月 乙卯日 (旬空:子丑)					
여자가 어떻게 하면 이혼한 남편과 관계를 끝낼 수 있는지에 대해 문의하였다					
택화혁(澤火革) ➡ 건위천(乾爲天)					
玄武		官鬼未土	⚋		官鬼戌土
白虎		父母酉金	⚊		
螣蛇		兄弟亥水	⚊	世	
勾陳	(妻財午火)	兄弟亥水	⚊		
朱雀		官鬼丑土	⚋		子孫寅木
靑龍		子孫卯木	⚊	應	

[판단] 관귀(官鬼)를 용신(用神)으로 본다. 관귀가 양현(兩現)하고 모두 발동(發動)하였다. 2효에 있는 관귀 축토(丑土)를 용신으로 본다. 용신에 주작(朱雀)이 임하여 세효(世爻)를 극한다. 게다가 공망(空亡)을 만났다. 주작은 주로 말함이고, 공망은 거짓말을 표시한다. 세효를 극하는 것은 남편이 자신을 속이고 자신을 싫어한다.

용신(用神) 축토(丑土)는 2효에서 월파(月破)되고 공망이고 일에 극을 당한다. 회두극(回頭克)으로 화한다. 2효는 집인데 공망이니 집에 있지 않음을 표시한다. 이것은 바로 남편이 이혼하고 집을 떠난다는 정보이다. 이미 집을 떠난 경우에는 이것은 이전의 정보가 된다. 이혼 후는 또 다른 관귀(官鬼)를 봐야 한다.

관귀(官鬼) 미토(未土)는 6효에서 발동(發動)하여 진신(進神)으로 화한다. 6효는 퇴휴의 효위(爻位)이니 집을 떠난다는 표시이다. 이것은 혼인관계가 없는 남편의 정보이다. 관귀 미토(未土)가 세효(世爻)를 극함은 이혼했는데도 그녀를 괴롭히는 것이다. 진신(進神)으로 화함은 계속 반복해서 끊임없이 괴롭히는 것이다. 관귀 미토(未土)는 처재(妻財) 오화(午火)를 합(合)하였다. 재(財)와 합(合)함은 돈을 요구함을 의미한다. 현무(玄武)에 임함은 사기를 친다는 의미이다.

[피드백] 실제 상황이 설명과 똑같았다. 비록 이혼했음에도 불구하고 그녀에게 돈을 빌려달라고 한다. 빌려도 갚지 않으며 아이의 양육비는 아예 줄 생각도 하지 않는다.

【예2】 戊月 戊辰日 (旬空 : 戌亥) 남자가 어떤 여자와 혼외정으로 발전할 수 있는지 문의하였다					
천지비(天地否) ➡ 택지췌(澤地萃)					
朱雀		父母戌土	✗	應	父母未土
靑龍		兄弟申金	∣		
玄武		官鬼午火	∣		
白虎		妻財卯木	∥	世	
螣蛇		官鬼巳火	∥		
勾陳	(子孫子水)	父母未土	∥		

【판단】 처재(妻財)를 용신(用神)으로 본다. 처재 묘목(卯木)은 월의 합(合)을 얻어 기(氣)가 있지만 일월의 도움을 얻지 못하였다. 또 용신이 독발(獨發)된 응효(應爻)에 합거(合去)되었기 때문에 애인이 될 기회는 없다. 용신이 세효(世爻)에 임한 것은 단지 자신이 상대방을 생각할 뿐이지 상대방이 자신에게 오는 것이 아니다.

6효 부모(父母) 술토(戌土)에 주작(朱雀)이 임하며 독발(獨發)하였다. 독발은 왕왕 정보의 초점이 된다. 6효는 하늘을 의미하고 또한 외국을 의미한다. 부모는 정보 혹은 언어를 의미하고, 주작 역시 언어 혹은 말함을 의미한다. 공망(空亡) 역시 무선을 의미한다. 연신(延伸)하면 전화를 나타낸다. 그래서 이 여자가 자주 그에게 전화한다고 판단하였다.

술토(戌土)는 관귀(官鬼)의 묘고(墓庫)이다. 관귀는 번뇌를 의미하여 상대방의 마음이 좋지 않음을 표시한다. 즉, 많은 고민과 걱정이 있다. 공망(空亡)에 임한 것은 바로 마음속의 번뇌를 표출하고자 하는 것이다. 그래서 전화의 목적은 너를 찾아 하소연하는 것이지 너를 좋아하는 것이 아니다.

6효는 퇴직의 효위(爻位)이고, 응효(應爻)는 상대방을 대표하고, 부모(父母)는 결혼 증서를 의미한다. 그래서 상대방은 이혼을 생각하고 있다.

부모(父母) 술토(戌土)는 동(動)하면서 퇴신(退神)으로 화하였다. 공망(空亡)이기 때문에 잠시 퇴신(退神)으로 화하지 못한 것이다. 출공(出空)되기만 하면 바로 이혼할 것이다. 그래서 이러한 사유 판단의 근거로 상대방의 기분이 좋아져서 하소연해야 할 고충이 없을 때 다시 전화하지 않을 것이다.

(【피드백】) 역시 두 사람은 인터넷 채팅에서 만났다. 이 여자는 외국에 있다가 자신의 결혼이 행복하지 않다며 이혼하고 싶다고 하소연했다. 이 남자는 상대방이 자신을 좋아한다고 생각하고 자신의 연인이 될 수 있을지 예측한 것이다. 여자는 이혼하고 난 후 마음의 병이 해결되자 전화오지 않았다.

【예3】 丙戌年 亥月 甲寅日 (旬空 : 子丑)				
여자가 1976년생 아들의 혼인에 대해 문의하였다				
택풍대과(澤風大過) → 천풍구(天風姤)				
玄武		妻財未土	X		妻財戌土
白虎		官鬼酉金	I		
螣蛇	(子孫午火)	父母亥水	I	世	
勾陳		官鬼酉金	I		
朱雀	(兄弟寅木)	父母亥水	I		
靑龍		妻財丑土	II	應	

(【판단】) 처재(妻財)를 용신(用神)으로 본다. 괘에 처재가 양현(兩現)하여 발동(發動)

한 처재 미토(未土)를 용신으로 본다. 부모(父母) 해수(亥水)가 지세(持世)하고 일과 합(合)이 되었다. 일이 부모와 합(合)하면 혼기(婚期)를 나타내며, 지세(持世)는 이미 결혼했다는 것을 나타낸다.

동(動)은 합(合)을 만나면 응기(應期)가 된다. 2002년 임오(壬午)년은 처재(妻財) 미토(未土)와 서로 합하니 이 해에 결혼함을 판단할 수 있다. 유년 지지 오화(午火)는 자손 효이고 또 용신이 동(動)하여 자손 묘고(墓庫)로 화한다. 그래서 만약 이 해에 결혼했으면 이미 임신해서 아이가 있을 것이다.

대리 예측할 때 자손(子孫)은 그녀의 아들을 대표할 수 있고, 세효도 그녀의 아들을 대표한다. 용신 처재 미토(未土)는 6효에 있다. 6효는 늙음을 의미하고, 용신은 세효의 양지(養地)이니 이 여자는 그녀의 아들보다 나이가 많다.

용신(用神) 처재(妻財) 미토(未土)가 자손(子孫)을 합하고 동(動)하여 세효(世爻)를 극한다. 이는 곧 이 여자가 각박해서 아들을 단단히 단속함을 설명한다. 진신(進神)으로 화함은 한시도 긴장을 풀지 않는다.

[피드백] 실제로 2002년에 결혼하였다. 여자는 아들보다 여덟 살 위인데 동거 임신으로 결혼을 했고, 여자는 질투가 심해서 그녀의 아들을 매우 엄격하게 관리하였다.

		【예4】 甲申年 戌月 壬申日 (旬空:戌亥)				
		남자가 별거한 아내와 이혼할 수 있는지 문의하였다				
		태위택(兌爲澤) → 천뢰무망(天雷无妄)				
白虎		父母未土	✗	世		父母戌土
螣蛇		兄弟酉金	∣			
勾陳		子孫亥水	∣			
朱雀		父母丑土	∥	應		
靑龍		妻財卯木	✗			妻財寅木
玄武		官鬼巳火	∣			

[판단]　처재(妻財)를 용신(用神)으로 본다. 처재 묘목(卯木)은 2효에서 동(動)하여 퇴신(退神)으로 화(化)한다. 2효는 집을 의미하니 이미 별거한 상황이다. 용신이 동(動)하여 진신(進神)으로 화(化)하는 것을 좋아한다. 하지만 현재는 용신이 동(動)하여 퇴신으로 화하니 아내가 집으로 돌아오는 정보이다. 그러므로 오히려 이혼하기 쉽지 않다.

세효(世爻)에 부모(父母)가 임하고 6효에서 동(動)하여 공망(空亡)으로 화한다. 6효는 퇴직의 효위(爻位)이고, 부모는 결혼증서 의미한다. 공망으로 화함은 아내와의 결혼을 파기하고 이혼하겠다는 마음을 굳혔음을 나타낸다. 육충(六沖)이 육충으로 화함은 부부는 서로 화합하기 힘들다. 이혼하려면 인년(寅年)이 되어야 한다.

[피드백]　실제로 아내는 돌아와서 화해하려고 하고 이혼을 하지 않으려 한다. 나중에 정해년(丁亥年)에 피드백했는데 여전히 이혼을 못했다.

【예5】 戊月 己卯日 (旬空 : 申酉) 여자가 어떤 남자와 결혼할 수 있는지 문의하였다					
뇌화풍(雷火豊) ➡ 택천쾌(澤天夬)					
勾陳		官鬼戌土	‖		
朱雀		父母申金	⚊/	世	父母酉金
靑龍		妻財午火	⎮		
玄武		兄弟亥水	⎮		
白虎		官鬼丑土	⚊/	應	子孫寅木
螣蛇		子孫卯木	⎮		

【판단】 관귀(官鬼)를 용신(用神)으로 본다. 관귀가 양현(兩現)하여 발동(發動)한 관귀 축토(丑土)를 용신으로 본다. 용신이 응효(應爻)에 임하여 자신은 상대방을 너무 좋아 한다. 용신에 입묘(入墓)된 것은 자신은 상대방에게 완전히 빠졌다.

세효(世爻)가 공망(空亡)에 임하여 자기 마음이 편치 않아 자신 없어 한다. 주작(朱雀)에 공망이고 금(金)이다. 금(金)이 공망이 되면 소리가 울림을 나타낸다. 마음속으로 상대방 이름을 자주 부르는 것이다. 동(動)하여 진신(進神)으로 화하니 마음속의 근심은 점점 무거워짐을 의미한다.

용신(用神)이 비록 월의 도움을 얻지만 일의 극을 당하고 회두극(回頭克)으로 화하니 혼인이 성사되기 힘들다.

【피드백】 역시 상대방은 다른 여자와 결혼했다.

【예6】 申月 己巳日 (旬空:戌亥)					
남자가 여자친구와의 연분(緣分)에 대해 문의하였다					
뇌택귀매(雷澤歸妹) → 태위택(兌爲澤)					
勾陳		父母戌土	‖	應	
朱雀		兄弟申金	⚊⚋		兄弟酉金
靑龍	(子孫亥水)	官鬼午火	｜		
玄武		父母丑土	‖	世	
白虎		妻財卯木	｜		
螣蛇		官鬼巳火	｜		

《판단》 처재(妻財)를 용신으로 본다. 처재 묘목(卯木)은 월이 극하고 일이 돕지 않아 휴수(休囚)하다. 기신(忌神) 형제(兄弟)는 진신(進神)으로 화한다. 그래서 두 사람의 관계는 점점 긴장됨을 표시한다.

주작(朱雀)에 임하여 구설이 끊이지 않고 말다툼이 점점 심해져 감을 나타낸다. 금일은 형제(兄弟)를 합하여 용신(用神)을 극하기 힘들다. 해월(亥月)은 충개(沖開)되니 틀림없이 헤어질 것이다.

《피드백》 후에 역시 해월(亥月)에 헤어졌다.

【예7】 壬午年 戌月 辛亥日 (旬空 : 寅卯)				
남자가 어떤 여자와 관계 발전이 어떤지 문의하였다				
지택림(地澤臨) → 지뢰복(地雷復)				
螣蛇		子孫酉金	‖		
勾陳		妻財亥水	‖	應	
朱雀		兄弟丑土	‖		
靑龍		兄弟丑土	‖		
玄武		官鬼卯木	✗	世	官鬼寅木
白虎		父母巳火	‖		

【판단】 처재(妻財)를 용신(用神)으로 본다. 용신은 일(日)의 도움을 얻어 세효(世爻)를 생한다. 그래서 현재 두 사람은 감정이 매우 좋다. 세효에 현무(玄武)가 임하여 애매(曖昧)의 상(象)이다. 부모는 월에 입묘(入墓)하여 혼전동거이다.

세효(世爻)가 공망(空亡)이면서 동(動)하여 퇴신(退神)으로 화한다. 자신의 마음이 변해서 여자친구를 떠날 것이다. 갑신(甲申)년은 퇴신을 충(沖)하는 응기(應期)이다.

【피드백】 역시 갑신(甲申)년에 헤어졌다.

【예8】 未月 辛卯日 (旬空 : 午未)
여자가 남자친구와 헤어졌는데 다시 재회할 수 있는지 문의하였다

지택림(地澤臨) → 진위뢰(震爲雷)					
螣蛇		子孫酉金	‖		
勾陳		妻財亥水	‖	應	
朱雀		兄弟丑土	⚊⚊		父母午火
青龍		兄弟丑土	‖		
玄武		官鬼卯木	⚊⚊	世	官鬼寅木
白虎		父母巳火	∣		

《판단》 관귀(官鬼)를 용신(用神)으로 본다. 관귀 묘목(卯木)은 일의 도움을 얻어 왕상(旺相)하다. 용신은 세효(世爻)에 임하여 퇴신(退神)으로 화한다. 헤어졌기 때문에 퇴신으로 화하니 다시 돌아올 수 있다는 의미가 된다. 지세(持世)는 자신의 곁에 돌아옴을 의미한다. 곧 신월(申月)이 오는데 퇴신의 응기(應期)이다.

《피드백》 역시 신월(申月)에 집으로 돌아와 화해하였다.

09절

월파(月破)의 의미

월파(月破)는 혼인을 예측할 때 어떤 육친이 임했는지와 세효(世爻), 응효(應爻) 그리고 용신(用神) 등을 보아야 한다. 월파(月破)의 위치에 따라 유추되는 의미가 같지 않다.

⊙ **월파(月破)**는 주로 파열(破裂), 헤어짐(分開), 이견, 마음의 상처, 파괴(破壞), 파상(破相), 이별(分手_헤어짐), 결별, 장애, 별거(分居), 이혼(離婚) 등을 나타낸다.

【예1】 丙戌年 亥月 乙卯日 (旬空:子丑)				
40세 여자가 건강과 언제 결혼하는지 문의하였다				
화천대유(火天大有)				
玄武		官鬼巳火	|	應	
白虎		父母未土	||		
螣蛇		兄弟酉金	|		
勾陳		父母辰土	|	世	
朱雀		妻財寅木	|		
靑龍		子孫子水	|		

【판단】 신체를 판단할 때 세효(世爻)를 보고, 결혼은 관귀(官鬼)를 본다. 세효 진토(辰土)는 3효에 있고 일의 극을 당한다. 3효는 위(胃)이고 토(土)도 위(胃)이다. 그래서 위(胃)가 좋지 않다. 원신(元神)은 6효에서 월의 충파(沖破)를 당한다. 6효는 머리이고 건궁에 있어 역시 머리이다. 월파(月破)는 병(病)이고 현무에 임하여 주로 어지러움이다. 그래서 어지러움 병이 있다.

용신(用神)인 관귀(官鬼) 사화(巳火)를 비록 일이 와서 생하지만 월에 충파(沖破)당하였다. 또 6효에 있고 6효는 늙음을 의미하니 혼인이 늦음을 나타낸다. 관귀는 원신(元神)인데 월파(月破)를 당하였다. 원신은 내면의 세계를 의미한다. 또 월파(月破)는 배척을 의미한다. 어느 정도 주관이 혼인에 영향을 미쳤다는 설명이다. 현무가 임하여 내성적이고 우울한 경향이 있으며 남자와의 접촉을 두려워한다.

【피드백】 과연 정확하였다. 이 여자는 남자를 소개해 주면 곧바로 무서워했다.

【예2】 子月 丁丑日 (旬空:申酉) 여자가 어떤 남자와의 감정이 이후에 어떻게 될지 문의하였다. 차 안에서 괘를 득하였다.					
수산건(水山蹇) → 수풍정(水風井)					
靑龍		子孫子水	‖		
玄武		父母戌土	❙		
白虎		兄弟申金	‖	世	
螣蛇		兄弟申金	❙		
勾陳	(妻財卯木)	官鬼午火	⚊✗		子孫亥水
朱雀		父母辰土	‖	應	

【판단】 관귀(官鬼)를 용신(用神)으로 본다. 관귀 오화(午火)는 월파(月破)되고 일진(日辰)의 도움을 얻지 못하였다. 또 회두극(回頭克)으로 화하니 두 사람의 관계는 지속되지 못한다. 월파(月破)는 관계가 깨짐을 표시한다. 월파(月破)는 실파(實破)가 응기(應期)가 된다. 경오(庚午)일에 두 사람 사이에 갈등이 발생했을 것이라고 판단하였다.

용신(用神) 관귀(官鬼) 오화(午火) 아래에 처재(妻財) 묘목(卯木)이 복장(伏藏)되었기 때문에 상대방은 아내가 있는 사람이다.

【피드백】 역시 상대방은 아내가 있었다. 경오(庚午)일에 시비가 붙어 헤어졌다. 나중에 화해하지 못했다.

【예3】 卯月 己亥日 (旬空 : 辰巳) 여자가 부부 감정에 대해 문의하였다					
산뢰이(山雷頤) → 천택리(天澤履)					
勾陳		兄弟寅木	|		
朱雀	(子孫巳火)	父母子水	X		官鬼申金
靑龍		妻財戌土	X	世	子孫午火
玄武	(官鬼酉金)	妻財辰土	||		
白虎		兄弟寅木	X		兄弟卯木
螣蛇		父母子水	|	應	

【판단】 관귀(官鬼)를 용신(用神)으로 본다. 관귀 유금(酉金)은 괘에 없고 3효 처재(妻財) 진토(辰土) 아래 복장(伏藏)되었다. 용신이 괘에 없고 또 유혼괘(遊魂卦)라서 남편은 자주 외출하는 관계로 집에 있지 않음을 표시한다.

용신(用神) 관귀 유금(酉金)은 월건(月建)에 충파(沖破)당하고 유혼괘(遊魂卦)라 기분이 좋지 않고 공허함을 의미한다. 파(破)는 합(合)을 필요로 한다. 반면 비신(飛神) 처재(妻財) 진토(辰土)가 용신을 합주(合住)한다. 처재는 다른 여자를 의미한다. 남편의 마음이 공허할 때 다른 여자가 허점을 파고 들어왔다. 용신에 현무(玄武)가 임했다. 현무는 음란(淫亂)을 의미한다. 남편이 여색을 좋아해 절제하지 못한다.

세효(世爻)가 발동(發動)하여 관귀(官鬼)를 생한다. 자신은 남편을 좋아한다. 남편을 잘해주어 남편의 마음을 돌려놓고 싶은 마음이다.

【피드백】 실제로 남편이 외지에 나가 일을 하면서 그 지역에 있는 한 여자와 친해졌다. 그 사실을 알고도 집을 떠나 남편과 함께 거주하면서 남편의 마음을 돌리려고 했다.

【예4】 癸未年 酉月 甲午日 (旬空:辰巳) 41세 여자가 가정 혼인에 대해 문의하였다					
지뢰복(地雷復) → 뇌택귀매(雷澤歸妹)					
玄武		子孫酉金	‖		
白虎		妻財亥水	‖		
螣蛇		兄弟丑土	⚋̸	應	父母午火
勾陳		兄弟辰土	‖		
朱雀	(父母巳火)	官鬼寅木	⚋̸		官鬼卯木
靑龍		妻財子水	Ⅰ	世	

《판단》 관귀(官鬼)를 용신(用神)으로 본다. 관귀 인목(寅木)이 2효에서 발동(發動)하여 진신(進神)으로 화하였지만 파(破)를 당하였다. 2효는 택(宅)이니 집을 의미한다. 발동은 이동(移動)을 의미하니 이사하는 정보를 나타낸다. 하지만 마침 용신이 파(破)로 화했기 때문에 이사 후 기장(氣場)이 달라져 결혼에 지장을 준 것이다. 월파(月破)는 부부의 감정에 금이 갔음을 의미한다. 주작(朱雀)이 임한 것은 쉴새없이 다툼을 의미한다.

향규(香閨) 사화(巳火)는 부모(父母)에 놓였다. 공망(空亡)에 복장(伏藏)은 사적으로 또 다른 사람과 동거함을 표시한다. 응(應)에 있는 형제(兄弟) 축토(丑土)는 동(動)하여 세효(世爻)를 합한다. 육친(六親)의 전환을 사용하면 나를 극하는 자는 관귀(官鬼)이다. 월의 유금(酉金)은 세효의 목욕(沐浴)이다. 그래서 바람이 난 것이다.

관귀(官鬼) 인목(寅木)이 발동(發動)하여 처재(妻財) 해수(亥水)를 합(合)하였다. 처재는 다른 여자를 의미한다. 그래서 남편이 바람을 피기 시작했다. 세효(世爻)가 암동(暗動)하여 관귀를 생한다. 암동(暗動)은 내면세계를 초효(初爻)는 근심 걱정을 의미한다. 그래서 아직도 남편을 너무 사랑함이 마음속에 내재되어 있다.

육합괘(六合卦)가 귀혼(歸魂)으로 화하니 두 사람 모두 이혼을 생각하고 있지 않다.

《피드백》 역시 그랬다.

【예5】 亥月 甲戌日 (旬空 : 申酉) 남자가 어떤 여자와의 관계가 어떻게 되는지 문의하였다					
뇌수해(雷水解) ➡ 화수미제(火水未濟)					
玄武		妻財戌土	✗		子孫巳火
白虎		官鬼申金	‖	應	
螣蛇		子孫午火	∣		
勾陳		子孫午火	‖		
朱雀		妻財辰土	∣	世	
靑龍	(父母子水)	兄弟寅木	‖		

《판단》 처재(妻財)를 용신(用神)으로 본다. 처재가 양현(兩現)하니 발동(發動)한 효 (爻) 처채 술토(戌土)를 용신으로 본다. 세효(世爻)는 2효에 있고 처재 진토(辰土)가 임하였다. 2효는 택(宅)이니 집에 아내가 있다. 그래서 처재 술토(戌土)는 바로 아내 외의 다른 여자이다.

술토(戌土)에 현무(玄武)가 임했다. 현무는 음란(淫亂)을 의미하니 이 여자는 정직한 여자가 아니다. 술토(戌土)는 자손(子孫)의 묘고(墓庫)이니 임신을 뜻한다. 화(化)한 자손이 월파(月破)되어 유산된 적이 있음을 의미한다. 동(動)하면서 세효(世爻)의 처 재(妻財) 진토(辰土)를 충한다. 이것은 바로 진토(辰土)를 충거(沖去)하려는 것이다.

이 여자가 아내와 이혼하기를 원한다는 것을 말해 준다.

〔피드백〕 역시 노래방에서 아가씨를 알게 되었다. 그 여자는 과거에 이 남자의 아이를 임신하여 유산을 했었다. 지금 또 임신 중이라며 남자에게 아내와 이혼할 것을 강요하고 있다.

【예6】 丁亥年 壬子月 丙子日 (旬空 : 申酉)					
여자가 어떤 남자와 만남의 결과에 대해 문의하였다					
화산려(火山旅) ➡ 화수미제(火水未濟)					
靑龍		兄弟巳火	∣		
玄武		子孫未土	∥		
白虎		妻財酉金	∣	應	
螣蛇	(官鬼亥水)	妻財申金	✗		兄弟午火
勾陳		兄弟午火	✗		子孫辰土
朱雀	(父母卯木)	子孫辰土	∥	世	

〔판단〕 관귀(官鬼)를 용신(用神)으로 본다. 관귀 해수(亥水)는 괘에 없고 처재(妻財) 신금(申金) 아래 복장(伏藏)되었다. 일반적으로 이런 조합은 상대 남자가 여자가 있든지 아니면 아내가 있어야 한다. 단 비신(飛神) 신금(申金)이 공망(空亡)이고 동(動)하여 월파(月破)로 화(化)되었다. 이것은 상대방이 이혼한 사람임을 표시한다.

용신(用神)은 일월의 도움을 얻어 왕상(旺相)하다. 세효(世爻)는 관귀(官鬼)의 묘고(墓庫)이니 자신은 상대 남자를 매우 얻고 싶어함을 나타낸다. 그러나 간효(間爻) 형제(兄弟) 오화(午火)가 발동(發動)하여 중간에 방해하고 부추기는 사람이 있음을 표시한다. 용신이 복장(伏藏)됨은 상대방은 자신을 회피함을 표시한다.

역시 이 남자는 아내와 이혼한 후 자신과 알게 되었고, 잘 지내다가 상대편 친

구가 중간에 방해하여 성사되지 않았다.

【예7】 午月 甲午日 (旬空:辰巳) 남자가 어떤 여자의 현재 상황이 어떤지 문의하였다				
천택리(天澤履)				
玄武		兄弟戌土	|	
白虎	(妻財子水)	子孫申金	|	世
騰蛇		父母午火	|	
勾陳		兄弟丑土	||	
朱雀		官鬼卯木	|	應
靑龍		父母巳火	|	

판단 Judgement 처재(妻財)를 용신(用神)으로 본다. 용신 자수(子水)는 괘에 없다. 사람이 먼

곳에 있다는 의미이다. 용신은 일월에 충파(沖破)되었다. 일월(日月)은 부모(父母)이

고, 부모는 결혼증서를 의미한다. 월파(月破), 일파(日破)됨은 두 번 이혼한 것을 나타

낸다.

세효(世爻)가 용신(用神)을 생하니, 자신은 자주 상대방을 생각한다. 하지만 괘에 부

모(父母) 사화(巳火)가 공망(空亡)이 되었다. 부모는 소식을 의미하니 현재는 연락이

없다는 것을 나타낸다.

피드백 Feedback 역시 두 번 이혼했고, 오랫동안 연락을 안 했다.

10절
공망(空亡)의 의미

공망(空亡)은 혼인 예측에서 길흉을 판단하는 것 외에 세밀한 상(象)을 판단하는 데 매우 중요한 하나의 고리 역할을 한다. 용신(用神)과 원신(原神)은 공망이 좋지 않고, 기신(忌神)과 구신(仇神)은 공망이 좋다. 공망은 혼인의 성패(成敗)와 응기(應期)에 관계가 되고, 효(爻)의 쇠왕(衰旺)을 분석·판단하는 근거가 된다. 단지 공망(空亡)만으로 판단하는 것은 불가능하다.

◑ **공망(空亡)**은 흔들림, 불안, 두려움, 마음이 심란함, 동요, 거짓 감정, 회피, 몸을 피함, 보이지 않음, 부재, 기만, 상실, 미성숙, 불안정, 행동 불온, 출장, 이별, 헤어짐, 없음, 결핍 등의 의미를 가지고 있다.

◉**세효(世爻) 공망(空亡)**은 자신을 걱정함, 자신의 마음이 정직하지 않음, 원하지 않음, 자신이 생각을 바꿈, 스스로 회피함 등이다.

◉**응효(應爻) 공망(空亡)**은 상대방의 마음이 정직하지 않음, 상대방이 회피함, 상대

방이 변덕을 부림, 상대방이 망설임 등의 의미이다. 세효(世爻)와 응효(應爻)가 동(動)하여 공망(空亡)으로 화(化)한 것도 마찬가지이다.

- ◉**부모(父母) 공망(空亡)**이면 혼인신고를 하지 않음, 중매인이 없음, 집이 없음, 부모가 없음, 집안을 이끌어가는 가장이 없음, 호구(戶口)가 없음 등 괘의 변화에 따라 유연하게 판단해야 한다.
- ◉**처재(妻財) 공망(空亡)**은 여자친구가 없음, 여자친구를 만나지 못함, 수입이 없음, 수입이 적음, 처가 집에 없음, 처가 사망, 혼수가 적음 등이다.
- ◉**관귀(官貴) 공망(空亡)**은 남자친구가 없음, 남자친구를 잃음, 남편 사망, 남편이 집에 자주 없음, 스트레스 없음 등이다.
- ◉**형제(兄弟) 공망(空亡)**은 친구가 적음, 저항이 적음, 돈의 낭비가 적음 등이다.
- ◉**자손(子孫) 공망(空亡)**은 아이가 없음, 유산, 기분이 좋지 않음 등 의미가 있다.

- ◉**청룡 공망(空亡)**은 헛된 기쁨, 괜히 좋아함.
- ◉**백호 공망(空亡)**은 성질을 내지 않음, 바쁘지 않음, 강요하지 않음.
- ◉**주작 공망(空亡)**은 언변이 서툶, 말을 잘하지 못함, 적게 웃음, 불쾌함,
- ◉**구진 공망(空亡)**은 부정직함, 가만히 있지 못함, 움직이지 못함, 착실하지 않음.
- ◉**등사 공망(空亡)**은 심신불안, 기만, 불신임.
- ◉**현무 공망(空亡)**은 매력〔흡인력〕이 없음, 수치심이 없음 등의 의미가 있다.

그러나 위의 조합은 죽은 것이 아니고 〔잘 맞는다〕 괘의 조합 변화에 따라 유연하게 판단해야 한다.

【예1】 午月 丁丑日 (旬空:申酉) 남자가 부부 감정에 대해 문의하였다					
화수미제(火水未濟)					
靑龍		兄弟巳火	I	應	
玄武		子孫未土	II		
白虎		妻財酉金	I		
螣蛇	(官鬼亥水)	兄弟午火	II	世	
勾陳		子孫辰土	I		
朱雀		父母寅木	II		

《판단》 처재(妻財)를 용신(用神)으로 본다. 처재 유금(酉金)이 공망(空亡)으로 월이 극하고 일에 입묘(入墓)되고 세효(世爻)와 상극(相克)의 관계이다. 세효에 등사(螣蛇)가 임했다. 등사는 번뇌, 고독, 본인 심정이 매우 좋지 않음이다. 3효는 침대이니, 독수공상(獨守空床)을 의미한다. 세효가 용신을 극하니 자신은 아내에 대해 매우 불만족한다.

용신(用神)에 백호(白虎)가 임했다. 백호는 화냄을 의미하니 아내는 성질이 고약하다. 공망(空亡)에 임하여 2효와 합(合)하지 않는다. 2효는 집이니 처는 집에 있는 것을 싫어하고 늘 밖으로 나간다. 일(日)에 입묘(入墓)하고 묘(墓)는 사로 잡히거나 매혹됨을 의미한다. 일(日)은 자손(子孫)이고 자손은 유흥, 오락이니 유흥이나 오락을 탐한다.

《피드백》 실제로 판단한 바와 같다.

【예2】 午月 丁丑日 (旬空：申酉)					
여자가 남편과의 감정에 대해 문의하였다					
화뢰서합(火雷噬嗑)					
靑龍		子孫巳火	❙		
玄武		妻財未土	❚❚	世	
白虎		官鬼酉金	❙		
螣蛇		妻財辰土	❚❚		
勾陳		兄弟寅木	❚❚	應	
朱雀		父母子水	❙		

【판단】 관귀(官鬼)를 용신(用神)으로 본다. 관귀 유금(酉金)을 월이 극하고 일에 입묘(入墓)되었다. 공망(空亡)이라 세효(世爻)의 생을 받지 못하니 두 사람의 관계는 좋지 않다. 세효는 암동(暗動)하여 용신을 생한다. 자신이 남편을 마음속으로 좋아한다는 것을 나타낸다. 하지만 관귀가 공망이 되어 생을 받지 못해 남편은 그녀의 사랑을 받지 않으려고 한다.

관귀(官鬼)가 일에 입묘(入墓)하고, 일은 처재(妻財)이고, 처재는 여자이다. 묘(墓)는 얼이 빠져서 정신을 못 차리다는 의미이니 남편은 다른 여자에게 미련과 마음이 가 있다.

【피드백】 역시 그랬다.

【예3】 戌月 癸酉日 (旬空:戌亥) 남자가 여자친구와 발전이 어떤지 문의하였다					
白虎		妻財寅木	|		
螣蛇	(兄弟申金)	子孫子水	⚏	世	兄弟申金
勾陳		父母戌土	⚏		官鬼午火
朱雀		妻財卯木	||		
靑龍		官鬼巳火	||	應	
玄武		父母未土	⚏		子孫子水

산지박(山地剝) ➜ 천뢰무망(天雷无妄)

【판단】 처재(妻財)를 용신(用神)으로 본다. 괘(卦)에 처재가 양현(兩現)하여 암동(暗動)한 효(爻) 처재 묘목(卯木)을 용신으로 본다. 세효(世爻)가 발동(發動)하여 용신을 생한다. 자신은 여자친구를 매우 좋아한다.

하지만 일에 있는 형제(兄弟)가 용신(用神)을 충(沖)하여 암동(暗動)을 일으킨다. 형제는 기타[다른] 남자이다. 기타 남자의 개입으로 인하여 여자친구의 마음이 안정되지 않아 생각을 집중할 수 없었다. 그 사람에게 사로잡혀 감정에 동요를 일으켰다.

용신(用神)이 공망(空亡)인 술토(戌土)와 합(合)을 하였다. 이는 여자친구가 감정에 사각지대가 생김을 나타낸다. 술토(戌土)가 월건(月建)에서 합하여 용신을 왕(旺)하게 한다. 이것은 오히려 여자친구가 그와 발전하는 믿음을 더욱 확고히 할 것임을 나타낸다.

【피드백】 역시 여자친구는 중간에 다른 남자와 친해졌다가 마음을 돌려 자월(子月)에서 그와 약혼했다.

【예4】 午月 癸未日 (旬空：申酉) 여자가 애인과의 관계가 앞으로 어떻게 되겠는지 문의하였다					
택천쾌(澤天夬) ➡ 지풍승(地風升)					
白虎		兄弟未土	‖		
螣蛇		子孫酉金	✗	世	妻財亥水
勾陳		妻財亥水	✗		兄弟丑土
朱雀		兄弟辰土	Ⅰ		
靑龍	(父母巳火)	官鬼寅木	Ⅰ	應	
玄武		妻財子水	✗		兄弟丑土

《판단》 관귀(官鬼)를 용신(用神)으로 본다. 관귀 인목(寅木)은 응효(應爻)에 임하여 자신은 상대방을 매우 좋아한다. 용신과 처재(妻財) 해수(亥水)가 서로 합(合)을 하여 상대방은 아내가 있는 사람이다. 용신은 목(木)이라 상대방의 키는 크다. 청룡(靑龍)에 임하여 사람이 온화하다.

세효(世爻)가 공망(空亡)이며 등사(螣蛇)가 임했다. 공(空)은 불안을 의미하고 등사는 번뇌를 의미한다. 그래서 마음이 불안정하고 기분이 좋지 않음을 설명한다. 용신(用神)이 휴수(休囚)하여 일월의 도움을 얻지 못했다. 2개의 원신(元神)이 모두 동(動)하여 회두극(回頭克)으로 화하여 오래 가지 못한다. 일(日)에 입묘(入墓)됨은 두 사람의 관계를 끝내겠다는 것을 나타낸다. 일(日)은 현재를 표시한다. 그래서 두 사람의 결별 시기가 멀지 않음을 나타낸다.

《피드백》 역시 예상대로 상대방은 업무로 인하여 곧 멀리 전출되어 관계를 끊겠다고 하니 그녀의 기분이 매우 안 좋았다. 후에 유월(酉月)에 헤어졌다. 세효(世爻)가 출공(出空)되어 관귀(官鬼)를 극(克)하는 것이 응기이다.

【예5】辰月 乙酉日 (旬空:午未)
남자가 소개해준 여자를 만나러 가는데 어떻게 되겠는지 문의하였다

수산건(水山蹇) ➡ 수화기제(水火旣濟)

玄武		子孫子水	‖		
白虎		父母戌土	∣		
螣蛇		兄弟申金	‖	世	
勾陳		兄弟申金	∣		
朱雀	(妻財卯木)	官鬼午火	‖		
靑龍		父母辰土	⚊	應	妻財卯木

《판단》 처재(妻財)를 용신(用神)으로 본다. 처재 묘목(卯木)은 관귀(官鬼) 오화(午火) 아래 복장(伏藏)되었다. 이러한 조합은 일반적으로 상대방이 다른 남자와 왕래한 정보가 있다고 판단할 수다.

그러나 관귀(官鬼)가 공망(空亡)이다. 고인(古人)은 "재(財)가 복장(伏藏)되고 관귀가 공망이 되면 망문과부(결혼할 남자가 죽어서 시집도 가보지 못한 생과부를 가리킴)가 된다."고 말하였다. 집안의 남자가 없어지고 과부라는 것을 의미한다. 용신(用神)이 휴수(休囚)하고 일에 극을 당하였다. 부모(父母)가 비록 일과 합하지만 회두극(回頭克)으로 화하니 이루어질 수 없었다.

《피드백》 상대방은 역시 과부였다. 남들이 그가 마음에 들지 않는다고 해서 성사되지 못했다.

【예6】 戌月 庚寅日 (旬空：午未) 여자가 가정 혼인에 대해 문의하였다					
화수미제(火水未濟) ➡ 산택손(山澤損)					
螣蛇		兄弟巳火	|	應	
勾陳		子孫未土	||		
朱雀		妻財酉金	✕		子孫子水
靑龍	(官鬼亥水)	兄弟午火	||	世	
玄武		子孫辰土	|		
白虎		父母寅木	✕		兄弟巳火

판단 관귀(官鬼)를 용신(用神)으로 본다. 관귀 해수(亥水)는 괘(卦)에 없어 남편이 자주 집에 없다는 것을 나타낸다. 초효(初爻) 부모(父母) 인목(寅木)이 용신을 합(合) 하였다. 초효는 다리이니 길을 다님을 나타낸다. 백호(白虎)에 임함은 도로를 의미한 다. 부모는 차(車)를 의미한다. 그래서 남편은 운송업을 하기 때문에 집에 자주 있지 않다.

하지만 용신(用神)은 3효에서 청룡(靑龍)이 임했다. 3효는 침대이고, 청룡은 주색(酒 色)이 된다. 처재(妻財) 유금(酉金)이 발동(發動)하여 생한다. 유금(酉金)은 목욕지(沐 浴地)이다. 이는 남편이 밖에서 다른 여자와 관계를 맺고 있다는 것을 설명한다.

세효(世爻)가 공망(空亡)으로 3효에 있다. 3효는 침대를 의미하는데, 공망(空亡)이 되 어 침대에 사람이 없음을 표시한다. 자신은 독수공방하고 마음이 불안하고 번뇌를 나 타낸다. 인목(寅木)은 초효(初爻)에서 관귀(官鬼)를 합(合)하였다. 초효는 근심과 걱 정이고, 세효의 원신(元神) 역시 자신의 생각을 의미한다. 합주(合住)는 머무름인데 부모(父母)가 합(合)을 한다. 부모는 결혼증서이니 자신은 이혼을 싫어함을 표시한다. 초효는 또 자식의 자리이다. 그래서 아이 때문에 이혼하고 싶지 않음을 나타낸다.

(피드백) 역시 판단은 실제와 부합하였다.

【예7】 午月 癸酉日 (旬空 : 戌亥) 여자가 애인과 헤어지면 어떤지 문의하였다				
천풍구(天風姤) ➔ 수풍정(水風井)				
白虎		父母戌土	✗		子孫子水
螣蛇		兄弟申金	I		
勾陳		官鬼午火	✗	應	兄弟申金
朱雀		兄弟酉金	I		
靑龍	(妻財寅木)	子孫亥水	I		
玄武		父母丑土	II	世	

(판단) 관귀(官鬼)를 용신(用神)으로 본다. 관귀 오화(午火)는 월의 도움을 얻어 왕상(旺相)하고 발동(發動)하여 세효(世爻)를 생한다. 이는 상대방이 자신을 너무 좋아함을 의미한다. 6효 술토(戌土)가 발동하여 용신을 입묘(入墓)시킨다. 6효는 머리이니 사유(思維)를 의미한다. 묘고(墓庫)는 사고가 좁고 한정됨을 의미한다. 묘고(墓庫) 공망(空亡)이고, 공망은 소실을 표시한다. 백호(白虎)가 임하고, 백호는 주로 사망을 나타낸다. 이것은 바로 드러내지 않겠다는 정보이다. 그래서 헤어지기 힘들다.

(피드백) 역시 헤어지자고 하면 자살로 협박하니까 헤어질 엄두가 안 난다.

II절
육충(六沖)과 육합(六合)의 의미

육합(六合)과 육충(六沖)은 육효 예측의 기초 개념이다. 실제 응용(應用)에서 매우 중요하다. 사물의 길흉(吉凶), 응기(應期), 취상(取象)과 관련이 있다.

육충은 주로 산(散_흩어짐)이고 육합은 주로 성(成_이루어짐)이 된다. 이것이 가장 간단한 판단 방법이다. 혼인 예측에서 육합을 기뻐하고 육충은 기뻐하지 않는다.

⊙**육합(六合)**은 대면, 함께 지냄, 결합, 한자리에 모임, 한곳에 같이 있음, 면회, 연결됨, 왕래, 일을 이룸, 화목, 화해, 유혹〔나쁜 길〕, 관련, 얻음 등.

⊙**육충(六沖)**은 분리, 갈라짐, 파괴, 이혼, 갈등, 불화, 분쟁, 충돌, 파열, 외출, 뜻밖에 만남, 이동, 교환 등.

【예1】 未月 戊戌日 (旬空:辰巳)				
여자가 가정 혼인과 재물운을 문의하였다				
산화비(山火賁) ➡ 지뢰복(地雷復)				
朱雀		官鬼寅木	✗	子孫酉金
靑龍		妻財子水	∥	
玄武		兄弟戌土	∥ 應	
白虎	(子孫申金)	妻財亥水	✗	兄弟辰土
螣蛇	(父母午火)	兄弟丑土	∥	
勾陳		官鬼卯木	Ⅰ 世	

《판단》 혼인을 예측할 때 관귀(官鬼)를 용신(用神)으로 보고, 재운(財運)은 처재(妻財)를 용신으로 본다. 괘에 관귀가 양현(兩現)하여 발동(發動)의 효(爻) 관귀 인목(寅木)을 용신으로 본다. 관귀는 일월의 도움을 얻지 못하여 휴수(休囚)하다. 동(動)하여 회두극(回頭克)으로 화하니 부부 감정이 좋지 않다.

용신(用神)은 6효에 있다. 6효는 한치(閑置_내버려둠, 방치)의 효위(爻位)이다. 원신(元神) 해수(亥水)는 3효에서 동(動)하여 묘고(墓庫)로 화한다. 화(化)한 게 공망(空亡)이다. 또 일월에 의해 극제(克制)되어 용신을 생할 힘이 없다. 3효는 침대, 공망(空亡)은 침대에 사람이 없음을 표시한다. 입묘(入墓)는 침대를 치워 사용하지 않음을 뜻한다. 그래서 이 괘상(卦象)은 부부가 잠자리를 같이하지 않음을 의미한다. 향규(香閨) 오화(午火)는 괘에 없고 일(日)에 입묘(入墓)하는 것은 똑같은 정보를 나타낸다.

관귀(官鬼)가 발동(發動)하여 처재(妻財) 해수(亥水)와 서로 합(合)을 하였다. 처재는 여자를 의미하니 남편이 밖에 다른 여자와 같이 있음을 표시한다. 처재 해수(亥水)는 관귀 인목(寅木)에게 합주(合住)되어 세효(世爻)를 생해 주지 못한다. 이것은 집안의 돈을 남편이 모두 틀어쥐어 자신은 쓸 수 없다는 것을 나타낸다.

처재(妻財)가 비록 양현(兩現)하지만 일월에 극상(克傷)을 당하여 세효(世爻)를 생할 힘이 없다. 자신의 경제 상황이 좋지 않음을 나타낸다. 세효는 초효(初爻)에 있다. 초효는 발을 의미하니 바쁘게 뛰어다닌다. 그래서 돈을 버는 것이 매우 힘들다.

3효 처재(妻財) 해수(亥水)는 세효(世爻)의 원신(元神)이고 백호(白虎)에 임하여 극(克)을 당하였다. 동(動)하여 묘고(墓庫)로 화하였다. 공망(空亡)으로 화하니 세효를 생할 힘이 없다. 백호는 혈(血)이고 처재도 혈(血)을 의미한다. 3효는 자궁이니 월경이 일정치 않을 것이다. 6효 관귀(官鬼) 발동(發動)은 병(病)이고 6효 머리이고 목(木)은 통증이니 머리에 두통이 있을 것이다.

《피드백》 과연 응험하였다.

【예2】 乙酉年 子月 丁亥日 (旬空：午未)					
여자가 혼인에 대해 문의하였다					
뇌천대장(雷天大壯) ➡ 산지박(山地剝)					
靑龍		兄弟戌土	⚊⚊✗		官鬼寅木
玄武		子孫申金	⚋⚋		
白虎		父母午火	✗	世	兄弟戌土
螣蛇		兄弟辰土	✗		官鬼卯木
勾陳		官鬼寅木	✗		父母巳火
朱雀		妻財子水	✗	應	兄弟未土

《판단》 관귀(官鬼)를 용신(用神)으로 본다. 관귀 인목(寅木)은 일월의 도움을 얻어 왕상(旺相)하다. 그러나 이 괘는 5개의 효(爻)가 발동(發動)하였다. 기신(忌神) 자손(子孫)만 홀로 정(靜)하여 혼인은 반드시 좋지 않다. 주괘가 육충(六沖)이라 평생 혼

인이 불안정하며 따뜻한 가정을 이루기 어렵다.

2효는 관귀(官鬼)이고 3효는 동(動)하여 관귀로 화하고 6효도 또 관귀로 화하였다. 부모(父母)는 결혼증서인데 부모 오화(午火)가 삼합국(三合局)을 이루고 또 월파(月破)되었다. 2효가 부모 사화(巳火)로 화하여 일파(日破)를 당하였다. 평생 결혼이 많고 이혼도 많은 상(象)이다.

1999년 무인(戊寅)년은 관귀(官鬼) 인목(寅木)이 출현하여 이 해에 결혼했다. 갑신(甲申)년에 신자진(申子辰) 삼합국이 부모 오화(午火)를 충파(沖破)한다. 또 관귀를 충극(沖克)하니 1차 이혼이다. 을유(乙酉)년에 형제(兄弟) 진토(辰土)가 동(動)하여 관귀 묘목(卯木)으로 화한다. 동(動)하면서 합(合)을 만나 을유(乙酉)년에 또 결혼을 했다. 하지만 이 해에 관귀 역시 극제(克制)를 받아 혼인은 오래가지 못한다. 부모(父母)가 월파(月破)에 임하여 본월(本月)에 이혼하였다. 내년 병술(丙戌)은 6효 술토(戊土)가 동(動)하여 관귀로 화된 것이 응(應)하여 또 혼인을 했다.

이 괘는 부모(父母)가 삼합국(三合局)으로 공망(空亡)에 입묘(入墓)되었다. 1개의 입묘는 동거이고, 삼합국이 공망이면서 입묘함은 여러 남자와 동거한다는 것을 나타낸다. 유년(流年)을 판단하면 신사(辛巳)년 관귀(官鬼) 인목(寅木)의 변효(變爻)를 실파(實破)한다. 병술(丙戌)년 부모를 입묘한다. 정해(丁亥)년은 관귀 인목(寅木)이 합(合)을 만날 때 모두 출현 가능성이 있다.

[피드백] Feedback　역시 이 여자는 1998년에 결혼했다. 2001년에는 상사와 애매(曖昧)한 관계가 발생되어 부부간 불화를 겪었다. 2004년 이혼, 2005년 또 다른 남자와 결혼, 같은 해 또 다른 남자와 불륜을 저지르고 그 해 이혼했다. 병술(丙戌)년에는 한 남자와 동거하다가 헤어졌고, 정해(丁亥)년에는 또 한 남자와 동거했다.

【예3】 酉月 戊申日 (旬空 : 寅卯)					
여자가 어떤 남자와 관계가 잘될지 문의하였다					
택천쾌(澤天夬) ➡ 간위산(艮爲山)					
朱雀		兄弟未土	✗		官鬼寅木
靑龍		子孫酉金	✗	世	妻財子水
玄武		妻財亥水	✗		兄弟戌土
白虎		兄弟辰土	I		
螣蛇	(父母巳火)	官鬼寅木	✗	應	父母午火
勾陳		妻財子水	✗		兄弟辰土

【판단】 관귀(官鬼)를 용신(用神)으로 본다. 관귀 인목(寅木)은 일월의 도움을 얻지 못하고 일월에 극상(克傷)을 당하였다. 휴수(休囚)하고 무근(無根)이며 또 공망(空亡)에 임했다. 그래서 두 사람은 미래가 있다고 말할 수는 없어 부부가 되지 못한다. 부모(父母) 사화(巳火)는 휴수(休囚)하고 괘에 없고 일(日)과 합(合)을 했다. 부모가 일(日)과 합하면 원래는 혼기(婚期)를 의미한다. 그러나 복장(伏藏)하면서 합(合)을 한 것은 정식 혼기가 아니고 비밀리에 동거한다는 정보이다.

용신(用神)이 공망(空亡)에 등사(螣蛇)가 임하고 미토(未土)에 입묘(入墓)되었다. 공망은 두려움, 등사도 무서움을 의미하며 입묘는 겁이 많음을 뜻한다. 그래서 이 남자는 겁이 많아 여자와 전전긍긍하면서 사귀는 것이다.

독정괘(獨靜卦)에서 정효(靜爻)는 형제(兄弟)이다. 형제는 저항을 의미하고 또 경쟁자를 의미하기 때문에 두 사람의 관계를 누군가 가로막아 성사되지 않는다. 처재(妻財) 해수(亥水)가 발동(發動)하여 합(合)을 한다. 이는 곧 상대방은 아내가 있다는 것을 나타낸다.

용신(用神)이 휴수(休囚)하고 공망(空亡)이면서 일파(日破)를 당하였다. 기신(忌神)이 지세(持世)하면서 육충괘(六沖卦)로 화한다. 육충(六沖)은 흩어짐을 의미하니 두 사람은 좋은 결과가 없을 것이다.

《피드백》 역시 상대방은 아내가 있고, 상대방 아내에게 들켰다. 아내는 이혼하려 하지 않고, 자신은 희망이 없는 것을 보고 사귀는 것을 포기했다.

【예4】 辛巳年 戊月 庚申日 (旬空:子丑)					
29세 여자가 혼인을 문의하였다					
천뢰무망(天雷无妄) ➡ 화뢰서합(火雷噬嗑)					
螣蛇		妻財戌土	|		
勾陳		官鬼申金	✗		妻財未土
朱雀		子孫午火	|	世	
靑龍		妻財辰土	||		
玄武		兄弟寅木	||		
白虎		父母子水	|	應	

《판단》 관귀(官鬼)를 용신(用神)으로 본다. 부모(父母) 자수(子水)는 응효(應爻)에 임하고 공망(空亡)이다. 부모는 결혼증서이고, 응(應)은 남편의 자리이다. 공망은 아직 결혼하지 않음을 표시한다. 또 향규(香閨) 진토(辰土)가 월파(月破)를 당하여 아직 결혼을 못함을 표시한다.

용신(用神) 관귀(官) 신금(申金)은 월(月)의 생을 얻고 일(日)의 도움을 얻었다. 회두생(回頭生)으로 화하여 왕상(旺相)하다. 하지만 기신(忌神) 자손(子孫)이 지세(持

世)하여 본인은 남자에 대한 반감으로 위화감이 있다. 육충괘(六沖卦)로 아직 가정을 이루려는 마음을 정하지 못했다.

세효(世爻)는 화(火)이고 또 육충괘(六沖卦)이다. 이는 자신이 급한 성격을 나타낸다. 세효는 월(月)에 입묘(入墓)한다. 월건(月建)은 6효에 있다. 6효는 사원(寺院)이 되고 술토(戌土)는 자손(子孫) 묘고(墓庫)이니 이것도 사원의 의미이다. 자신은 이미 불교에 귀의했다. 세효에 주작(朱雀)이 임했다. 주작은 언어, 말함을 의미하여 경(經) 읽기를 좋아하다. 월건(月建) 술토(戌土)가 처재 진토(辰土)를 충파(沖破)한다. 이는 바로 사원의 관계 때문에 재물운에 영향을 준 것이다.

『피드백』 역시 자신은 불교를 믿었기 때문에 남자에게 관심이 없었다. 매일 절에서 일을 도와 8년 동안한 푼도 벌지 못했다.

【예5】 壬午年 丑月 甲申日 (旬空：午未) 여자가 언제 마음이 드는 사람이 나타나는지 문의하였다					
뇌천대장(雷天大壯) → 지천태(地天泰)					
玄武		兄弟戌土	‖		
白虎		子孫申金	‖		
螣蛇		父母午火	⚋	世	兄弟丑土
勾陳		兄弟辰土	▏		
朱雀		官鬼寅木	▏		
靑龍		妻財子水	▏	應	

『판단』 관귀(官鬼)를 용신(用神)으로 본다. 세효(世爻) 부모(父母) 오화(午火)가 공망(空亡)이며 등사(螣蛇)가 임했다. 또 육충괘(六沖卦)에서 육합괘(六合卦)로 변하였

다. 공망은 공허(空虛)이고 등사는 불안이고 육충(六沖)은 심란함이고 육합(六合)은 안정을 의미한다. 그래서 지금은 마음이 편치 않고 허전해서 안정을 취하고 싶어 한다. 정말 필요한 남자는 반드시 돈이 있어야 하는 것이 아니고 자신과 허심탄회하게 이야기할 수 있는 정신적 지주가 필요한 것이다.

관귀(官鬼) 인목(寅木)은 일(日)이 충(沖)해 암동(暗動)되어 세효(世爻)를 생한다. 지금 바로 남몰래 만나는 남자가 있다. 하지만 세효가 공망(空亡)이라 생을 받지 못하니 자신은 상대방을 보려고 하지 않는다.

《피드백》 이 여자는 자산이 몇 천만이나 있다. 역시 남자가 구애하는 건 있지만, 그녀는 *Feedback* 상대방을 좋아하지 않는다. 그녀는 모든 남자들이 자신의 재산을 탐내지 않을까 하는 걱정을 한다. 5년이나 지났는데 아직도 외톨이다.

		【예6】 辛巳年 亥月 庚辰日 (旬空:申酉) 남자가 약혼녀와의 관계가 어떻게 될지 문의하였다			
		천뢰무망(天雷无妄) → 천풍구(天風姤)			
騰蛇		妻財戌土	|		
勾陳		官鬼申金	|		
朱雀		子孫午火	|	世	
靑龍		妻財辰土	⚊⚊		官鬼酉金
玄武		兄弟寅木	⚊⚊		父母亥水
白虎		父母子水	⚊	應	妻財丑土

《판단》 처재(妻財)를 용신(用神)으로 본다. 초효(初爻) 부모(父母) 자수(子水)가 동 *Judgement* (動)하여 처재 축토(丑土)로 화한다. 동(動)하여 합(合)을 했다. 정축(丁丑)년은 변효

(變爻) 축토(丑土)가 자수(子水)를 합하니 이 해에 약혼녀를 알게 된 것이다. 처재 술토(戌土)가 충(沖)을 만나면 합(合)이 응기가 된다. 처재 진토(辰土)가 발동(發動)해 변효(變爻)를 합주(合住)한다. 기묘(己卯)는 합(合)한 신(神)을 충개(沖開)하니 기묘(己卯)년에 약혼하였다.

하지만 처재(妻財) 진토(辰土)가 일(日)에 임하여 동(動)하여 관귀(官鬼)로 화한다. 약혼녀가 지금 다른 남자와 친해졌음을 나타낸다. 응효(應爻)가 발동(發動)하여 상대방이 변화가 있음을 나타낸다. 육충괘(六沖卦)는 주로 헤어짐을 나타내어 파혼을 하고 싶어한다.

형제(兄弟) 인목(寅木)은 월(月)의 생을 얻고 동(動)하여 회두생(回頭生)으로 화한다. 처재(妻財)를 극하니 헤어지는 것이 틀림없다.

 그후 파혼했다.

【예7】 酉月 癸丑日 (旬空：寅卯)					
남자가 혼인을 문의하였다					
천뢰무망(天雷无妄) ➡ 택지췌(澤地萃)					
白虎		妻財戌土	✗		妻財未土
螣蛇		官鬼申金	❙		
勾陳		子孫午火	❙	世	
朱雀		妻財辰土	❚		
靑龍		兄弟寅木	❚		
玄武		父母子水	✗	應	妻財未土

《판단》 처재(妻財)를 용신(用神)으로 본다. 괘에 처재가 다현(多現)하여 모두 용신으로 판단할 수 있다. 6효의 처재 술토(戌土)가 동(動)하여 처재 미토(未土)로 화하였다. 3효는 처재 진토(辰土), 일(日)에 처재 축토(丑土), 초효(初爻)가 또 처재 미토(未土)로 화하였다. 사귀는 여자가 매우 많다.

괘(卦)에 진토(辰土)와 월의 관귀 유금(酉金)이 합(合)을 한다. 그중의 한 여자는 남편이 있다. 주작(朱雀)이 임했기 때문에 말솜씨가 좋다.

《피드백》 아나운서였다.

판단 6효에 처재(妻財) 술토(戌土)가 있다. 6효는 외지, 변두리이니 그중 한 여자는 외지인이다. 세효(世爻)가 6효 처재 술토(戌土)에 입묘(入墓)한다. 자신은 이 여자에게 반해 성심을 다한다.

육충괘(六沖卦)로 6효 처재 술토(戌土)가 퇴신(退神)으로 화하였다. 그래서 결혼이 안정되기가 매우 어렵다.

피드백 역시 당시에 사귄 여자가 2명 있었다. 실제 상황은 판단한 바와 같다. 5년 후, 비록 여러 사람을 더 사귀었지만 이 사람은 여전히 외톨이다.

12절
반음(反吟)과 복음(伏吟)의 의미

반음(反吟)과 복음(伏吟)은 육효 예측에서 대부분 좋지 않은 정보가 많다. 특히, 결혼을 예측할 때는 더욱 좋지 않다.

⊙ **복음(伏吟)**은 마음이 좋지 않음, 정서가 좋지 않음, 내심 고통, 신음, 갈등, 다툼, 진전이 없음, 순조롭지 않음, 망설임, 외도로 인한 고민, 불화, 고독 등 의미가 있다.

⊙ **반음(反吟)**은 일이 반복됨, 헤어졌다가 다시 좋아짐, 좋았다가 나빠짐, 순리적이 못함, 여러 번 실패, 시끄러움, 불화, 싸움, 다툼, 마음이 불안정, 태도가 분명하지 않음 등의 의미가 있다.

【예1】 甲申年 未月 丙申日 (旬空 : 辰巳) **1977년생 여자가 혼인에 대해 문의하였다**					
천산둔(天山遯) → 뇌풍항(雷風恒)					
靑龍		父母戌土	✗		父母戌土
玄武		兄弟申金	✗	應	兄弟申金
白虎		官鬼午火	｜		
螣蛇		兄弟申金	｜		
勾陳	(妻財寅木)	官鬼午火	✗	世	子孫亥水
朱雀	(子孫子水)	父母辰土	‖		

【판단】 관귀(官鬼)를 용신(用神)으로 본다. 괘에 관귀가 양현(兩現)하여 발동(發動)의 효(爻) 관귀 오화(午火)를 용신으로 본다. 용신은 월(月)의 합(合)을 얻어 왕(旺)하다. 하지만 결국 일월의 도움을 얻지 못하여 왕상(旺相)하다고 볼 수 없다.

관귀(官鬼)는 2효에 지세(持世)하여 조혼(早婚)이다. 용신(用神)이 동(動)하여 회두극(回頭克)으로 화한다. 술토(戌土)에 입묘(入墓)한다. 23세 경진(庚辰)년은 변효(變爻) 해수(亥水)를 극제(克制)하고 또 묘고(墓庫)를 충개(沖開)한다. 동시에 또 부모(父母) 진토(辰土)의 실공(實空)의 해이다. 그래서 이 해에 결혼할 것이라고 판단하였다.

하지만 용신(用神)은 동(動)하면서 회두극(回頭克)으로 화한다. 외괘(外卦)가 복음(伏吟)이니 고통을 의미하여 혼인이 순조롭지 않다. 세효(世爻)에 구진(勾陳)이 임한 것은 부동(不動)의 상(象)이다. 술토(戌土)에 입묘(入墓)한다. 묘고(墓庫)는 곤경에 빠지거나 제한을 받음이다. 귀(鬼_관귀)를 따라 입묘함은 결혼 이후부터 자유를 잃고 통제를 당했다는 뜻을 표시한다.

세효(世爻)에 구진(勾陳)이 임하고, 구진은 부동(不動)이니 게으름을 표시한다. 입묘(入墓)도 부동(不動)을 표시한다. 그래서 자신은 나태함을 표시한다. 묘고(墓庫)에 청룡(靑龍)이 임하여 음식의 의미가 된다. 처재(妻財)도 음식이지만 괘(卦)에 없고 2효의 밑에 암장되어 있다. 2효는 주방·부엌이 되고, 세효는 처재의 사지(死地)이다. 그래서 자신은 요리를 못함을 표시한다.

《피드백》 역시 경진(庚辰)년에 결혼했다. 결혼생활은 좋지 않았다. 집안에 갇혀 마음대로 외출하지 못하는 경우가 많았다. 본인은 게으르고 요리도 못한다.

【예2】 丑月 甲辰日 (旬空:寅卯)						
여자가 어떤 남자와 연분(緣分)이 있는지 문의하였다						
산풍고(山風蠱) ➔ 화지진(火地晉)						
玄武		兄弟寅木	Ⅰ	應	
白虎	(子孫巳火)	父母子水	Ⅱ		
螣蛇		妻財戌土	✗		官鬼酉金
勾陳		官鬼酉金	✗	世	兄弟酉金
朱雀		父母亥水	✗		子孫巳火
靑龍		妻財丑土	Ⅱ		

《판단》 관귀(官鬼)를 용신(用神)으로 본다. 관귀 유금(酉金)이 지세(持世)하고 일월의 도움을 얻어 왕상(旺相)하여 원래 길(吉)하다고 본다. 그러나 내괘(內卦)가 반음(反吟)이고 용신이 동(動)하여 공망(空亡)으로 화한다. 그래서 두 사람은 가까이 있는 것 같기도 하고 떨어져 있는 것 같기도 하여 서로의 관계가 모호함을 나타낸다.

귀혼(歸魂)이 유혼(遊魂)으로 화하여 함께 있지만 얼마 되지 않아 또 헤어진다. 관귀(官鬼) 유금(酉金)은 도화(桃花)인데 일(日)에 있는 진토(辰土)가 용신(用神)을 합(合)하였다. 진토(辰土)는 처재(妻財)이니 다른 여자를 나타낸다. 그래서 이 남자는 남편이 아니라 애인이고 아내가 있다.

《피드백》 실제 상황은 위와 같다.

【예3】 未月 癸丑日 (旬空:寅卯)					
여자가 혼외정을 문의하였다					
지천태(地天泰) → 진위뢰(震爲雷)					
白虎		子孫酉金	‖	應	
螣蛇		妻財亥水	‖		
勾陳		兄弟丑土	✗		父母午火
朱雀		兄弟辰土	✗	世	兄弟辰土
靑龍	(父母巳火)	官鬼寅木	✗		官鬼寅木
玄武		妻財子水	∣		

《판단》 관귀(官鬼)를 용신(用神)으로 본다. 관귀 인목(寅木)은 일월의 도움을 얻지 못해 휴수(休囚)하다. 용신이 공망(空亡)이라 애인이 마음이 변했음을 표시한다. 또 내괘(內卦)가 복음(伏吟)이라 자신이 기분이 좋지 않아 매우 고통스러움을 표시한다. 육합(六合)이 육충(六沖)으로 변하여 두 사람은 헤어질 것이다. 처재(妻財) 해수(亥水)와 합(合)을 한 것은 애인은 다른 여자를 좋아하는 것이다.

《피드백》 역시 애인은 그녀를 좋아하지 않고 다른 여자를 만났다.

【예4】 午月 乙丑日 (旬空：戌亥) **남자가 어떤 한 여자에게 구애하면 성공할 수 있는지 문의하였다**					
뇌산소과(雷山小過) ➡ 천풍구(天風姤)					
玄武		父母戌土	⚋̸		父母戌土
白虎		兄弟申金	⚋̸		兄弟申金
螣蛇	(子孫亥火)	官鬼午火	▮	世	
勾陳		兄弟申金	▮		
朱雀	(妻財卯木)	官鬼午火	⚋̸		子孫亥水
靑龍		父母辰土	⚋	應	

《판단》 처재(妻財)를 용신(用神)으로 본다. 처재 묘목(卯木)은 괘에 없고, 2효의 관귀(官鬼) 오화(午火) 아래 복장(伏藏)되었다. 이는 곧 좋아하는 여자가 이미 결혼해 남편이 있다는 것을 표시한다. 왜냐하면 부모(父母) 술토(戌土)가 발동(發動)하여 용신을 합하고 또 비신(飛神)이 관귀(官鬼)이기 때문이다.

용신(用神)이 일월의 도움을 얻지 못해 성사되지 못한다. 용신이 복장(伏藏)되어 상대방이 회피하거나 피하는 것을 나타낸다. 외괘(外卦)가 복음(伏吟)이니 여러 번 구애했지만 여자가 싫어해서 본인은 심정이 좋지 않다는 뜻이다.

《피드백》 역시 그렇다.

【예5】卯月 乙酉日 (旬空:午未)					
여자가 어떤 남자와 결혼해도 되겠는지 문의하였다					
풍산점(風山漸) → 지풍승(地風升)					
玄武		官鬼卯木	✗	應	子孫酉金
白虎	(妻財子水)	父母巳火	✗		妻財亥水
騰蛇		兄弟未土	‖		
勾陳		子孫申金	l	世	
朱雀		父母午火	✗		妻財亥水
靑龍		兄弟辰土	‖		

【판단】 관귀(官鬼)를 용신(用神)으로 본다. 용신 관귀 묘목(卯木)은 월의 도움을 얻고 일이 극하여 쇠왕(衰旺)을 가리기 힘들다. 내괘(內卦) 부모(父母) 오화(午火)가 공망(空亡)이 되고 동(動)하면서 절(絶)로 화한다. 부모는 결혼증서를 의미하고, 공망은 없다는 의미이다. 또 절(絶)로 화함도 없음을 나타낸다. 하지만 오화(午火)는 오히려 세효(世爻)의 목욕지(沐浴地)이다. 세효는 3효에서 목욕(沐浴)을 얻으니 두 사람은 혼인신고를 하지 않고 동거했다는 것을 나타낸다.

외괘(外卦)가 반음(反吟)이니 일이 반복이 된다. 두 사람은 만나면 헤어지고, 헤어지면 또다시 만난다.

【피드백】 둘 다 이혼한 사람이다. 혼인신고를 하지 않고 동거했다. 하지만 상대방의 아이가 자주 집에 와서 그녀가 어쩔 수 없이 그를 떠나보내야 했다. 만남과 헤어짐의 반복으로 인해 마음고생이 매우 심했다.

【예6】 子月 辛亥日 (旬空 : 寅卯)					
남자가 어떤 여자를 좋아하려고 하는데 성공할 수 있는지 문의하였다					
손위풍(巽爲風) → 지택림(地澤臨)					
螣蛇		兄弟卯木	✗	世	官鬼酉金
勾陳		子孫巳火	✗		父母亥水
朱雀		妻財未土	‖		
靑龍		官鬼酉金	✗	應	妻財丑土
玄武		父母亥水	Ⅰ		
白虎		妻財丑土	✗		子孫巳火

《판단》 처재(妻財)를 용신(用神)으로 본다. 괘(卦)에 처재가 양현(兩現)하여 발동(發動)의 효(爻) 처재를 용신으로 본다. 세효(世爻) 묘목(卯木)이 등사(螣蛇)가 임하며 공망(空亡)이 되었다. 등사는 불안을 의미하고, 공망도 불안을 의미한다. 본인은 이 여자 때문에 안절부절하지 못함을 표시한다.

외괘(外卦)가 반음(反吟)이라 상대방에게 거듭 애정을 표시했다. 하지만 용신(用神)은 일월의 도움을 얻지 못하고 동(動)하여 일파(日破)로 화하였다. 그래서 여자는 교제를 원치 않는다. 백호(白虎)가 임하여 상대방은 성질이 있는 사람이다. 용신은 삼합(三合)으로 관귀(官鬼)가 되어 세효(世爻)를 극한다. 이는 상대방은 이미 결혼하여 교제를 거절한다.

《피드백》 역시 응험(應驗)했다.

【예7】 戌月 壬申日 (旬空：戌亥)					
여자가 연애를 문의하였다					
수지비(水地比) ➔ 수풍정(水風井)					
白虎		妻財子水	‖	應	
螣蛇		兄弟戌土	Ⅰ		
勾陳		子孫申金	‖		
朱雀		官鬼卯木	⚊⚋	世	子孫酉金
靑龍		父母巳火	⚊⚋		妻財亥水
玄武		兄弟未土	‖		

《판단》 관귀(官鬼)를 용신(用神)으로 본다. 관귀 묘목(卯木)이 지세(持世)하여 묘월(卯月)에 남자친구가 생긴 것을 나타낸다. 하지만 내괘(內卦)가 반음(反吟)이라 순조롭지 않다. 일이 극하고 회두극(回頭克)으로 화하니 중도에 헤어진다. 미월(未月)에 용신이 입묘(入墓)하여 미월(未月)에 헤어졌다. 현재 월건(月建)이 용신을 합(合)하여 왕(旺)이 되었다. 지금 두 사람은 다시 화해했다.

하지만 세효(世爻)에 주작(朱雀)이 임하여 용신(用神)이 극을 당하니 두 사람은 함께 있으면 말다툼이 끊이지 않는다. 세효가 동(動)하여 회두극(回頭克)으로 화하니 자신은 더 이상 함께 지내고 싶은 생각이 없다.

《피드백》 실제로 그렇다.

13절
유혼(遊魂)과 귀혼(歸魂)의 의미

육효 혼인예측에 있어서 유혼괘(遊魂卦)와 귀혼괘(歸魂卦)도 역시 일정한 정보를 나타내고 있다.

⊙ 유혼(遊魂)은 헤어짐[分手], 분리(分離), 떨어짐[分開], 외지(外地), 거리가 멀다, 넋이 나감[神魂顚倒], 바람둥이[花心], 모합신리(貌合神離_서로 의좋은 듯하나 속은 딴 판이다), 삼심이의(三心二意_마음속으로 이리저리 망설이다, 딴마음을 품다), 별거[分居], 이혼, 개방(開放), 유예불결(猶像不決_결단을 내리지 못하고 망설이다) 등의 뜻이 있다.

⊙ 귀혼(歸魂)은 회심전의(回心轉意_마음을 돌리다, 태도를 바꾸다), 고향사람, 본고향, 회복, 재결합, 그리워함, 수구(守舊_옛 모습을 유지한다), 보수(保守), 침착하고 중후함, 친정으로 감, 동거(同居), 사이가 서로 좋아짐 등의 뜻이 있다.

비록 유혼(遊魂)과 귀혼(歸魂)이 이런 뜻을 포함하고 있지만 그것만으로 함부로 판단할 수는 없고, 예측할 때는 반드시 괘의 변화와 용신의 쇠왕에 따라 그 성질을 정해야 한다. 유혼과 귀혼은 판단할 때 정보를 추출하는 참고 중 하나일 뿐이다.

【예1】 午月 丁丑日 (旬空：申酉) 여자가 어떤 사람과 관계를 회복할 수 있는지 문의하였다					
풍택중부(風澤中孚) → 뇌택귀매(雷澤歸妹)					
靑龍		官鬼卯木	✗		兄弟戌土
玄武	(妻財子水)	父母巳火	✗		子孫申金
白虎		兄弟未土	✗	世	父母午火
螣蛇	(子孫申金)	兄弟丑土	‖		
勾陳		官鬼卯木	│		
朱雀		父母巳火	│	應	

《판단》 관귀(官鬼)를 용신(用神)으로 본다. 유혼(遊魂)에서 귀혼(歸魂)으로 변한 것은 선리후합(先離后合)이다. 즉, 먼저 헤어지고 후에 합하는 상(象)이다. 괘에 관귀가 양현(兩現)하여 발동(發動)의 효(爻)인 관귀 묘목(卯木)을 용신으로 본다. 용신은 일월의 도움을 얻지 못하고 6효에 있다. 6효는 퇴휴(退休), 말단(末端)의 효(爻)이니 두 사람의 관계가 끝에 이르렀음을 나타낸다. 유혼(遊魂)은 갈라짐을 의미하니 두 사람은 헤어졌다. 하지만 귀혼(歸魂)으로 변했기 때문에 다시 함께 할 수 있다는 뜻이다.

세효(世爻)가 용신(用神)의 묘고(墓庫)이니 자신이 상대방을 얻고 싶어하는 것을 나타낸다. 하지만 용신은 세효를 극하니 상대방은 정이 없어 그녀를 좋아하지 않는다는 것을 나타낸다. 부모(父母) 사화(巳火)가 발동(發動)되어 연속 상생(相生)된다. 부모는 언어, 문자교류 등을 의미한다. 또 세효의 원신(元神)이다. 원신은 사고, 생각하는 방법을 의미하니 자신은 대화를 통해 두 사람의 적대관계를 소통하고 싶다는 것을 말한다. 하지만 부모가 공망(空亡)으로 화하고 또 변효(變爻)에 합주(合住)되어 화(化)를 끌어낼 수 없다. 그래서 말이 안 통한다.

《피드백》 역시 이 달에 남자친구와 다시 연락이 닿았지만 몇 마디 대화를 나누지 않았는데 상대방은 기분이 나빠서 그녀와 더이상 사귀고 싶지 않다고 했다.

【예2】午月 丁丑日 (旬空:申酉)				
여자가 혼인을 문의하였다				
택풍대과(澤風大過)				
靑龍		妻財未土	‖	
玄武		官鬼酉金	∣	
白虎	(子孫午火)	父母亥水	∣	世
騰蛇		官鬼酉金	∣	
勾陳	(兄弟寅木)	父母亥水	∣	
朱雀		妻財丑土	‖	應

《판단》 관귀(官鬼)를 용신(用神)으로 본다. 관귀가 양현(兩現)하여 위아래로 세효(世爻)를 에워 쌓았다. 지금 두 남자가 자기 주위를 돌고 있는 것을 말하고 있다. 공망(空亡)은 누구와도 확실한 관계가 없다. 유혼괘(遊魂卦)는 스스로 망설여져서 어떤 것을 선택해야 할지 모른다는 것을 말한다.

《피드백》 역시 그렇다.

【예3】 寅月 乙亥日 (旬空：申酉) 한 부녀자가 40세 아들이 언제 결혼할지 문의하였다					
지풍승(地風升) ➜ 산풍고(山風蠱)					
玄武		官鬼酉金	⚊̸		兄弟寅木
白虎		父母亥水	⚋		
螣蛇	(子孫午火)	妻財丑土	⚋	世	
勾陳		官鬼酉金	⚊		
朱雀	(兄弟寅木)	父母亥水	⚊		
靑龍		妻財丑土	⚋	應	

Judgement 【판단】 처재(妻財)를 용신(用神)으로 본다. 괘(卦)에 처재가 양현(兩現)하니 세효(世爻)에 있는 처재 축토(丑土)를 용신으로 본다. 용신은 일월의 도움을 얻지 못했다. 월에 극상을 당해 불길하다. 자손(子孫)은 그녀의 아들이다. 이렇게 나이가 많은데도 아직 결혼하지 않았으니 아들의 정황을 봐야 한다.

자손(子孫) 오화(午火)에 등사(螣蛇)가 임하고 세효(世爻) 아래 복장(伏藏)되었다. 등사는 괴팍, 기괴의 의미이다. 관귀(官鬼) 유금(酉金)은 6효에서 독발(獨發)하였다. 독발은 원인을 표시하고, 6효는 머리이고, 관귀는 병(病)을 의미한다. 그래서 그녀의 아들 머리에 문제가 있다는 것을 설명한다.

자손(子孫)은 세효(世爻) 아래 복장(伏藏)되고 세효는 자신을 의미한다. 그래서 아들이 그녀를 떠날 수 없다는 것을 나타낸다. 귀혼괘(歸魂卦)로 화하고 귀혼(歸魂)은 집을 나가지 않는다는 의미이다. 그래서 아들이 스스로 바깥세상을 돌아다니지 못하니 독립성이 떨어진다는 뜻이다.

역시 그녀의 아들은 생활을 스스로 돌볼 수 없었다. 그녀가 죽으면 아들을 돌봐줄 사람이 없어 여자를 찾아주려고 했다.

【예4】 乙酉年 戌月 丙戌日 (旬空：午未) 한 여자가 어떤 남자와 연애할 수 있는지 문의하였다					
산뢰이(山雷頤) ➡ 천뢰무망(天雷无妄)					
靑龍		兄弟寅木	❙		
玄武	(子孫巳火)	父母子水	⚊⚊		官鬼申金
白虎		妻財戌土	⚊⚊	世	子孫午火
螣蛇	(官鬼酉金)	妻財辰土	❙❙		
勾陳		兄弟寅木	❙❙		
朱雀		父母子水	❙	應	

관귀(官鬼)를 용신(用神)으로 본다. 관귀 유금(酉金)은 3효에 있는 처재(妻財) 진토(辰土) 아래 복장(伏藏)되었다. 일월이 처재를 생하고 세효(世爻)도 발동(發動)하여 또 처재를 생한다. 비신(飛神)도 용신을 생한다. 원신(元神)이 너무 많아 오히려 좋지 않다. 그만큼 자신과 같은 여자들이 그 남자를 좋아함을 나타낸다. 그래서 이 연애는 성공하기 어렵다.

세효(世爻)가 용신(用神)을 생하니 자신은 상대방을 매우 좋아함을 나타낸다. 또한 유혼괘(遊魂卦)이니 정신이 나갈 정도로 좋아한다. 5효 자수(子水)가 동(動)하여 관귀(官鬼) 신금(申金)으로 화한다. 자(子)년이 되어서야 자신이 사랑하는 사람을 만날 수 있다.

역시 상대방에게 애정을 표현했는데 거절을 당했다. 왜냐하면, 상대방은 여자친구가 있기 때문이다.

【예5】 亥月 壬戌日 (旬空：子丑) 여자가 이번 주 안에 남자친구와 발전이 어떤지 문의하였다					
수천수(水天需) → 지천태(地天泰)					
白虎		妻財子水	‖		
螣蛇		兄弟戌土	✗		妻財亥水
勾陳		子孫申金	‖	世	
朱雀		兄弟辰土	❙		
靑龍	(父母巳火)	官鬼寅木	❙		
玄武		妻財子水	❙	應	

《판단》 Judgement 관귀(官鬼)를 용신(用神)으로 본다. 관귀 인목(寅木)은 월의 생을 얻어 왕상(旺相)하다. 부모(父母) 사화(巳火)는 괘(卦)에 없고 일과 동효(動爻) 술토(戌土)에 입묘하였다. 이런 조합은 두 사람이 혼전 동거 관계임을 나타낸다.

월건(月建)은 재(財)인데 관귀효(官鬼爻)를 합하였다. 남자친구에게 아내가 있다는 것을 의미한다. 응효(應爻)가 공망(空亡)이니 상대방은 진심으로 사귀지 못한다. 주괘(主卦)가 유혼(遊魂)이다. 유혼(遊魂)은 분리, 헤어짐을 의미한다. 상대방이 자기와 헤어지고 싶어 한다는 것을 말해 준다. 형제(兄弟) 진토(辰土)에 주작(朱雀)이 임하면서 암동(暗動)하였다. 지금 두 사람이 말다툼했다는 것을 나타낸다. 원신(元神)이 공망이고 구신(仇神)이 발동(發動)하니 관계는 오래 가지 못한다.

역시 남자친구는 아내가 있다. 그는 아내와 이혼하고 싶지 않아서 이 관계를 끊고 싶었기 때문에 싸웠다. 후에 두 사람은 헤어졌다.

【예6】丙戌年 卯月 己亥日 (旬空 : 辰巳) 남자가 아내와 말다툼을 했는데 어떤지 문의하였다					
지화명이(地火明夷) → 지천태(地天泰)					
勾陳		父母酉金	‖		
朱雀		兄弟亥水	‖		
靑龍		官鬼丑土	‖	世	
玄武	(妻財午火)	兄弟亥水	Ⅰ		
白虎		官鬼丑土	⅄		子孫寅木
螣蛇		子孫卯木	Ⅰ	應	

처재(妻財)를 용신(用神)으로 본다. 처재 오화(午火)는 괘에 없고 3효 형제(兄弟) 해수(亥水) 아래 복장(伏藏)되었다. 용신이 월의 생을 받고 일의 극을 당하여 쇠왕(衰旺)을 가리기 힘들다. 비신(飛神)은 용신을 극하니 길하지 않다. 용신이 복장(伏藏)되고 또 유혼괘(遊魂卦)이다. 복장(伏藏)은 회피를 의미하고, 유혼(遊魂)은 외출을 의미한다. 그래서 아내가 화가 나서 집을 떠났다는 것을 말해 주고 있다.

관귀(官鬼) 축토(丑土)에 백호(白虎)가 임하면서 독발(獨發)하였다. 독발은 원인, 백호는 싸움·구타를 의미한다. 그래서 그가 아내를 때려서 아내가 외출했다는 것을 말해 준다. 독발도 응기(應期)를 나타낸다. 축토(丑土)가 동(動)하여 인목(寅木)으로 화한다. 그래서 부부 갈등은 작년 축월(丑月)에 격화된 것이다. 올해 인월(寅月)에 아내가 가출한 것이다.

부모(父母) 유금(酉金)은 월파(月破)에 입묘(入墓)되었다. 부모는 정보, 소식을 의미하여 지금 아내와 연락이 안 되고 전화 연결도 안 된다.

유혼괘(遊魂卦)라 지금 자신은 기운이 없고 무기력하다는 것을 의미한다. 원신(元神)은 사고와 마음을 의미하니 원신은 용신(用神)이다. 모든 마음이 아내에게 가 있음을 설명한다. 원신은 화(火)로 일에 극을 당한다. 3효에 있어 심장이 되는데, 심장이 불편하다.

처재(妻財)가 복장(伏藏)하여 세효(世爻)를 생한다. 아내도 사실 집에 가고 싶어 한다. 하지만 비신(飛神) 형제(兄弟) 해수(亥水)가 복신(伏神)을 극하니 복신(伏神)이 나오지 못한다. 3효는 형제(兄弟)의 효위(爻位)이다. 형제(兄弟)는 또 형제자매를 의미한다. 그래서 집안의 형제자매가 그녀를 돌아가지 못하게 한다. 올해 형제가 왕(旺)하지 않아 무방하다. 내년 정해(丁亥)년은 비신(飛神)이 득왕(得旺)하니 이혼을 면하기 어렵다.

[피드백] Feedback 위의 판단은 역시 맞았다. 정해(丁亥)년에 이혼했다.

【예7】 **癸未年 卯月 己亥日 (旬空:辰巳)** 한 여자가 이혼한 남자와 동거했다. 이혼한 처와 같이 살던 아들이 어머니와 갈등을 일으켜 아버지와 같이 살겠다고 왔다. 그래서 어쩔 수 없이 그 남자 곁을 떠나게 되었다. 언제 다시 그 남자 곁으로 돌아갈 수 있는지 문의하였다

		지수사(地水師)			
勾陳		父母酉金	‖	應	
朱雀		兄弟亥水	‖		
靑龍		官鬼丑土	‖		
玄武		妻財午火	‖	世	
白虎		官鬼辰土	❘		
螣蛇		子孫寅木	‖		

【판단】 관귀(官鬼)를 용신(用神)으로 본다. 세효(世爻)에 현무(玄武)가 임하고 3효에 있어 미혼 동거의 상(象)이다. 괘에 관귀가 양현(兩現)하여 공망(空亡)인 관귀 진토(辰土)를 용신으로 본다. 세효가 관귀를 생한다. 자신은 그와 함께 살고 싶어 한다. 하지만 용신이 공망이 되어 지금은 안 된다. 기신(忌神)은 월의 도움과 일의 생을 얻고, 용신은 휴수(休囚)하다. 단기간 내에 자신의 생각을 실현할 수 없다.

귀혼괘(歸魂卦)라 언젠가는 함께 살 날이 있을 것이다. 장기간으로 볼 때는 년(年)을 응기(應期)로 본다. 진토(辰土)가 공망(空亡)이라 병술(丙戌)년에 충실(沖實)되어야 가능하다.

【피드백】 후에 병술(丙戌)년에 같이 살게 되었다.

【예8】 子月 庚申日 (旬空：子丑) 남자가 어떤 여자에게 구애하면 어떤지 문의하였다					
산뢰이(山雷頤) → 풍뢰익(風雷益)					
螣蛇		兄弟寅木	|		
勾陳	(子孫巳火)	父母子水	✕		子孫巳火
朱雀		妻財戌土	||	世	
靑龍	(官鬼酉金)	妻財辰土	||		
玄武		兄弟寅木	||		
白虎		父母子水	|	應	

【판단】 처재(妻財)를 용신(用神)으로 본다. 괘에 처재가 양현(兩現)하고, 세효(世爻)는 자신을 나타낸다. 그래서 세효 이외의 처재 진토(辰土)를 용신으로 본다. 응효(應爻)는 상대방의 정보를 나타낸다. 부모(父母)에 임하면서 공망(空亡)이다. 부모는 결혼증서를 의미한다. 공망은 아직 결혼하지 않았음을 나타낸다.

처재(妻財) 술토(戌土)가 지세(持世)하고 처재는 여자를 의미한다. 그래서 자신은 이미 결혼했다는 것을 나타낸다. 용신(用神) 진토(辰土) 아래 도화(桃花) 관귀(官鬼) 유금(酉金)이 복장(伏藏)되었다. 형제(兄弟) 인목(寅木)이 또 양현(兩現)하여 암동(暗動)하면서 용신을 극한다. 그래서 이 여자는 많은 사람을 거쳐 왔기 때문에 이미 처녀가 아니다. 유혼괘(遊魂卦)이니 이 여자는 매우 개방적인 것을 나타낸다.

부모(父母) 자수(子水)가 독발(獨發)하여 원신(元神)을 극한다. 원신은 화(火)이니 눈을 의미하고 극과 동시에 화(火)로 화하였다. 그래서 이 조합은 이 여자가 눈이 나쁘고 안경을 썼다는 것을 나타낸다.

【피드백】 판단이 역시 실제 상황에 맞는다.

14절
혼인예측에서 12운성(運星)의 응용

12운성은 육효 예측에서 빼놓을 수 없는 부분이며, 결혼 예측은 더욱 그것과 불가분의 관계이다. 결혼을 예측하는데 있어 성격, 관계, 나이 등을 판단하는 데 주로 쓰인다.

⊙**장생(長生)**은 12운성의 시작점으로, 상(象)을 구별하는 데 사용한다.

주요 의미로는 도움, 의지, 후원자, 포육(哺育), 원천, 뿌리, 오리지널〔原始〕, 생기다, 찾다, 획득, 발생, 시작, 젊음 등이 있다.

⊙**목욕(沐浴)**은 혼인 예측에서 상(象)을 취하는 데 사용한다.

주로 목욕, 입수(入水), 나체, 음란, 외설, 탈의, 은택, 이점, 유리, 노출, 벌거벗기, 번들번들, 매끈매끈, 반들반들, 즐기다, 솔직함, 잠잔다〔睡覺〕, 파탄, 보기 흉함, 파렴치, 외도, 호색, 촉촉함, 배려 등을 의미한다.

◉**관대(冠帶)**는 혼인예측에서 상(象)을 취하는 데 사용한다.

주로 옷을 입다, 복장을 단정히 하다, 옷을 벗지 않다, 치장하다, 포장, 장식, 옷, 모자를 쓰다, 덮어 감추다[遮盖], 겉모습, 고귀(高貴) 등을 의미한다.

◉**임관(臨官)**은 혼인예측에서 상(象)을 취하는 데 사용한다.

주요 의미로는 관부(官府), 질병, 재앙, 남자가 곁에 있다, 벼슬하다, 지위 있다, 공무원, 자력갱생, 자기 노력, 성장, 성공 임박, 국영, 위험 등이 있다.

◉**제왕(帝旺)**은 혼인예측에서 상(象)을 취하는 데 사용한다.

주요 의미로는 번영, 발전, 득의양양, 정신, 흥분, 신기, 유력, 웅장, 높고 크다, 뛰어나다, 강대(强大), 휘황(輝煌), 번창, 영달(榮達), 유권, 한계, 고조, 정점, 강건, 젊음 등이 있다.

◉**쇠(衰)**는 혼인예측에서 상(象)을 취하는 데 사용한다.

주요 의미로는 무기력, 연약, 쇠약, 약소, 불경기, 정신지체, 몰락, 힘이 약하다, 불운, 퇴보, 지지부진, 약점, 겁이 많다, 허약, 왜소, 무능, 재능 없다, 불학무술(不學無術_배운 것도 없고 재주도 없다), 고부성저부취(高不成低不就_지위·배역 등이 높아서 마음에 맞으면 이룰 수 없고, 낮으면 하려 하지 않다, 어중간해서 이것이나 저것이나 낮지 않다, 높은 것은 바라볼 수 없고 낮은 것은 눈에 차지 않는다, 구직 또는 결혼상의 딜레마를 형용한다) 반항할 수 없다, 나이가 어리다 등이 있다.

◉**병(病)**은 혼인예측에서 상(象)을 취하는 데 사용한다.

주요 의미로는 질병, 병터, 미움, 증오, 원수, 적개심, 부족한 점, 결점, 결함, 나쁜 버릇, 약점, 허점, 급소, 울화병 등이 있다.

⊙ **사(死)**는 혼인예측에서 상(象)을 취하는데 사용한다.

주요 의미로는 사망, 외골수로 파고들다, 융통성 없다, 변통하지 못한다, 체류, 종결, 끝장나다, 고지식하다, 여지가 없다, 생기가 없다, 활력이 없다, 딱딱하다, 우둔하다, 꽁하다, 속이 좁다, 퇴로가 없다, 적막하다, 고요하다, 무섭다, 실패 등이 있다.

⊙ **묘(墓)**는 혼인예측에서 상(象)을 취하는 데 사용한다.

주요 의미로는 포용, 수장(收藏), 닫다, 치우다, 맡기다, 통제, 소속, 제어, 조종, 지휘, 포함, 포괄, 함정, 자유롭지 않다, 반하다, 구속, 숨기다, 보호, 호위, 권한, 흐리멍텅, 어리석다, 암흑, 유창하지 않다, 통하지 않다, 종료, 저항 등이 있다.

⊙ **절(絶)**은 혼인예측에서 상(象)을 취하는 데 사용한다.

주요 의미로는 퇴로가 없다, 헤어지다, 단절되다, 실망하다, 낙담하다, 체념하다, 무력하다, 무자비하다, 냉혹하다, 불통하다, 멈추다, 사라지다, 흔적도 없다 등이 있다.

⊙ **태(胎)**는 혼인예측에서 상(象)을 취하는 데 사용한다.

주요 의미로는 임신, 내포, 초보적인 계획, 계획, 형성, 선천적, 태어날 때부터 갖고 있는 천성, 천성적, 본성난이(本性難移_난봉자식이 마음잡아야 사흘이다, 본성은 바꾸기 어렵다), 초급, 유착, 걱정, 근심, 생각, 유치, 약소, 나이가 어리다, 걸음마 등이 있다.

⊙ **양(養)**은 혼인예측에서 상(象)을 취하는 데 사용한다.

주요 의미로는 출생, 성장, 위탁, 입양, 의존, 영양, 자양, 부조, 의심, 마음이 놓이지 않다, 마음이 안정되지 않다, 도둑이 제발 저린다. 양자 들이다, 배양(培養), 양육(養育), 약소(弱小), 부축 등이 있다.

		【예1】 癸未年 卯月 庚申日 (旬空 : 辰巳)		
		여자가 혼인을 문의하였다		
		건위천(乾爲天) ➡ 풍천소축(風天小畜)		
靑龍		父母戌土	∣ 世	
玄武		兄弟申金	∣	
白虎		官鬼午火	✗	父母未土
螣蛇		父母辰土	∣ 應	
勾陳		妻財寅木	∣	
朱雀		子孫子水	∣	

〖판단〗 관귀(官鬼)를 용신(用神)으로 본다. 응효(應爻) 부모(父母) 진토(辰土)는 공망(空亡)이다. 응(應)은 남편의 자리이다. 부모는 결혼증서이다. 공망은 잃어버림을 의미하니 이혼의 정보이다. 그녀는 지금 이혼했음을 설명해 주고 있다. 진토(辰土)는 경진(庚辰)년에 대응(對應)하여 이 해에 이혼하였다.

관귀(官鬼) 오화(午火)는 독발(獨發)하여 세효(世爻)를 생한다. 현재 자신을 좋아하는 남자가 있다. 관귀가 월에 있는 묘목(卯木)을 보아 목욕(沐浴)이다. 향규(香閨)에 현무(玄武)가 임했다. 현무는 애매(曖昧)의 의미이다. 그래서 이 남자와는 애인 관계이다. 관귀가 부모(父母)로 화출(化出)하여 서로 합(合)하였다. 부모는 문서, 결혼증서이다. 그래서 이 남자는 가정이 있는 사람이다. 변효(變爻)는 본년(本年) 태세(太歲)이니 올해 알게 되었다. 괘(卦)는 건궁(乾宮)으로 관(官)을 의미하여 이 남자는 정부 관원(官員)임을 나타낸다.

〖피드백〗 역시 경진(庚辰)년에 이혼하고, 올해 인(寅)월에 모 상사를 만나 애인 사이가 되었다.

【예2】 申月 乙丑日 (旬空:戌亥)					
남자가 여자친구와 헤어졌는데 관계를 회복할 수 있는지 문의하였다					
택산함(澤山咸)　➡　뇌산소과(雷山小過)					
玄武		父母未土	‖	應	
白虎		兄弟酉金	✗		兄弟申金
騰蛇		子孫亥水	❘		
勾陳		兄弟申金	❘	世	
朱雀	(妻財卯木)	官鬼午火	‖		
靑龍		父母辰土	‖		

〖판단〗 처재(妻財)를 용신(用神)으로 본다. 처재 묘목(卯木)은 괘(卦)에 없고 2효 관귀(官鬼) 오화(午火) 아래 복장(伏藏)되었다. 오화(午火)는 상장(床帳)이고 부모(父母) 미토(未土)에 현무(玄武)가 암동(暗動)하여 합(合)하였다. 그래서 동거를 나타낸다. 기신(忌神)이 발동(發動)하고 인(寅)월은 퇴신(退神)을 충한다. 그래서 인(寅)월에 여자친구와 동거한다고 판단했다.

기신(忌神) 형제(兄弟)가 발동(發動)하였지만 일에 입묘(入墓)하였다. 미(未)월에 묘고(墓庫)를 충개(沖開)한다. 또 처재(妻財)가 입묘한다. 그래서 여자친구는 미(未)월에 그를 떠났다고 판단했다. 용신(用神)이 휴수(休囚)하고 월이 극하고 일도 도와주지 않고 기신(忌神)이 독발(獨發)하니 두 사람은 다시 관계를 회복하기 어렵다.

기신(忌神)은 5효에서 발동(發動)하여 극한다. 5효는 가장이니 주된 원인은 상대방의 가장이 방해하기 때문이다. 6효의 부모(父母) 미토(未土)에 현무(玄武)가 임하면서 암동(暗動)하고 용신(用神)이 입묘(入墓)한다. 현무는 애매(曖昧)를 의미하고 6효는 노인, 부모 그리고 어르신을 의미한다. 이런 정보를 바탕으로 여자친구와 아버지와의 관계가 각별하다고 판단했다.

《피드백》 역시 인(寅)월에 만나 동거를 시작했고, 미(未)월에 여자친구와 헤어졌다. 여자친구는 확실히 아버지와 육체적 관계가 있었다. 2001년에 시작되었다. 여자친구가 직접 그에게 말한 것이다.

【예3】 戌月 庚辰日 (旬空 : 申酉) 24세 여자가 혼인을 문의하였다					
천택리(天澤履) ➡ 이위화(離爲火)					
螣蛇		兄弟戌土	|		
勾陳	(妻財子水)	子孫申金	⚋	世	兄弟未土
朱雀		父母午火	|		
靑龍		兄弟丑土	⚋⚋		妻財亥水
玄武		官鬼卯木	⚋	應	兄弟丑土
白虎		父母巳火	|		

《판단》 관귀(官鬼)를 용신(用神)으로 본다. 관귀 묘목(卯木)은 응효(應爻)에 임했다. 응(應)은 부부, 이성친구의 효위(爻位)이다. 현재 이미 있다는 것을 나타낸다. 용신에 현무(玄武)가 임하여 이 남자는 매력 있게 생겼다. 일의 진토(辰土)를 본 것은 쇠지(衰地)이다. 남자의 연령이 비교적 많음을 나타낸다.

용신(用神)과 월의 술토(戌土)와 서로 합(合)하여 상대방은 이미 여자가 있음을 나타낸다. 월은 또 오랜 시간을 의미하니 일찍 여자친구가 있었거나 아내가 있었음을 나타낸다. 용신이 동(動)하여 형제(兄弟)로 화하니 상대방은 돈 씀씀이가 시원스러움을 표시한다.

세효(世爻)에 자손(子孫) 신금(申金)이 임하면서 응효(應爻) 관귀(官鬼) 묘목(卯木)을 극한다. 응(應)은 다른 사람이다. 이것은 바로 다른 사람의 손 안에 있는 남자를 빼앗아오려는 생각이다. 하지만 세효가 공망(空亡)이라 자신이 없다는 것을 의미한다. 용신(用神)이 휴수(休囚)하여 성공하기 너무 어렵다.

역시 여자친구가 있는 남자를 좋아한다. 상대방은 여자친구와 10년을 함께 지내 애정이 깊어 그녀의 구애에도 아랑곳하지 않았다.

【예4】 亥月 甲寅日 (旬空:子丑)				
여자가 가정 혼인에 대하여 문의하였다				
산풍고(山風蠱) → 손위풍(巽爲風)				
玄武		兄弟寅木	∣	應	
白虎	(子孫巳火)	父母子水	⚊⚋		子孫巳火
螣蛇		妻財戌土	⚏		
勾陳		官鬼酉金	∣	世	
朱雀		父母亥水	∣		
靑龍		妻財丑土	⚏		

관귀(官鬼)를 용신(用神)으로 본다. 관귀 유금(酉金)이 지세(持世)하여 마음속에는 아직도 남편이 있다는 것을 나타낸다. 하지만 용신은 일월의 도움을 얻지 못해 휴수(休囚)하니 길(吉)하지 않다. 더 길(吉)하지 않은 것은 부모(父母) 자수(子水)가 독발(獨發)하였다. 독발은 상(象)을 위주로 한다. 용신은 사지(死地)를 만났으니 결혼생활이 막다른 지경에 이르러 유지하기 힘들다는 것을 나타낸다.

부모(父母)는 결혼증서를 의미하고 용신(用神)이 부모에 사지(死地)가 된 것은 이혼하려는 뜻을 의미한다. 자수(子水)는 도화(桃花)이니 남편이 바람을 피워서 그녀와 이혼하려 한다. 용신이 휴수(休囚)되고 사지(死地)를 만나고 또 육충(六沖)으로 화하니 이혼은 이미 확정되었다.

〖피드백〗 역시 남편이 외국 여자를 좋아하게 되어 그녀와 이혼하려고 한다.

【예5】 巳月 辛丑日 (旬空: 辰巳)					
남자가 어떤 여자와 좋은 관계가 이루어질 것인지를 문의하였다					
화택규(火澤睽) → 뇌택귀매(雷澤歸妹)					
螣蛇		父母巳火	✗		兄弟戌土
勾陳	(妻財子水)	兄弟未土	‖		
朱雀		子孫酉金	┃	世	
靑龍		兄弟丑土	‖		
玄武		官鬼卯木	┃		
白虎		父母巳火	┃	應	

〖판단〗 처재(妻財)를 용신(用神)으로 본다. 용신 처재 자수(子水)는 형제(兄弟) 미토(未土) 아래 복장(伏藏)되었다. 일월의 도움을 얻지 못해 휴수(休囚)하다. 용신이 복장(伏藏)하여 그 여자가 두 사람의 일에 대해 회피하고 있다는 것을 나타낸다. 일(日)이 용신과 합하고 일은 형제(兄弟)이니 경쟁자가 있다. 부모(父母) 사화(巳火)가 독발(獨發)하고 용신은 절(絶)에 임하니 두 사람에게 좋은 결과가 없다.

〖피드백〗 역시 여자는 이미 다른 사람을 좋아하고 그와 헤어졌다.

【예6】亥月 辛巳日 (旬空：申酉) 여자가 가정 혼인을 문의하였다				
손위풍(巽爲風) → 천택리(天澤履)				
螣蛇	兄弟卯木	I	世	
勾陳	子孫巳火	I		
朱雀	妻財未土	X		子孫午火
靑龍	官鬼酉金	X	應	妻財丑土
玄武	父母亥水	I		
白虎	妻財丑土	X		子孫巳火

[판단] 처재(妻財)를 용신(用神)으로 본다. 괘(卦)에 처재가 양현(兩現)하여 발동(發動)하고 합(合)한 처재 미토(未土)를 용신으로 본다. 처재 미토(未土)가 동(動)하여 도화(桃花)로 화한다. 도화(桃花)와 서로 합(合)하니 아내는 방탕한 여자이다. 동(動)하여 응효(應爻)를 생하니 아내는 다른 남자를 좋아한다. 응효(應爻)는 삼합 관국(官局)이 되어 좋아하는 남자는 한 명이 아니라 여러 명이다.

세효(世爻) 묘목(卯木)이 등사(螣蛇)에 임하여 본인은 속이 좁다. 처재(妻財) 미토(未土)에 입묘(入墓)하여 처에게 매우 몰입한다. 용신(用神)은 역마(驛馬)에 임하고 공망(空亡)이 된 응효(應爻)를 생하니 아내가 집을 나간 것이다.

관귀(官鬼) 유금(酉金)에 청룡(靑龍)이 임하고 세효(世爻)를 극한다. 세효는 6효에 있다. 6효는 사물의 끝을 의미하고 청룡은 독(毒)을 나타낸다. 또 세효의 입묘(入墓)는 생각이 좁고, 여의치 않은 일에 대해 생각을 떨쳐버리지 못함을 의미한다. 이것은 음독자살의 메시지이다. 자신은 아내의 일로 스스로 목숨을 끊으려 한 적이 있다.

《피드백》 역시 아내는 집에 들어가지 않고 여러 남자와 놀아나는 바람에 그는 두 번이나 음독자살을 시도했지만 구조되었다. 육충괘이니 처의 마음은 남아 있지 않다. 실제 상황은 바로 이와 같다. 나중에 이혼했다.

【예7】 子月 庚申日 (旬空:子丑) 남자가 애인과 어떻게 될 것인지 문의하였다					
지수사(地水師) ➡ 뇌수해(雷水解)					
螣蛇		父母酉金	∥	應	
勾陳		兄弟亥水	∥		
朱雀		官鬼丑土	⚊⚊✗		妻財午火
靑龍		妻財午火	∥	世	
玄武		官鬼辰土	❘		
白虎		子孫寅木	∥		

《판단》 처재(妻財)를 용신(用神)으로 본다. 용신이 월파(月破)되어 두 사람은 이미 헤어졌음을 표시한다. 귀혼괘(歸魂卦)이니 애인은 또 자기 곁으로 돌아오려고 한다. 독발(獨發)은 성질 등을 나타낸다. 독발된 축토(丑土)는 용신의 양지(養地)이니 애인은 나이가 매우 어리다는 것을 표시한다.

《피드백》 역시 이 여자는 괘주(卦主)보다 10세나 적고, 헤어지고 나서 다시 화해하고 싶어 한다.

"육효혼인예측학"

六爻婚姻豫測學

제2장

혼인예측에서 세부적인 판단

"육효혼인예측학"

六爻婚姻豫測學

OI절
성격(性格) 판단 방법

사람은 누구나 화목하고 원만한 결혼을 원한다. 성격은 부부관계에 어느 정도 영향을 미치기 때문에 인생의 동반자를 찾을 때 상대방의 성격을 이해하는 것이 중요하다. 그러나 모든 사람은 선각자가 아니므로 상대방의 정황을 미리 알 수 없다. 함께 생활하면서 상대의 많은 단점과 결점이 보이고 자신의 성격과 맞지 않음을 발견한다. 참을 수 있는 것은 그럭저럭 지내지만 참을 수 없는 것은 크게 다투고 화를 낸다. 결국 이혼하고 불쾌하게 헤어진다.

성격의 불화로 부부싸움을 벌이다가 부부간의 학대로 인하여 몸과 마음이 크게 다치기도 한다. 더 심한 경우에는 상대방에게 살해당하는 비극이 일어나기도 한다. 따라서 결혼을 예측할 때 성격 판단은 육효 예측의 중요한 부분이 된다.

육효 예측학으로 사람의 성격을 판단하는 것은 용신이 임하는 오행과 육신 및 용신이 있는 괘궁으로 판단하는 것이다. 성격은 음양(陰陽) 두 방면으로 나누며, 용신의 쇠왕과 구체적인 예측 내용에 따라 유연하게 취사(取捨)한다.

1 괘궁(卦宮)에 의한 성격 판단

⊙ 용신(用神)이 건궁(乾宮)에 있을 때 정황

긍정적으로 판단하면 기품 있음, 위엄 있음, 존경받는 사람, 가슴에 큰 뜻을 품음, 매너가 있음. 부정적으로 판단하면 거만함, 교만함, 도도함, 남과 어울리지 않음 등이 있다.

⊙ 용신(用神)이 곤궁(坤宮)에 있을 때 정황

긍정적으로 판단하면 온건함, 성실함, 신용을 지킴, 마음이 넓고 모든 것을 포용, 부정적으로 판단하면 말을 하기 싫어함, 연약함, 학대 받음, 패기가 없음, 주견(主見)이 없음 등이 있다.

⊙ 용신(用神)이 감궁(坎宮)에 있을 때 정황

긍정적으로 판단하면 현명하다, 영리하다, 지혜롭다. 부정적으로 판단하면 교활하다, 꾀가 많다, 불성실하다, 말한 대로 하지 않는다 등이 있다.

⊙ 용신(用神)이 이궁(離宮)에 있을 때 정황

긍정적으로 판단하면 활발함, 활기참, 밝은 성격. 부정적으로 판단하면 성급함, 쉽게 화를 냄, 용두사미 등이 있다.

⊙ 용신(用神)이 진궁(震宮)에 있을 때 정황

긍정적으로 판단하면 명성이 높음, 잘 움직임. 부정적으로 판단하면 화를 잘 냄, 성질이 나쁨, 성질이 급함, 일에 대한 고려 부족 등이 있다.

⊙ 용신(用神)이 손궁(巽宮)에 있을 때 정황

긍정적으로 판단하면 마음이 착함, 자비심이 있음. 부정적으로 판단하면 우유부단한 성격, 입장이 확고하지 못함 등이 있다.

⊙용신(用神)이 간궁(艮宮)에 있을 때 정황

금정적으로 판단하면 보수적임, 온건함, 조용함. 부정적으로 판단하면 게으름, 겁이 많음 등이 있다.

⊙용신(用神)이 태궁(兌宮)에 있을 때 정황

금정적으로 판단하면 낙천적임, 말하기 좋아함, 말을 잘함, 술마시기를 좋아함. 부정적으로 판단하면 잔소리, 수다스럽다, 말이 많음 등이 있다.

❷ 오행(五行)에 근거한 성격 판단

⊙용신(用神)이 금(金)일 때

금정적으로 판단하면 남자다움, 의리 있음, 신용을 지킴, 정의감이 있음, 음악을 좋아함. 부정적으로 판단하면 쉽게 남들과 싸움, 호색, 성질이 나쁨, 성질 급함, 흉악함 등이 있다.

⊙용신(用神)이 목(木)일 때

금정적으로 판단하면 마음이 착함, 정직함, 자비로움, 너그러움. 부정적으로 판단하면 나약함, 연약함 등이 있다.

⊙용신(用神)이 수(水)일 때

금정적으로 판단하면 총명함, 슬기로움, 청고함, 지능이 높음. 부정적으로 판단하면 교활함, 음탕함, 경박함, 신용을 안 지킴 등이 있다.

⊙용신(用神)이 화(火)일 때

금정적으로 판단하면 활기참, 활발함, 외향적인 성격. 부정적으로 판단하면 화를 잘냄, 성질이 좋지 않음, 성질이 급함, 시끄러움 등이 있다.

◉**용신(用神)이 토(土)일 때**

긍정적으로 판단하면 온건함, 성실함, 신용을 중시함. 부정적으로 판단하면 융통성이 없음, 탄력적이지 않음, 얼빠짐, 둔감함 등이 있다.

❸ 육신(六神)에 근거한 성격 판단

◉**청룡(靑龍)** 마음씨가 착함, 예의가 바름, 점잖고 예의 바름, 너그럽고 관대함, 자선적임, 호색함, 아름다움을 좋아함, 깨끗함을 좋아함, 꾸미는 것을 좋아함, 고급스러움 등이 있다.

◉**주작(朱雀)** 말하기 좋아함, 쉴새없이 말함, 언담이 좋음, 수다스러움, 잔소리, 빙그레, 입담이 좋음, 욕설 등이 있다.

◉**구진(勾陳)** 정직, 성실, 둔감, 게으름, 융통성 없음, 조용한 것을 좋아함, 느린 성격, 진중, 경직 등이 있다.

◉**등사(螣蛇)** 도량이 좁다, 인색함, 재물광, 신용을 안 지킴, 기묘함, 괴팍함, 어울리지 않음, 괴상함, 신기함, 특별함, 소심함 등이 있다.

◉**백호(白虎)** 기분 나쁨, 화를 잘 냄, 위엄이 있음, 용맹스러움, 흉폭함, 강경함, 장난스러움, 시원시원함, 솔직함, 강직함, 성질이 급함 등이 있다.

◉**현무(玄武)** 교활, 호색, 음탕, 음흉, 지모가 있음, 내성적 성격, 밝지 않음, 우울, 과묵 등이 있다.

【예1】 寅月 丁卯日 (旬空：戌亥) 여자가 자신이 지금 좋아하는 남자의 상황을 문의하였다					
산수몽(山水蒙) ➡ 화수미제(火水未濟)					
靑龍		父母寅木	Ⅰ		
玄武		官鬼子水	Ⅱ		
白虎	(妻財酉金)	子孫戌土	Ⅹ	世	妻財酉金
螣蛇		兄弟午火	Ⅱ		
勾陳		子孫辰土	Ⅰ		
朱雀		父母寅木	Ⅱ	應	

이 예는 육효 예측학의 정확성을 검증하기 위해 인터넷에서 일본인이 예측한 것이다.

《판단》 *Judgement* 관귀(官鬼) 자수(子水)를 용신(用神)으로 본다. 용신이 이궁(離宮)에 있어 그 사람은 비교적 활발하다. 또 5효에 있어 5효는 존위(尊位)이고, 독립성이 강함으로 자신의 사업이 있다.

《피드백》 *Feedback* 그 사람은 매우 활발하다. 몇 년 전 독자적으로 사업을 시작했다.

판단 용신(用神)이 수(水)이고 현무(玄武)가 임하여 그 사람은 총명하고 머리가 좋다.
피드백 머리가 매우 좋다.

판단 용신(用神)이 수(水)에 현무(玄武)가 임하니 남자는 매우 매력이 있어 당신이 좋아할 수밖에 없다.
피드백 네. 40대 중반인데도 체형이 좋고 엉덩이가 작고 다리가 길어 딱 내 스타일이다. 처음 만났을 때부터 호감이 갔다.

판단 자손(子孫)이 지세(持世)하여 당신은 이미 아이가 있다.

피드백 네, 제 아이는 이미 1년 8개월이 지났다. 남자아이다.

판단 자손(子孫) 술토(戌土)가 공망(空亡)이고 백호(白虎)가 임했다. 공망은 잃음을 의미하고 백호는 출혈, 유산을 의미한다. 그래서 본인은 일찍이 아이를 유산한 적이 있다.

피드백 이걸 볼 수 있다니!! 맞아! 맞아! 저 21세 때 유산했다.

판단 관귀(官鬼) 자수(子水)는 일월의 도움을 얻지 못하고 자손(子孫)이 지세(持世)하여 발동(發動)하였다. 두 사람은 인연이 닿기 어렵다.

피드백 저는 짝사랑일 뿐이다. 육효는 정말 신기하다. 영국 런던에서 괘를 냈는데, 시차가 약 아홉 시간이나 되는데도 정보의 정확성에 하나도 영향을 주지 않는다.

【예2】 寅月 壬申日 (旬空:戌亥)					
여자가 자신이 좋아하는 남자에 대해 문의하였다					
풍천소축(風天小畜) ➔ 건위천(乾爲天)					
白虎		兄弟卯木	∣		
螣蛇		子孫巳火	∣		
勾陳		妻財未土	✗	應	子孫午火
朱雀	(官鬼酉金)	妻財辰土	∣		
靑龍		兄弟寅木	∣		
玄武		父母子水	∣	世	

이 예는 육효 예측학의 정확성을 검증하기 위해 인터넷에서 일본인이 예측한 것이다.

《판단》 관귀(官鬼)를 용신(用神)으로 본다. 관귀 유금(酉金)은 괘(卦)에 없고 3효의 처재(妻財) 진토(辰土) 아래 복장(伏藏)되었다. 관귀 유금(酉金)은 손궁(巽宮)에 있다. 그 사람은 비교적 선량한 사람이다.

《피드백》 맞다. 그 사람은 선하고 마음씨도 착하다.

판단 용신(用神)은 금(金)이니 의리가 있다. 일의 도움을 얻으니 신체는 건장하다.
피드백 확실히 의리를 지키는 사람이다. 신체가 강건하고 체육을 하는 사람이다. 구락부에서 직책을 맡고 있다.

판단 용신(用神)이 도화에 임하고 처재(妻財) 아래 복장(伏藏)되었다. 응(應)에 있는 처재는 동(動)하면서 관귀(官鬼)를 생한다. 응(應)은 타인이고 처재는 여자이니 그를 좋아하는 여자가 많다.
피드백 맞다. 그는 여자들한테 인기가 많다.

판단 용신(用神)에 주작(朱雀)이 임하니 그는 낙척적인 사람이고 얼굴에 항상 웃음을 띠고 있다.
피드백 맞다. 그는 매우 낙천적이다. 그가 화를 내는 것을 거의 보지 못했다.

【예3】 寅月 丙寅日 (旬空:戌亥) 남자가 여자친구에 대해 문의하였다					
	택풍대과(澤風大過)				
靑龍		妻財未土	‖		
玄武		官鬼酉金	|		
白虎	(子孫午火)	父母亥水	|	世	
螣蛇		官鬼酉金	|		
勾陳	(兄弟寅木)	父母亥水	|		
朱雀		妻財丑土	‖	應	

이 예는 육효 예측학의 정확성을 검증하기 위해 인터넷에서 일본인이 예측한 것이다.

《판단》 처재(妻財)를 용신(用神)으로 본다. 괘(卦)에 처재가 양현(兩現)하여 응(應)에 있는 처재 축토(丑土)를 용신으로 본다. 용신이 토(土)이니 그녀는 성실하고 분수를 지키는 사람이다. 주작에 임하여 늘 웃으며 즐거워한다.

Judgement

《피드백》 다른 사람들에게 사기를 당할 정도로 성실하고 정직하다. 스스로 즐거울 뿐만 아니라 다른 사람에게도 즐거움을 준다.

Feedback

판단 세효(世爻)와 일월이 서로 합(合)을 한다. 일월은 형제(兄弟)이니 친구를 의미한다. 그래서 본인은 교제가 넓고 친구가 많다는 뜻이다.
피드백 확실히 친구가 많다.

판단 세효(世爻)가 공망(空亡)이고 유혼괘(遊魂卦)이다. 그래서 본인 마음이 들뜨고 조급하다. 진궁괘(震宮卦)는 주로 동(動)인데, 공망은 오히려 반대로 판단한다. 그래서 본인은 혼자 조용히 있는 것을 좋아한다.
피드백 판단이 정확하다.

【예4】 寅月 乙亥日 (旬空:申酉) 여자가 혼인을 문의하였다					
		풍지관(風地觀) ➔ 풍산점(風山漸)			
玄武		妻財卯木	|		
白虎	(兄弟申金)	官鬼巳火	|		
螣蛇		父母未土	||	世	
勾陳		妻財卯木	✗		兄弟申金
朱雀		官鬼巳火	||		
靑龍	(子孫子水)	父母未土	||	應	

【판단】 관귀(官鬼)를 용신(用神)으로 본다. 관귀가 양현(兩現)하여 2효의 관귀 사화 (巳火)를 용신으로 한다. 용신은 월의 생을 얻어 왕상(旺相)하며 2효에 임했다. 2효는 택(宅)이니 남자가 집에 들어옴을 나타내어 이미 결혼했음을 말하고 있다. 하지만 관 귀가 암동(暗動)하고 원신(元神)이 동(動)하여 회두극(回頭克)으로 화하여 혼인이 불 안정하다. 두 개 관(官)이 암동(暗動)하면서 세효(世爻)를 생하니 아마 자신에게 제3 자가 나타날 것이다.

세효(世爻)에 등사(螣蛇)가 임했다. 등사는 괴팍, 변화를 의미하여 자신의 성격이 독 선적이고 조급하고 변덕스럽다는 것을 말해 준다. 관귀(官鬼)는 화(火)이며 주작(朱 雀)이 임했다. 그래서 남편의 성격이 좋지 않아 욕을 잘한다.

세효(世爻)는 재고(財庫)이고 4효에 있으니 유방을 의미한다. 월과 동효(動爻)에 극 (克)을 당하니 유방에 질병이 있을 것이다. 구진(勾陳)이 독발(獨發)하여 극(克)하는 것은 바로 유선 증식이다.

【피드백】 역시 판단은 실제 상황과 같았다.

【예5】 丑月 辛亥日 (旬空：寅卯) 여자가 남자친구와의 발전에 대해 문의하였다				
화뢰서합(火雷噬嗑) → 화지진(火地晉)				
螣蛇		子孫巳火	❙	
勾陳		妻財未土	❙❙	世
朱雀		官鬼酉金	❙	
靑龍		妻財辰土	❙❙	
玄武		兄弟寅木	❙❙	應
白虎		父母子水	✗	妻財未土

《판단》 관귀(官鬼)를 용신(用神)으로 본다. 관귀 유금(酉金)에 주작(朱雀)이 임했다. 남자친구가 말재주가 좋다. 말을 능수능란하게 잘한다. 5효는 관위(官位)이고 월파(月破)되어 관귀를 생하지 않으니 남자친구는 관운이 없다. 부모(父母) 자수(子水)가 독발(獨發)하였다. 독발은 성질, 원인 등을 나타낸다. 백호(白虎)에 임한 것은 성격이 좋지 않다는 뜻이다.

세효(世爻)가 월파(月破)되어 자신은 장래에 마음이 변한다. 독발(獨發)은 용신(用神)의 사지(死地)이고 유혼(遊魂)으로 화하니 나중에 헤어진다.

《피드백》 성격 등은 판단한 그대로이다. 나중에는 자주 다툼으로 소통이 안 되어 헤어졌다.

02절
용모(容貌)의 판단 방법

혼인을 예측할 때 구측자는 상대방이 어떻게 생겼는지 자주 묻는다.

마음이 아름다운 사람을 만나는 것이 최상의 배우자 선택이다. 나아가 재능과 용모를 겸비한 배우자를 얻는다면 더더욱 금상첨화이다. 대부분의 사람들은 배우자를 고를 때 외모에 신경을 쓰기 때문에 얼굴 생김새, 말투, 몸가짐 등이 첫인상에 중요한 역할을 한다.

육효를 통하여 사람의 용모를 머리부터 발끝까지 분석하고 판단할 수 있다. 육효예측은 격식화된 것이 아니고 괘의 변화와 상(象)을 기반으로 분석하는 것이 더 정확하다.

⊙ **육효로 사람의 용모를 예측할 때는** 주로 괘궁(卦宮), 오행(五行), 육신(六神), 육친(六親), 효위(爻位) 및 효위(爻位) 사이의 생(生)·극(克)·충(沖)·합(合), 월파(月破), 공망(空亡) 등을 보고 종합적으로 분석한다.

1 효위(爻位)로 판단

上爻	모발, 머리장식, 손, 어깨, 모자 등
5爻	귀, 눈, 코, 입, 얼굴, 수염, 목구멍, 안경 등
4爻	명치, 유방, 등〔背部〕 등
3爻	복부, 엉덩이, 배, 허리 등
2爻	허벅지, 무릎, 다리 등
初爻	발, 걸음걸이 등

2 체형의 판단

● 용신(用神) 오행으로 판단한다

용신이 금(金)일 때	왕상(旺相)하면 체격이 건장하다, 우람하다, 튼튼하다, 희고 깨끗하다, 목소리가 우렁차다, 목소리가 높다. 휴수(休囚)하면 여위다, 피골이 상접하다 등
용신이 목(木)일 때	왕상(旺相)하면 날씬하다, 키가 크다, 허리가 꼿꼿하다. 휴수(休囚)하면 쇠약, 허약하다 등
용신이 수(水)일 때	왕상(旺相)하면 생기발랄, 자태가 가볍고 부드럽다, 건장하고 힘 있다, 민첩하다, 움직이기 좋아한다 등
용신이 화(火)일 때	체구가 크고 머리가 작다, 걸음이 흔들거림, 얼굴이 붉다, 머리가 뾰족하다 등
용신이 토(土)일 때	왕상(旺相)하면 키가 크면서 뚱뚱하다, 휴수(休囚)하면 키가 작고 비만이다 등

3 모발의 판단

➡ 육효의 육신(六神)으로 판단한다

⊙**왕상**(旺相)하면 머리숱이 많고 ⊙**휴수**(休囚)하면 머리숱이 적다.

청룡이 임하면	머리가 단정하다, 아름답다, 이쁘다, 머리장식이 새롭고 독특하다
주작이 임하면	머리카락이 붉다, 아니면 머리카락이 더부룩하다
현무가 임하면	머리가 까맣다
백호가 임하면	머리카락이 억세다〔꼬불꼬불〕, 아니면 백발이다
구진이 임하면	머리카락이 약간 노랗다, 겉치레하지 않는다
등사가 임하면	곱슬머리, 파마머리 등

4 얼굴의 판단

➡ 자오묘유(子午卯酉)는 원형 얼굴

➡ 인신사해(寅申巳亥)는 긴 얼굴, 갸름한 얼굴

➡ 진술축미(辰戌丑未)는 사각형 얼굴, 네모형 얼굴

⊙**오행(五行)에 월파(月破)가 있으면** 생김새가 흉하거나 얼굴에 상처가 있다.

청룡이 임하면	용모가 아름답다
주작이 임하면	안색이 붉거나 얼굴에 늘 웃음을 띈다
현무가 임하면	기미가 있거나 얼굴이 검거나 섹시하게 생겼다
백호가 임하면	표정이 엄숙하여 사람을 두렵게 한다
구진이 임하면	표정이 굳다, 무표정하다, 어리숙하다
등사가 임하면	흉터가 있거나 주름이 많거나 눈과 눈썹이 펴지지 않는다

📍 예측할 때도 괘궁(卦宮)을 결합해서 분석할 수 있다

건(乾)	원(圓)	곤(坤)	방(方)
손(巽)	장(長)	진(震)	빛남(晃)
태(兌)	입(口), 치아(牙)	간(艮)	코(鼻)
이(離)	눈(眼)	감(坎)	귀(耳)

📍 얼굴을 세분화하면 다음과 같다

화(火)	눈	수(水)	목구멍, 입(口)
토(土)	코(鼻子)	금(金)	귀(耳朶), 치아(牙齒)
목(木)	모발(頭髮), 눈썹(眉毛), 수염(胡鬚)		

📍 화(火)가 극을 당하는 경우

눈	근시
화(火)가 합(合) 혹은 입묘(入墓)를 당하면	인경 작용
충(沖)을 만나면	눈을 깜빡거림 의미
공망(空亡)	눈 언저리가 꺼지다
청룡이 임하면	눈이 예쁘다
등사가 임하면	실눈 혹은 눈이 기울어지다
현무가 임하면	눈이 어두컴컴하다
구진이 임하면	눈이 돌출되다
주작이 임하면	웃는 눈이다
백호가 임하면	눈에 생기가 있다

🔾 수(水)가 합(合)을 당하는 경우

입술	꼭 다물다
충(沖)을 만나면	입이 삐뚤어진다
입묘(入墓)에 주작(朱雀)이 임하면	입을 가리고 웃기를 좋아한다
묘(墓)가 일월에 있으면	천포지(天包地), 즉 윗입술이 아랫입술을 감싼다
묘(墓)가 아래 있으면	지포천(地包天), 즉 아랫입술이 윗입술을 감싼다
청룡이 임하면	아름다운 입술
구진이 임하면	입이 돌출 혹은 입술이 두꺼움

🔾 토(土)가 합(合)을 당하는 경우

콧구멍	작다
충(沖)을 만나면	코가 삐뚤다
공망(空亡)을 만나면	코가 납작하다
청룡이 임하면	코가 우뚝 서다
주작이 임하면	코가 빨갛다
구진이 임하면	코가 크다
등사가 임하면	코가 가늘고 길다

🔾 금(金)이 월파(月破)되는 경우

이틈	생기다
공망(空亡)을 만나면	이명, 귀가 어둡다
등사가 임하면	치아가 예쁘지 않다
공망(空亡)에 등사가 임하면	충치가 된다
청룡이 임하면	치아가 가지런하다

◗ 목(木)이 공망(空亡)이 되는 경우

머리숱	적다
충(沖)을 만나면	두발이 펄럭이다
입묘(入墓)가 되면	모자를 썼다

5 신장의 판단

◗ 만약 상대방 신장의 크기를 판단하려면 용신의 쇠왕으로 판단한다

용신이 목(木)·금(金)·수(水)일 때	상대적으로 신장이 크다
용신이 화(火)·토(土)일 때	상대적으로 신장이 작다

이것은 오행의 성질로 판단한 것이다. 동시에 용신의 쇠왕과 결합하여 종합적으로 분석해야 한다.

용신이 왕상하면	신체가 크다
용신이 휴수하면	신체가 작다

이것 외에 12운성의 각도로 볼 수가 있다.

태·양·쇠·병·사·절지를 만나면	작다
장생·관대·임관·제왕을 만나면	크다

◗ 구체적인 숫자는 괘수와 동효 및 용신의 효위를 결합하여 구할 수 있다

건(乾) - 1	태(兌) - 2	이(離) - 3	진(震) - 4
손(巽) - 5	감(坎) - 6	간(艮) - 7	곤(坤) - 8

일반적으로 숫자를 취할 때 1미터 후의 숫자를 취한다.

⊙ 범위선천수와 결합하여 판단할 수도 있다

甲己갑기·子午자오 − 9	乙庚을경·丑未축미 − 8	丙辛병신·寅申인신 − 7
丁壬정임·卯酉묘유 − 6	戊癸무계·辰戌진술 − 5	巳亥사해 − 4

숫자를 헤아려 신장을 판단하는 데는 엄격한 규정이 없다. 쇠왕을 근거로 하여 취하면 된다.

【예1】 酉月 乙卯日 (旬空：子丑) **남자가 자신의 여자친구와 결혼할 수 있는지 문의하였다**				
	수택절(水澤節) ➡ 진위뢰(震爲雷)			
玄武	兄弟子水	‖		
白虎	官鬼戌土	✗		父母申金
騰蛇	父母申金	✗	應	妻財午火
勾陳	官鬼丑土	‖		
朱雀	子孫卯木	✗		子孫寅木
靑龍	妻財巳火	Ⅰ	世	

《판단》 처재(妻財)를 용신(用神)으로 본다. 처재 사화(巳火)가 지세(持世)하고 일의 생을 얻어 왕상(旺相)하다. 용신이 감궁(坎宮)에 있어 사람은 비교적 총명하다. 용신이 화(火)라서 활발하고 외향적 성격이다. 신체는 큰데 머리가 작다. 키는 크지 않다. 용신은 사화(巳火)이고 얼굴은 긴 형이다. 청룡(靑龍)에 임하여 예의가 있고 사람됨이 온화하고 착하다.

2효 원신(元神) 묘목(卯木)이 월파(月破)되고 퇴(退)로 화하였다. 2효는 자궁을 의미하고 목(木)은 통증을 의미하니 생리통이 있다.

용신(用神)이 5효에 입묘(入墓)하고 5효는 가장의 자리이니 이 결혼은 가장의 구속을 당한다. 또 응(應)에 있는 부모(父母)는 상대방 부모를 의미한다. 상대방의 부모가 두 사람의 혼사에 동의하지 않음을 나타낸다. 딸을 자신의 곁으로 끌어오려고 한다.

《피드백》 실제 상황이 바로 그랬다.

【예2】 酉月 戊戌日 (旬空 : 辰巳) 여자가 혼인을 문의하였다				
뇌수해(雷水解)				
朱雀		妻財戌土	‖	
靑龍		官鬼申金	‖	應
玄武		子孫午火	Ⅰ	
白虎		子孫午火	‖	
螣蛇		妻財辰土	Ⅰ	世
勾陳	(父母子水)	兄弟寅木	‖	

《판단》 관귀(官鬼)를 용신(用神)으로 본다. 부모(父母) 자수(子水)는 괘(卦)에 없다. 결혼증서가 나타나지 않았다. 또 세(世)는 2효에서 공망(空亡)이고 2효는 집이다. 공(空)은 고독, 혼자 집을 지키는 형상으로 결혼을 하지 않았다. 향규(香閨)인 자수(子水)는 괘(卦)에 없는 것 또한 결혼하지 않았다는 것을 말하고 있다.

관귀(官鬼)는 금(金)이고 월건(月建)에 관귀가 임하여 상대방은 군인이다. 청룡(靑龍)에 임하여 멋있게 생겼다. 월의 도움과 일의 생을 얻어 왕상(旺相)하여 키가 크다는 것을 말하고 있다.

세효(世爻)가 암동(暗動)하고 용신(用神)을 생(生)한다. 마음속으로 상대방을 좋아한다. 6효 원신(元神) 술토(戌土)가 관귀(官鬼)를 생한다. 6효는 머리, 토(土)는 노란색, 주작(朱雀)은 빨간색이 된다. 그래서 상대방의 머리 색상은 붉은색이다. 세효가 공망(空亡)에 등사(螣蛇)가 임하였다. 공망은 불안을 의미하고 등사도 불안을 의미하니 본인은 매우 걱정한다. 용신이 왕상(旺相)하니 성사된다.

《피드백》 알고 보니 남자친구는 미국인이고, 경비대에서 일하고 있었다.

【예3】 甲申年 午月 乙卯日 (旬空：子丑)						
여자가 혼외정에 대해 문의하였다					
택풍대과(澤風大過) → 화풍정(火風鼎)					
玄武		妻財未土	⚋		子孫巳火
白虎		官鬼酉金	⚋		妻財未土
螣蛇	(子孫午火)	父母亥水	⚊	世	
勾陳		官鬼酉金	⚊		
朱雀	(兄弟寅木)	父母亥水	⚊		
靑龍		妻財丑土	⚋	應	

《판단》 관귀(官鬼)를 용신(用神)으로 본다. 괘(卦)에 관귀가 양현(兩現)하여 발동(發動)한 관귀 유금(酉金)을 용신으로 본다. 용신은 5효에 백호(白虎)가 임하고 처재(妻財) 미토(未土)로 화(化)한다. 5효는 지도자이니 관(官)을 추구한다. 백호가 임하고 백호는 칼·창을 의미한다. 그래서 공안 등의 계통에서 일하고 있다고 판단했다. 용신이 역마(驛馬)에 임하고, 역마는 상인을 의미한다. 재(財)로 화하니 나중에 사업을 시작했다.

용신(用神)이 발동(發動)하고 응효(應爻)와 합(合)을 한다. 올해 진월(辰月)에 알게 된 것으로 판단된다. 용신이 백호(白虎)에 임하여 성격이 좋지 않다. 유금(酉金)은 둥근 것을 의미하니 얼굴이 둥근 원형이다. 용신이 세효(世爻)를 생하니 상대방은 자신한테 매우 잘해준다. 하지만 관귀(官鬼)는 월(月)이 극(克)하고 일(日)이 충(沖)하니 휴수(休囚)하고 세효를 생하는 힘이 부족하다. 그래서 상대방이 지금 사업이 안 되어 자기 자신을 많이 돌볼 수가 없다.

이 여성은 "당신이 판단 한 것이 매우 정확하다. 그럼 이 사람이 무슨 결함이 있는 것 같습니까?"라고 말했다.

나는 원신(元神)이 6효에서 일의 극을 당하였다. 6효는 손을 의미하고 외괘(外卦)는 태(兌)이니 결함, 토(土)는 중앙을 의미한다. 그래서 이 남자는 가운데 손가락이 한 개 모자라는 것으로 판단된다. 이 판단이 현장에 있던 많은 사람을 매우 놀라게 했다.

〔피드백〕 그는 공안으로 근무 중에 총을 쏘다가 부상을 당해 중간 손가락이 절반이나 절단되었다고 했다.

【예4】 亥月 丙午日 (旬空：寅卯)					
여자가 연애가 어떤지 문의하였다					
화풍정(火風鼎) → 지풍승(地風升)					
靑龍		兄弟巳火	✗		妻財酉金
玄武		子孫未土	‖	應	
白虎		妻財酉金	✗		子孫丑土
螣蛇		妻財酉金	∣		
勾陳		官鬼亥水	∣	世	
朱雀	(父母卯木)	子孫丑土	‖		

관귀(官鬼)를 용신(用神)으로 본다. 관귀 해수(亥水)가 지세(持世)하고 월의 도움을 얻어 왕상(旺相)하다. 외괘(外卦)가 원신(元神) 삼합국(三合局)이 되어 생하니 연애는 반드시 성공한다. 용신이 왕상하여 키가 크다. 해수(亥水)는 긴 얼굴이다. 주괘(主卦)는 숫자가 8이 된다. 그래서 신장은 178센티미터이다. 응효(應爻)는 상대방의 정보를 나타낸다. 5효에 현무(玄武)가 임하였다. 현무는 어두움을 의미하므로 눈이 근시임을 나타낸다. 일에 있는 화(火)가 와서 합(合)을 하니 안경을 쓴다는 의미이다.

역시 들어맞았다.

【예5】 寅月 癸亥日 (旬空 : 子丑) 여자가 남편과의 인연에 대해 문의하였다					
지화명이(地火明夷) ➔ 산택손(山澤損)					
白虎		父母酉金	⚋̸		子孫寅木
螣蛇		兄弟亥水	⚋		
勾陳		官鬼丑土	⚋	世	
朱雀	(妻財午火)	兄弟亥水	⚊̸		官鬼丑土
靑龍		官鬼丑土	⚋̸		子孫卯木
玄武		子孫卯木	⚊	應	

관귀(官鬼)를 용신(用神)으로 본다. 괘(卦)에 관귀가 양현(兩現)하여 발동(發動)의 효(爻)인 관귀 축토(丑土)를 용신으로 본다. 용신은 2효에 있다. 2효는 집이니 남편은 아직 집에 있다. 하지만 공망(空亡)이라 이미 자기 마음속에서 중요하지 않음을 나타낸다. 세효(世爻)에 있는 관귀가 공망이라 이것도 마음속에 남편이 없다는 것을 나타낸다.

유혼괘(遊魂卦)이니 헤어지다는 의미이다. 또 관귀(官鬼)가 동(動)하여 회두극(回頭克)으로 화하니 자신은 남편과 이혼하고 싶어 한다. 괘(卦)는 감궁(坎宮)에 있으니 남편은 속이는 사람이다. 공망이어서 남편은 믿을 수 없는 사람이다. 2효에서 공망(空亡)이니 마음이 집에 없다. 용신(用神)은 토(土)이니 네모난 얼굴을 의미하고 휴수(休囚)하니 키가 작고 뚱뚱하다. 토(土)는 또 코를 뜻한다. 공망은 코가 뻥 뚫리거나 들창코를 의미한다.

3효가 동(動)하여 관귀(官鬼) 축토(丑土)로 화한다. 3효는 침대이고 관귀는 남자를 뜻하니 자신에게 또 새롭게 마음에 드는 사람이 생겼다.

《피드백》 역시 그렇다.
Feedback

【예6】 寅月 壬申日 (旬空：戌亥) 57세 여자가 한 남자와 결혼할 수 있는지 문의하였다					
수산건(水山蹇) ➡ 수화기제(水火旣濟)					
白虎		子孫子水	‖		
螣蛇		父母戌土	∣		
勾陳		兄弟申金	‖	世	
朱雀		兄弟申金	∣		
靑龍	（妻財卯木）	官鬼午火	‖		
玄武		父母辰土	✗	應	妻財卯木

《판단》 관귀(官鬼)를 용신(用神)으로 본다. 관귀 오화(午火)는 월의 생을 얻어 왕상
Judgement 하다. 용신이 청룡(靑龍)에 임해 생김새가 괜찮으나 역마(驛馬)가 임하여 듬직하지는

않다. 복장(伏藏)된 처재(妻財)는 일에 극을 당하니 이혼한 사람이다.

응효(應爻)는 상대방을 나타낸다. 부모(父母) 진토(辰土)에 현무(玄武)가 임하고 초효(初爻)에서 독발(獨發)하여 도화로 화출하였다. 초효는 걱정을 의미하고 부모에 현무가 임하여 독발은 혼전 동거의 정보를 나타낸다. 세효(世爻)를 생하는 것은 상대방은 결혼하고 싶지 않고 동거만 하고 싶다는 뜻이다.

5효의 부모(父母) 술토(戌土)는 세효(世爻)의 원신(元神)이다. 원신은 생각, 속마음을 의미하고 공망이니 망설임을 나타낸다.

《피드백》 역시 그렇다.
Feedback

【예7】 辰月 己未日 (旬空 : 子丑)					
남자가 어떤 여자의 상황을 문의하였다					
화수미제(火水未濟) ➜ 뇌풍항(雷風恒)					
勾陳		兄弟巳火	✗	應	子孫戌土
朱雀		子孫未土	‖		
靑龍		妻財酉金	┃		
玄武	(官鬼亥水)	兄弟午火	✗	世	妻財酉金
白虎		子孫辰土	┃		
螣蛇		父母寅木	‖		

《판단》 어떤 사람의 상황에 대해 문의할 때는 세효(世爻)를 그 어떤 사람을 대표한
Judgement 다. 세효(世爻)에 현무(玄武)가 임하니 생김새가 섹시하다. 용신(用神)은 화(火)이니

빼어나다. 원신(元神)은 목(木)이니 모발을 의미한다. 휴수(休囚)하면서 일에 입묘(入墓)하여 단발이다. 게다가 모자를 쓰고 머리를 가리는 것을 좋아한다.

정확하다.

판단 관귀(官鬼)는 괘(卦)에 없어 남편은 자주 집을 비운다.

피드백 외지로 나가 장사를 한다.

판단 형제(兄弟)가 지세(持世)하고 동(動)하여 처재(妻財)로 화하였다. 재물운은 나쁘지 않다. 6효의 형제가 동(動)하는 것은 돈을 많이 쓴다는 것을 나타낸다.

피드백 정확하다.

【예8】 辰月 甲子日 (旬空：戌亥) 한 남자가 자신의 여자친구와 오래 사귈 수 있는지 문의하였다					
풍천소축(風天小畜)					
玄武		兄弟卯木	|		
白虎		子孫巳火	|		
螣蛇		妻財未土	||	應	
勾陳	(官鬼酉金)	妻財辰土	|		
朱雀		兄弟寅木	|		
靑龍		父母子水	|	世	

여자친구와의 교제에 대해 길흉을 볼 때 처재효(妻財爻)를 용신(用神)으로 본다. 괘에 재효(財爻)가 양현(兩現)하여 응효(應爻)에 임한 것을 용신으로 본다. 다른 하나의 재효(財爻)는 참고로 본다. 만약 상대방의 체형과 생김새를 판단하려면 괘의 전체를 보고 판단해야 한다.

처재(妻財) 미토(未土)에 등사(螣蛇)가 임하였다. 등사는 보기 드물다〔少見〕, 괴팍하다는 의미가 있다. 이 여성은 보통사람과 성격이 같지 않고 개성이 강하다. 또 다른 재효(財爻)에 구진(勾陳)이 임하였다. 구진은 살이 찌다는 의미이다. 이 여자가 비만의 모습임을 나타낸다.

용신(用神)은 손궁(巽宮)에 있어 의지가 굳지 않은 사람이다. 월은 용신의 묘고(墓庫)이다. 용신이 입묘(入墓)되어 남에게 통제당하여 주권(主權)이 없다. 그래서 이 여자는 주견(主見)이 없는 사람임을 나타낸다.

5효는 원신(元神)이고, 오관〔이목구비〕의 효위(爻位)이다. 자손(子孫) 사화(巳火)가 임했다. 자손은 이목구비를 의미하는데 화(火)는 눈이 된다. 일에 극상(克傷)을 당하고 또 백호(白虎)에 임하였다. 백호는 질병이 있다는 뜻이다. 이는 그녀의 눈이 좋지 않고 문제가 있음을 나타내어 근시로 추정된다. 효위가 양(陽)이고 왼쪽은 양(陽)이니 왼쪽 눈을 근시로 판단할 수 있다.

자손(子孫)은 의약, 백호(白虎)는 수술, 사화(巳火)는 수(水)의 절지(絕地), 수(水)는 입·목구멍, 절(絕)을 만나니 목구멍이 작아져서 목구멍을 수술한 적이 있다.

6효는 모발의 효위(爻位), 목(木)은 모발(毛髮), 6효에 임했으니 그 의미가 더 강하다. 6효의 형제(兄弟) 묘목(卯木)은 일의 도움을 얻어 왕상하다. 그래서 머리가 장발임을 판단할 수 있다. 현무(玄武)가 임하고 현무는 흑(黑)이니 흑색이다.

여기까지 판단했는데 상대방의 피드백에 의하면 성격에 대한 판단은 매우 정확하였다. 눈도 근시이다. 하지만 어느 쪽 눈이 안 좋은지 모른다. 목구멍을 수술한 적이 있는지 잘 모르겠다. 즉시 전화를 걸어 물어보니 모두 정확하였다.

이 괘는 용신(用神)이 비록 왕상(旺相)하지만 원신(元神)이 휴수(休囚)하여 극을 당하였다. 장기간 교제를 물어 볼 때는 반드시 원신(元神)을 봐야 한다. 왕하거나 기(氣)가 있으면 오래 가고, 휴수(休囚)하고 극을 당하면 오래 가지 못한다. 또 괘명(卦名)이 풍천소축(風天小畜)이다. 이것은 여기서 잠시 있다는 뜻이니 두 사람은 오래 사귀지 못한다.

예측할 때 둘은 서로 매우 잘 어울렸다. 하지만 술월(戌月)이 되자 그녀의 원래 남자친구가 그녀를 찾아왔다. 그녀는 누구를 선택해야 할지 망설였다. 구측자는 그녀에게 전 남자친구와 헤어지라고 하였으나, 그녀는 우유부단하여 좀처럼 결심하지 못했다. 결국 구측자는 여자친구와 교제하는 것을 거부하고 헤어졌다.

【예9】 未月 癸未日 (旬空 : 申酉)			
남자가 헤어진 여자친구의 상황이 어떤지 문의하였다			
수택절(水澤節)			
白虎	兄弟子水	‖	
螣蛇	官鬼戌土	┃	
勾陳	父母申金	‖	應
朱雀	官鬼丑土	‖	
靑龍	子孫卯木	┃	
玄武	妻財巳火	┃	世

처재(妻財)는 비록 연인을 의미하지만 이미 헤어졌기 때문에 목적은 그의 상황을 예측하는 것이다. 그래서 길흉을 볼 필요없이 괘의 전체적인 정보로 여자친구의 상황을 분석하기 위해서 살펴본다.

만약에 애인의 길흉을 물어보면 처재(妻財)를 용신(用神)으로 본다. 하지만 현재는 그 사람의 상황을 물어본 것이니 전체 괘(卦)가 바로 그 사람의 정보이다. 그래서 재효(財爻)를 보는 동시에 세효(世爻)도 겸해서 본다. 세효도 피측(被測)의 대상(對象)이다. 괘(卦)는 육합(六合)이니 이 여자는 풍만한 여자이다. 세효는 사화(巳火)이다. 인신사해(寅申巳亥)는 뾰족함을 나타낸다. 그래서 이 여자는 갸름한 얼굴이다. 현무(玄武)에 임하고 또 육합괘(六合卦)이니 이 여자는 매우 섹시하게 생겨서 사람들을 매료시킨다.

5효 관귀(官鬼)에 등사(螣蛇)가 임했다. 5효는 얼굴, 토(土)는 코, 관귀는 주로 질병을 의미, 등사는 흉터이다. 그래서 코 쪽에 흉터가 있다고 판단하였다. 5효 술토(戌土)는 화고(火庫), 화(火)는 눈, 묘고(墓庫)는 관귀이니 필히 눈이 근시이다. 안경은 부모효(父母爻)를 용신(用神)으로 한다. 부모(父母) 신금(申金)이 공망(空亡)이다. 5효의 생(生)을 받지 않는다. 비록 근시이지만 안경은 쓰지 않는다.

4효는 가슴인데 부모가 임하니 더욱더 가슴을 나타낸다. 자손(子孫)은 유방, 부모(父母) 신금(申金)은 자손의 절지(絕地), 자손이 또 쇠(衰)하니 이 여자 유방은 작을 것이다. 부모가 4효에 있는 것은 브래지어를 뜻할 수 있다. 구진은 불룩함을 의미한다. 하지만 공망(空亡)이라 속이 비어 있다는 뜻이다, 이 여자의 젖가슴은 작지만 쓰고 있는 브래지어는 매우 크다는 것을 말하고 있다.

세효(世爻)는 화(火)이니 눈을 의미하고, 육합(六合)을 만나니 쌍꺼풀이다. 화(火)는 내괘(內卦)이니 속쌍꺼풀이다.

3효 축토(丑土)가 월파(月破)라 갈라지는 상(象)이다. 또 음효(陰爻)여서 배후(背后_등뒤)이다. 그래서 축토(丑土)는 엉덩이를 의미한다. 일이 충(沖)하는 것은 움직임을 의미한다. 그래서 걸을 때 엉덩이를 흔들거린다고 판단하였다.

《피드백》 결과는 모두 들어맞았다.
Feedback

【예10】 未月 癸未日 (旬空:申酉) 같은 자리에 있던 한 남자가 예측이 매우 정교함을 보고 그의 예전 여자친구의 상태를 예측해 달라고 요청했다					
풍산점(風山漸)					
白虎		官鬼卯木	|	應	
螣蛇	(妻財子水)	父母巳火	|		
勾陳		兄弟未土	||		
朱雀		子孫申金	|	世	
靑龍		父母午火	||		
玄武		兄弟辰土	||		

《판단》 처재(妻財)를 용신(用神)으로 보고 겸하여 세효(世爻)를 본다. 괘(卦)의 전체
Judgement 적인 정보는 바로 피측자의 상황이다.

재(財)는 자수(子水)이니 둥근 얼굴이다. 괘(卦)는 간궁(艮宮)에 있어 보수적이고 고
전적인 여성이다. 용신(用神) 자수(子水)는 5효 부모(父母) 사화(巳火) 아래 복장(伏
藏)되었다. 5효는 오관(五官)을 의미하고 화(火)는 눈을 의미한다. 화(火)가 절(絶)을
당하니 눈은 근시이다. 부모(父母) 사화(巳火)는 양(陽)이니 왼쪽 눈이 근시이다.

세효(世爻)에 자손(子孫) 신금(申金)이 주작(朱雀)에 임했다. 주작은 말·언어·목소
리이고, 자손은 쾌락·유흥의 뜻이다. 금(金)이 공망이라 소리의 울림을 나타낸다. 원

래 여자친구는 노래를 좋아한다.

자손(子孫)은 유방을 의미한다. 공망(空亡)이 되어 유방 부위가 비었다. 유방이 작음을 나타낸다. 자손이 3효에 있다. 3효는 자궁의 효위(爻位)이다. 자손은 또 생식기를 의미한다. 재(財)는 월경을 의미한다. 공(空)하면서 재효(財爻)를 생하지 않는 것은 월경의 양이 적다는 것을 나타낸다.

부모(父母)는 의류의 뜻이 있다. 부모 오화(午火)는 2효에 있다. 2효는 다리를 의미한다. 부모에 다리가 임하니 바지를 의미한다. 오화(午火)는 세효(世爻)의 목욕지(沐浴地)이다. 목욕은 노출을 의미한다. 원래는 반바지를 입는 것으로 해석해야 하지만 오화(午火)와 일월이 서로 합을 했다. 합(合)은 감추는 것을 의미이니 그래서 원래의 여자친구는 긴바지 입는 것을 좋아하고, 치마 입는 것을 좋아하지 않았다.

피드백 위의 판단은 역시 정확했다.

03절
향규(香閨)와 상장(床帳)

남녀가 기혼인지 미혼인지와 두 사람의 육체적 관계 발생 여부를 예측할 때 살펴보는 것 중 하나가 향규(香閨)와 상장(床帳)이다. 여자는 향규(香閨)를 보고, 남자는 상장(床帳)을 본다.

왕상(旺相)하게 출현하면	동거(同居) 혹은 기혼(旣婚)을 의미한다
휴수(休囚)하고 공파(空破)되면	미혼이거나 동거하지 않음을 의미한다
상장·향규에 부모(父母)가 임하면	기혼을 의미한다
부모(父母)가 임하면서 공파(空破)되면	이혼을 의미한다
자손(子孫)이 임하면	동거하면 임신한다는 의미가 된다
용신(用神)이 임하면	혼인이 성사됨을 의미한다

향규(香閨)와 상장(床帳)은 괘신(卦身)으로부터 도출하기 때문에 향규와 상장을 얻으려면 먼저 괘신을 구해야 한다.

◐ 괘신(卦身) 구하는 법

⊙ 먼저 세효(世爻)의 음양(陰陽)을 보아야 한다

- 세효(世爻)가 양(陽)이면 자(子)부터 시작하여 십이지지(十二地支)를 시계방향으로 세어 세효가 있는 곳에서 멈추어 글자를 보면, 바로 그 글자가 괘신(卦身)에 해당한다.

- 세효(世爻)가 음(陰)이면 오(午)부터 시작하여 십이지지(十二地支)를 시계방향으로 세는 것이다. 순서와 방법은 위와 같다.

- 구결(口訣)은 양(陽)인 세(世)는 자(子)부터, 음(陰)인 세(世)는 오(午)부터 시작한다. 모두 초효(初爻)부터 숫자를 세효(世爻)까지 센다. 그 지지가 괘신(卦身)이다.

괘신일람표

세효(世爻)	6효	5효	4효	3효	2효	초효
양(陽)	巳	辰	卯	寅	丑	子
음(陰)	亥	戌	酉	申	未	午

괘신(卦身)을 구한 후 괘신이 극하는 효(爻)를 향규(香閨)라고 한다. 규방(閨房)으로 부르기도 한다. 괘신이 생하는 효(爻)를 상장(床帳)이라고 한다. 향규와 상장은 예측할 때 동시에 보지 않고, 오는 사람의 성별에 따라 필요한 것만 구하면 된다.

괘신과 향규 및 상장 열람표

괘신(卦身)	子	亥	寅	卯	巳	午	申	酉	辰戌丑未
향규(香閨)	巳	午	辰戌丑未		申	酉	寅	卯	子 亥
상장(床帳)	寅	卯	巳	午	辰戌丑未		子	亥	申 酉

향규와 상장은 모든 것을 결정하는 주요 판단 근거가 아니며 동시에 육친, 육신, 용신의 생합(生合) 상황을 결합해야만 정확한 판단을 내릴 수 있다. 그렇지 않으면 정확도가 높지 않다.

【예1】 寅月 丙寅日 (旬空：戌亥) 여자가 자신의 불륜이 어떻게 될 것인가애 대해 문의하였다					
水山蹇(水山蹇) → 지산겸(地山謙)					
靑龍		子孫子水	‖		
玄武		父母戌土	✗		子孫亥水
白虎		兄弟申金	‖	世	
騰蛇		兄弟申金	Ⅰ		
勾陳	(妻財卯木)	官鬼午火	‖		
朱雀		父母辰土	‖	應	

이 예는 육효 예측학의 정확성을 검증하기 위해 인터넷을 통해 일본인이 예측한 것이다.

【판단】 관귀(官鬼)를 용신(用神)으로 본다. 용신은 태궁(兌宮)에 있어 이 남자는 말을 잘한다. 성격도 밝고 낙천적이다. 또한 용신이 화(火)에 임하여 사교성이 강하다.

【피드백】 목소리가 좋다. 웃음도 많고 말도 잘한다. 성격도 밝다. 사교성도 좋다.

판단 용신(用神)이 화(火)인데 일월이 생하여 왕상하다. 그래서 성격이 급하고 화를 잘낸다.

피드백 네. 그가 화를 낼 때 무섭다. 마치 타오르는 불과 같다. 저는 그의 이런 성격이 좋다.

판단 용신(用神)이 왕상하면서 구진(勾陳)에 임하니 몸이 건장하다.

피드백 그는 육체노동에 종사했다. 그래서 근육이 발달했다. 한마디 더 하면, 그는 머리카락도 발달했다.

판단 용신(用神)이 화(火)이니 몸은 크지만 머리는 작다.

피드백 그와 안 지 10년이나 되었다. 비만은 아니지만 몸집이 매우 크고 머리가 작다.

판단 용신(用神)이 오화(午火)이니 얼굴은 원형이다.

피드백 네. 얼굴이 둥글다.

판단 상장(床帳) 자수(子水)는 일월의 도움을 얻지 못하고 술토(戌土)에 극제(克制)되어 휴수(休囚)하다. 부모(父母) 술토(戌土)가 공망(空亡)이다. 그래서 그는 아직 결혼을 못했다. 하지만 부모 술토(戌土)가 공망이면서 현무(玄武)가 임했다. 관귀(官鬼) 아래 처재(妻財)가 복장(伏藏)됨은 그와 동거하는 여자가 있음을 의미한다.

피드백 맞다. 그와 동거하는 여자가 있다. 한 명이 아닌 것 같다. 그는 도화운이 트인 것 같다. 그는 여자 인연이 많다. 나는 그에게 푹 빠졌다.

판단 세효(世爻)에 역마(驛馬)가 임했다. 본인은 활발하여 한 곳에서 장기간 머무르는 일이 드물다.

피드백 완전 정확하다.

판단 부모(父母) 술토(戌土)가 공(空)이 공(空)으로 화되어 세효(世爻)를 생한다. 세효는 일월에 충파(沖破)되었다. 파(破)는 동정을 잃다는 의미이고, 부모는 결혼증서를 의미한다. 공(空)이 공(空)으로 화함은 이혼을 의미한다. 그래서 당신은 여러 번 남자와 관계를 맺었고, 이혼한 적이 있다.

피드백 내가 이혼한 게 한 번이 아니다.

【예2】 寅月 丙寅日 (旬空:戌亥)					
남자가 자신이 좋아하는 여자에 대해 문의하였다					
택뢰수(澤雷隨) → 천수송(天水訟)					
靑龍		妻財未土	⚊⚋	應	妻財戌土
玄武		官鬼酉金	❙		
白虎	(子孫午火)	父母亥水	❙		
螣蛇		妻財辰土	❚	世	
勾陳		兄弟寅木	⚊⚋		妻財辰土
朱雀		父母子水	⚊⚋		兄弟寅木

이 예는 육효 예측학의 정확성을 검증하기 위해 인터넷을 통해 일본인이 예측한 것이다.

【판단】 처재(妻財)가 용신(用神)이다. 용신이 진궁(震宮)에 있다. 그래서 그녀는 성격이 좀 급하지만 용신이 토(土)여서 경박한 사람은 아니다.

【피드백】 그녀는 비교적 제멋대로여서 일하는 것이 온당치 못하다. 외동자식이라서 그런지 몰라도 마음씨는 매우 좋다.

판단 용신(用神)이 6효에 있다. 토(土)에 청룡(靑龍)을 더하면 토(土)는 피부가 된다. 청룡은 미모를 의미한다. 그래서 피부가 좋고 매우 예쁘다. 원신(元神)은 화(火)이니 눈을 의미한다. 괘에 없고 암장되어 눈언저리가 들어갔다.
피드백 그녀는 눈언저리가 깊다. 눈이 크고 매우 예쁘게 생겼다.

판단 2효 형제(兄弟) 인목(寅木)은 기신(忌神)이다. 구진(勾陳)에 임하면서 용신(用神)을 극한다. 2효는 다리 혹은 복부를 의미한다. 구진은 부풀어오름을 의미한다.

피드백 그녀는 뱃살을 매우 신경 쓴다. 좀 군더더기가 있다고 느끼지만, 다리는 오히려 뚱뚱하지 않다.

판단 용신(用神)이 6효에 있으며 또 응효(應爻)에 임했다. 6효는 변두리, 국외를 나타낸다. 응효(應爻)는 또 타향을 의미한다. 그래서 그녀는 현지인이 아니고 외지인이다.
피드백 그녀는 외국인이다.

판단 택뢰수(澤雷隨)는 부화(附和)이니 따른다는 의미이다. 그래서 본인은 그녀의 첫 번째 남자친구가 아니라는 뜻이다.
피드백 필자가 물었더니 그녀는 묻지 말라고 했다. 들리는 말에 의하면 그녀는 이미 처녀가 아니라고 한다.

판단 세효(世爻)에 역마(驛馬)가 임하여 본인은 활발하고 활동적이다.
피드백 활발한지 아닌지 저도 확신할 수 없지만 조급하고 무모하게 일을 하는 경우가 많다.

판단 세효(世爻)에 등사(螣蛇)가 임하여 고독을 의미한다. 상장 자수(子水)가 휴수(休囚)하여 당신 본인은 아직 독신이고 상대방과 동거하지 않았다.
피드백 나는 매우 고독한 사람이다. 혈액형은 A형이고 독신이다. 결혼한 적이 없고 그녀와 잠자리를 가진 적도 없다.

판단 천수송(天水訟)은 유혼괘(遊魂卦)로 헤어짐을 의미한다. 용신(用神)이 일월에 극상을 당하고 동(動)하여 공망(空亡)으로 화하였다. 두 사람은 불화가 있을 것이고 이별을 하게 된다.
피드백 우리는 약간의 모순이 있다. 그녀는 나보다 20세나 어리다. 나는 그녀와 싸우지 않으려고 노력한다.

【예3】 壬午年 丑月 己卯日 (旬空:申酉) 여자가 어떤 남자와 발전이 어떻게 될지 문의하였다						
뇌택귀매(雷澤歸妹) → 수화기제(水火旣濟)						
勾陳		父母戌土	‖	應		
朱雀		兄弟申金	✗		父母戌土	
靑龍	(子孫亥水)	官鬼午火	✗		兄弟申金	
玄武		父母丑土	✗	世	子孫亥水	
白虎		妻財卯木	✗		父母丑土	
螣蛇		官鬼巳火	┃			

《판단》 관귀(官鬼)를 용신(用神)으로 본다. 관귀 오화(午火)는 일의 생을 얻어 왕상(旺相)하다. 용신이 세효(世爻)를 생하니 이 남자는 자기한테 잘해준다. 향규(香閨)는 묘목(卯木)이고 일진(日辰)에 임하였다. 현재를 의미한다. 또 세효에 현무(玄武)가 임하고 3효에 있는데 관귀의 생을 받는다. 3효는 침대, 현무는 애매이다. 그래서 두 사람은 이미 육체적인 관계를 가졌고, 지금은 바로 헤어지기 어려운 시기이다.

관귀(官鬼) 오화(午火)는 동(動)하여 신금(申金) 공망(空亡)으로 화하였다. 즉, 형제(兄弟)로 화출(化出)하였다. 이 남자는 앞으로 다른 여자를 좋아하여 자신을 떠날 것이다. 이 일은 2년 후 갑신년(甲申年)이 될 것이다.

《피드백》 역시 이 여자는 인월(寅月)에 한 남자를 알게 되었고 곧 동거하여 매일 같이 붙어다녔다. 그러나 갑신(甲申)년이 되자 남자는 다른 여자를 좋아하게 되어 헤어졌다.

【예4】 子月 甲寅日 (旬空：子丑) 남자가 처가 집을 떠났는데 어떻게 되겠는지 문의하였다					
풍화가인(風火家人) ➡ 풍산점(風山漸)					
玄武		兄弟卯木	|		
白虎		子孫巳火	|	應	
螣蛇		妻財未土	||		
勾陳	(官鬼酉金)	父母亥水	|		
朱雀		妻財丑土	||	世	
靑龍		兄弟卯木	✗		妻財辰土

《판단》 처재(妻財)를 용신(用神)으로 본다. 괘에 처재가 양현(兩現)하여 세효(世爻) 축토(丑土)를 용신으로 한다. 용신이 지세(持世)하고 2효에 있다. 2효는 집이니 본래 아내가 옆에 있고 집에 있다는 정보이다. 하지만 공망(空亡)에 임했으니 가출했다는 것을 나타낸다.

상장(床帳)인 유금(酉金)이 휴수(休囚)하고 괘에 없어 이미 아내와 별거했다는 의미 이다. 초효(初爻) 형제(兄弟)가 동(動)하여 처재(妻財)로 화하였다. 이는 다른 사람과 같이 지내는 한 여자를 갖는 것이다. 이 조합은 아내가 바람을 피운다는 것을 나타낸 다. 용신(用神)이 휴수(休囚)하고 일에 극을 당한다. 동효(動爻)가 와서 극을 하니 이 혼은 의심의 여지가 없다.

《피드백》 역시 아내가 바람을 피우다 들켜서 그는 아내를 때렸다. 그래서 아내가 집을 나갔다. 후에 그와 이혼했다.

【예5】 壬午年 戌月 己卯日 (旬空:申酉)				
남자가 1999년(己卯)에 어떤 일이 발생했는지 문의하였다				
곤위지(坤爲地) ➡ 수산건(水山蹇)				
勾陳		子孫酉金	∥	世	
朱雀		妻財亥水	⤬		兄弟戌土
靑龍		兄弟丑土	∥		
玄武		官鬼卯木	⤬	應	子孫申金
白虎		父母巳火	∥		
螣蛇		兄弟未土	∥		

|판단| 특정한 용신이 없으면 괘의 변화와 유년 지지의 작용이 어떻게 되는가를 보고 판단해야 한다. 1999년(己卯) 태세(太歲)는 3효에 있고 현무(玄武)가 임하고 발동(發動)하였다. 세효(世爻)는 공망(空亡)으로 암동(暗動)하여 처재(妻財)를 생한다. 하지만 공(空)이 되면 생할 수 없다. 이 해에 태세(太歲)가 충실(沖實)하니 바로 처재를 생한다. 동시에 처재 해수(亥水)가 회두극(回頭克)으로 화하지만 태세(太歲)가 변효(變爻)를 합주(合住)하니 더 이상 극을 받지 않는다.

3효는 침대, 현무(玄武)는 애매·색정, 처재(妻財)는 여자이다. 또 묘목(卯木)은 상장(床帳)이다. 그래서 그가 이번 해에 한 여자와 동거했다고 판단했다. 하지만 처재(妻財) 해수(亥水)는 월이 극하고 일이 생하지 않으며 회두극(回頭克)으로 화한다. 그리고 육충괘(六沖卦)이니 오래 가지 못한다.

|피드백| 결국 그는 올해 결혼하고 또 이혼했다.

04절
도화(桃花)와 역마(驛馬)

1 도화(桃花)

도화는 남녀의 사랑에 대한 태도와 관계에 대한 생각을 판단하는 데 자주 사용된다. 이성 관계가 많은 기간을 도화운이라고 한다. 육효 예측학은 도화를 남녀의 사랑혹은 인연을 판단하는 기준의 하나로 사용하는 데 매우 응험하다.

> **도화의 정보 추출은 일월(日月)로부터 입수(入手)한다**

◉ 도화(桃花)의 구결(口訣)은 아래와 같다

申子辰신자진의　桃花도화는　酉유에 있고,

寅午戌인오술의　桃花도화는　卯묘에 있고,

巳酉丑사유축의　桃花도화는　午오에 있고,

亥卯未해묘미의　桃花도화는　子자에 있다.

즉, 만약에 신월(申月)·자월(子月)·진월(辰月), 혹은 신일(申日)·자일(子日)·진일(辰日)에 예측할 때 괘(卦)에 유금(酉金) 출현하면 유금(酉金)이 바로 도화(桃花)이다. 나머지도 이처럼 보면 된다.

도화일람표

월일	子	丑	寅	卯	辰	巳	午	未	申	酉	戌	亥
도화	酉	午	卯	子	酉	午	卯	子	酉	午	卯	子

도화는 남녀 관계의 정황을 판단하는 데 사용한다. 모두 나쁜 정보만 있는 것은 아니다. 도화는 풍류, 호색, 지나친 음란, 섹시, 예쁨, 아름다움 등의 의미가 있다.

2 역마(驛馬)

역마는 고대의 교통제도에서 변천해 온 것이다. 고대에는 먼 곳을 갈 때 말〔馬〕을 많이 사용했다. 말〔馬〕은 고대인들이 편지와 소식을 전달하는 데 사용한 주요 도구였다. 고대에서는 길이 나쁘고 거리가 멀기 때문에 길을 가다 쉬면서 말을 갈아타야 했는데, 이곳을 역참(驛站)이라고 한다. 그런데 현재에 이르러 역참을 대신하여 역마를 전문적으로 사용한다.

고대인들은 역마를 육효 예측에 도입하였다.
⊙ **역마**는 먼 곳, 뛰어다님, 중도(中途), 교통수단, 장사, 외출, 떠남, 분리, 빠른 이동 등을 나타낸다.

역마(驛馬)와 도화(桃花)는 동일하게 월건(月建)과 일진(日辰)에서 찾는다

申子辰신자진의　驛馬역마는　寅午戌인오술,

寅午戌인오술의　驛馬역마는　申子辰신자진,

亥卯未해묘미의　驛馬역마는　巳酉丑사유축,

巳酉丑사유축의　驛馬역마는　亥卯未해묘미.

역마일람표

월일	寅 午 戌	巳 酉 丑	亥 卯 未	申 子 辰
역마	申 子 辰	亥 卯 未	巳 酉 丑	寅 午 戌

【예1】 寅月 丙寅日 (旬空:戌亥)				
남자가 여자친구에 대해 문의하였다				
지화명이(地火明夷) → 택천쾌(澤天夬)				
靑龍		父母酉金	‖	
玄武		兄弟亥水	⚊⚊	父母酉金
白虎		官鬼丑土	⚊⚊	世 兄弟亥水
螣蛇	(妻財午火)	兄弟亥水	│	
勾陳		官鬼丑土	⚊⚊	子孫寅木
朱雀		子孫卯木	│	應

이 예는 육효 예측학의 정확성을 검증하기 위해 인터넷을 통해 일본인이 예측한 것이다.

【판단】 처재(妻財)를 용신(用神)으로 본다. 처재 오화(午火)는 괘에 없고 3효 형제(兄弟) 해수(亥水) 아래 복장(伏藏)되었다. 용신은 감궁(坎宮)에 있어 그녀는 매우 총명하다.

《피드백》 네, 그녀는 머리가 좋다.

판단 용신(用神)이 화(火)에 임하여 그녀는 비교적 활발한 사람이다.

피드백 네, 아주 활발하고 활력이 넘친다. 사람들과 사귀는 것을 좋아하고, 항상 싱글벙글 웃는다. 사람들이 좋아하는 타입이다.

판단 용신(用神)이 등사(螣蛇)에 임하여 예술적인 기질이 있다.

피드백 그녀는 노래를 잘해서 예전에 노래로 돈을 벌었다.

판단 응효(應爻)는 원신(元神)이고 도화(桃花)가 임하여서 그녀는 매우 아름답고 섹시하다.

피드백 그렇다. 그녀 스스로 자신의 예쁜 얼굴을 자랑하고 다닌다.

판단 2개의 관귀(官鬼)가 발동(發動)하고 세효(世爻)에 백호(白虎)가 임하여 일월에 극을 당하고 있다. 구측인은 큰 상처를 입은 적이 있다.

피드백 맞다. 고등학교 때 큰 사고가 나서 신문에까지 다 실렸었다. 아직도 얼굴에 흉터가 남아 있다.

판단 2개의 관귀(官鬼)가 발동(發動)하여 용신(用神)을 에워싸고 있다. 그래서 그녀는 두 번의 결혼을 거쳐야 한다. 응(應)에 자손(子孫)이 임했으므로 그녀는 자신의 아이가 있다.

피드백 네. 그녀는 이미 한 번 이혼했다. 자신의 아이가 있다. 괘를 구할 때 그녀를 계속 생각했다. 정보가 정확하지 않을까 봐 두려웠다. 당신의 판단은 모두 정확하다. 육효 예측은 정말 응험하다.

【예2】 寅月 壬申日 (旬空:戌亥)					
여자가 자신이 좋아하는 남자에 대해 문의하였다					
화풍정(火風鼎) → 뇌화풍(雷火豊)					
白虎		兄弟巳火	✗		子孫戌土
螣蛇		子孫未土	‖	應	
勾陳		妻財酉金	▎		
朱雀		妻財酉金	▎		
靑龍		官鬼亥水	✗	世	子孫丑土
玄武	(父母卯木)	子孫丑土	✗		父母卯木

이 예는 육효 예측학의 정확성을 검증하기 위해 인터넷을 통해 일본인이 예측한 것이다.

《판단》 Judgement 관귀(官鬼)가 지세(持世)하여 자신의 마음속에 상대방은 매우 중요한 위치를 차지하고 있다.

《피드백》 Feedback 그렇다. 나는 상대방을 좋아한다.

판단 괘는 이궁(離宮)에 있다. 상대방은 매우 활발한 사람이다.

피드백 네. 친구가 많고 말을 잘한다.

판단 용신(用神)은 수(水)이고 청룡(靑龍)이 임하여 미남이다.

피드백 맞다, 미남이다.

판단 처재(妻財) 유금(酉金)이 양현(兩現)하고 도화가 임하면서 관귀(官鬼)를 생한다. 그래서 여자들에게 인기가 많다. 하지만 관귀 해수(亥水)가 공망(空亡)이라 생을 받지 못한다. 여자의 유혹을 거의 받지 않는다.

피드백 맞다. 여자들에게 인기가 많다. 하지만 그는 평범한 여자들을 무시한다.

판단 용신(用神)이 공망(空亡)이고 회두극(回頭克)으로 화한다. 그와 인연을 맺기 어려울까 봐 두려워한다.

피드백 나도 그와 성사되지 못할까 봐 걱정이다.

【예3】 寅月 丙寅日 (旬空:戌亥)				
남자가 사모하는 여자에 대해 문의하였다				
수산건(水山蹇) ➡ 수화기제(水火旣濟)				
靑龍		子孫子水	‖	
玄武		父母戌土	❙	
白虎		兄弟申金	‖	世
螣蛇		兄弟申金	❙	
勾陳	(妻財卯木)	官鬼午火	‖	
朱雀		父母辰土	✗	應	妻財卯木

이 예는 육효 예측학의 정확성을 검증하기 위해 인터넷을 통해 일본인이 예측한 것이다.

《판단》 처재(妻財)를 용신(用神)으로 본다. 처재 묘목(卯木)은 괘에 없고 2효의 관귀(官鬼) 오화(午火) 아래 복장(伏藏)되었다. 세효(世爻)가 역마(驛馬)를 만났다. 하지만 역마가 월파(月破)되어 본인은 때로는 움직이기 좋아하고 때로는 움직이기 싫어한다.

《피드백》 네. 저는 감정 기복이 심한 편이다. 감정이 고조될 때는 매우 활발하지만 가라앉을 때는 움직이기를 싫어한다.

판단 용신(用神)이 도화(桃花)에 임했다. 사모하는 여자는 매우 예쁘다.

피드백 아주 예쁘고 매우 귀엽게 생겼다.

판단 용신(用神)이 태궁(兌宮)에 있다. 늘 싱글벙글하다.

피드백 그녀는 털털하다.

판단 용신(用神)이 목(木)으로 왕상(旺相)하다. 몸매가 날씬하고 키가 크다.

피드백 칼로 자른 듯한 날씬한 몸매였다.

판단 용신(用神)이 관귀(官鬼) 오화(午火) 아래 복장(伏藏)되었다. 그녀는 이미 다른 사람이 있다.

피드백 네, 남자친구가 생겼다. 저는 짝사랑이다.

【예4】 午月 乙卯日 (旬空：子丑) 여자가 어느 남자와의 인연이 어떤지 문의하였다					
수풍정(水風井) ➡ 풍수환(風水渙)					
玄武		父母子水	✗		兄弟卯木
白虎		妻財戌土	∣	世	
螣蛇	(子孫午火)	官鬼申金	∥		
勾陳		官鬼酉金	✗		子孫午水
朱雀	(兄弟寅木)	父母亥水	∣	應	
靑龍		妻財丑土	∥		

《판단》 관귀(官鬼)를 용신(用神)으로 본다. 괘에 관귀가 양현(兩現)하여 발동(發動)

의 효(爻)인 관귀 유금(酉金)을 용신으로 한다. 용신은 월이 극하고 회두극(回頭克)으로 화하고 일이 충(沖)을 한다. 이 남자와의 인연이 깊지 않다. 부모(父母) 자수(子水)가 공망(空亡)이면서 현무(玄武)가 임했다. 그래서 이 남자와 이미 동거하며 육체적 관계를 맺었다는 뜻이다.

세효(世爻)가 용신(用神)을 생하여 자신은 상대방을 좋아한다. 하지만 용신이 월과 변효(變爻)에 2번 목욕(沐浴)을 만났다. 그래서 이 남자는 바람둥이기 때문에 자기와 함께 지낼 수 없다는 것을 나타낸다. 자수(子水)는 도화(桃花)로 월에 충파(沖破)되었다. 그래서 이 남자가 다른 여자를 사랑하는 관계로 그는 그녀와 동거를 끊었다.

 [피드백] 역시 이 남자와 2년 동안 동거했다. 이 남자는 그보다 몇 살 많은 여자를 좋아하였다. 그녀에게 헤어지자고 말했다. 그래서 예측하러 왔다.

【예5】 甲申年 午月 壬戌日 (旬空:子丑)					
남자가 운기를 문의하였다					
뇌택귀매(雷澤歸妹)　→　곤위지(坤爲地)					
白虎		父母戌土	‖	應	
螣蛇		兄弟申金	‖		
勾陳	(子孫亥水)	官鬼午火	✗		父母丑土
朱雀		父母丑土	‖	世	
靑龍		妻財卯木	✗		官鬼巳火
玄武		官鬼巳火	✗		父母未土

●특정한 용신이 없으면 괘의 변화를 보고 판단한다.

〔판단〕 처재(妻財) 묘목(卯木)이 발동(發動)하여 응효(應爻)를 합하였다. 처재는 자금(資金)을 의미하는데 응(應)과 합(合)한 것은 돈을 다른 곳에 놓는다는 의미이다. 그래서 그가 투자하려 한다고 판단하였다. 재(財)는 일과 합(合)을 하니 동업해서 돈을 번다는 의미이다. 세효(世爻)가 공망(空亡)이라 자기는 조금 걱정이 된다.

1995년 을해(乙亥)년에 재(財)는 장생(長生)을 얻었다. 재물운이 시작될 무렵이다. 재(財)가 관(官)을 생하고 관(官)이 세효(世爻)를 생하니 장사는 주로 관료에 의존하여 발전한다. 재(財)는 일에 합주(合住)되었다.

2000년 경진(庚辰)년은 합신(合神)을 충개(沖開)하니 이 해에 재물운이 매우 좋았다.

처재(妻財) 묘목(卯木)은 도화(桃花)에 청룡(靑龍)이 임하면서 세효(世爻)를 극한다. 청룡은 미모를 의미한다. 처재는 여자이니 매우 예쁘게 생긴 여자가 당신을 쫓아다닌다. 합(合)이 충(沖)을 만나야 하는데 마침 경진(庚辰)년이 출현한 것이다. 재(財)는 일(日)에 있는 부모(父母)를 합하니 이 여자는 결혼했다.

〔피드백〕 역시 판단이 옳았다.

【예6】申月 癸酉日 (旬空：戌亥) 남자가 아내와 갈등이 생겼는데 이혼 여부를 문의하였다					
화풍정(火風鼎)					
白虎		兄弟巳火	|		
螣蛇		子孫未土	||	應	
勾陳		官鬼酉金	|		
朱雀		官鬼酉金	|		
靑龍		官鬼亥水	|	世	
玄武	(父母卯木)	子孫丑土	||		

【판단】 처재(妻財)를 용신(用神)으로 본다. 괘에 처재 유금(酉金)이 양현(兩現)하고 처재는 일월의 도움을 얻어 지나치게 왕하다. 즉, 사물이 극에 달하면 반드시 반대로 변한다. 아내는 비교적 연약하고 주견(主見)이 없다는 것을 의미한다. 응(應)은 여자의 집으로 세효(世爻)를 극한다. 그녀의 가족은 그를 좋게 대하지 않는다.

세효(世爻) 해수(亥水)는 2효에서 역마(驛馬)와 공망(空亡)에 임했다. 2효는 집이고 공망은 집에 있지 않고 집을 나감을 의미한다. 역마도 떠남을 의미한다. 해월(亥月)은 출공(出空)이 되니 자신은 집을 떠나 아내와 별거한다. 용신(用神)이 비록 너무 왕(旺)하여 좋지 않지만 원신(元神)이 휴수(休囚)하다. 그래서 부부간의 불화가 일시적인 것이라 부부는 이혼하지 않는다.

【피드백】 해월(亥月)에 이혼하고 축월(丑月)에 재결합하였다. 과왕(過旺)하지만 입묘(入墓)되어 길(吉)하게 전환됨이 응(應)한 것이다.

【예7】 未月 庚子日 (旬空：辰巳)				
남자가 아내와의 인연에 대해 문의하였다				
산뢰이(山雷頤) → 풍뢰익(風雷益)				
螣蛇		兄弟寅木	|	
勾陳	(子孫巳火)	父母子水	✗		子孫巳火
朱雀		妻財戌土	||	世	
靑龍	(官鬼酉金)	妻財辰土	||		
玄武		兄弟寅木	||		
白虎		父母子水	|	應	

【판단】 처재(妻財)를 용신(用神)으로 본다. 괘에 처재가 양현(兩現)하여 공망(空亡)의 효(爻) 처재 진토(辰土)를 용신으로 본다. 용신은 3효에서 공망에 임했다. 3효는 침대이고 공망은 없음을 의미하니 이미 아내와 별거했다. 용신 아래에 있는 관귀(官鬼) 유금(酉金)과 합을 한다. 유금(酉金)은 도화이니 아내가 바람이 나서 다른 남자를 좋아했다.

부모(父母) 자수(子水)가 도화(桃花)에 임하여 원신(元神)을 극한다. 원신은 괘에 없다. 그래서 부부의 감정은 오래가지 못하고 반드시 이혼한다. 자수(子水)는 도화이니 외도로 인하여 이혼한다. 유혼괘(遊魂卦)라 헤어지는 상(象)이다.

【피드백】 역시 아내가 다른 남자를 좋아했기 때문에 이혼했다.

05절
인연(姻緣)의 방위(方位)

인연(姻緣)의 방위 예측은 주로 용신(用神)의 지지, 용신(用神)의 변효, 용신(用神)의 합처(合處), 그리고 용신(用神)이 있는 괘궁(卦宮)으로 판단한다.

子자 – 북쪽	丑축·寅인 – 동북	卯묘 – 동쪽	辰진·巳사 – 동남
午오 – 남쪽	未미·申신 – 서남	酉유 – 서쪽	戌술·亥해 – 서북

팔괘(八卦)로 판단하면 다음과 같다.

乾건 – 서북	兌태 – 서쪽	離이 – 남쪽	震진 – 동쪽
巽손 – 동남	坎감 – 북쪽	艮간 – 동북	坤곤 – 서남

【예1】 卯月 壬子日 (旬空 : 寅卯)					
남자가 혼외정을 문의하였다					
풍택중부(風澤中孚) → 수택절(水澤節)					
白虎		官鬼卯木	✗		妻財子水
螣蛇	(妻財子水)	父母巳火	｜		
勾陳		兄弟未土	‖	世	
朱雀	(子孫申金)	兄弟丑土	‖		
靑龍		官鬼卯木	｜		
玄武		父母巳火	｜	應	

《판단》 처재(妻財)를 용신(用神)으로 본다. 용신 처재 자수(子水)는 부모(父母) 사화(巳火) 아래 복장(伏藏)되었다. 복장은 충출(沖出)하면 응(應)한 것이다. 오월(午月)이면 출현한다.

6효의 관귀(官鬼) 묘목(卯木)은 공망(空亡)이다. 동(動)하여 처재(妻財) 자수(子水)로 화한다. 6효는 퇴직의 효위이고 관귀는 남자이다. 화출(化出)은 출현(出現)이다. 관귀가 6효에서 공망이니 남편과 이혼함을 표시한다.

주괘(主卦)는 유혼괘(遊魂卦)이니 외지인(外地人)을 의미한다. 용신(用神)은 자수(子水)이니 북쪽 사람이다.

《피드백》 역시 오월(午月)에 북쪽의 여자를 알게 되었는데 그녀는 이혼한 사람이다.

【예2】 酉月 戊子日 (旬空:午未) 여자가 딸의 혼인을 문의하였다					
뇌지예(雷地豫) ➜ 뇌화풍(雷火豊)					
朱雀		妻財戌土	‖		
靑龍		官鬼申金	‖		
玄武		子孫午火	ǀ	應	
白虎		兄弟卯木	Ⅺ		父母亥水
螣蛇		子孫巳火	‖		
勾陳	(父母子水)	妻財未土	Ⅺ	世	兄弟卯木

〔판단〕 관귀(官鬼)를 용신(用神)으로 본다. 관귀 신금(申金)에 청룡(靑龍)이 임하며 5효에서 월의 도움을 얻어 왕상(旺相)하다. 관(官)이 금(金)인데 월에 임하여 군인이다. 5효는 관의 자리인데 청룡이 임한 것도 벼슬을 의미한다. 그래서 그녀의 딸이 군관 장교를 찾았다고 단정했다. 용신에 신금(申金)이 임하여 서남(西南)쪽에 해당한다. 남자 측은 서남쪽 사람이다.

세효(世爻)가 공망(空亡)이고 동하여 회두극(回頭克)으로 화하니 용신(用神)을 생하지 않는다. 세효는 괘를 묻는 사람을 의미한다. 자신은 이 혼인에 대해 동의하지 않는다. 자손(子孫) 오화(午火)는 응효(應爻)에 임하며 암동(暗動)하였다. 응(應)은 타향이고 자손은 딸을 의미한다. 딸은 이 남자를 따라 외지로 멀리 타향으로 가려 한다. 세효와 자손이 합을 하여 딸을 보내고 싶지 않은 생각이다.

〔피드백〕 역시 딸의 남자친구는 사관학교 학생이다. 남서쪽 사천 출신이라 졸업 후 그녀의 딸을 고향으로 데려가려 하기 때문에 그녀는 동의하지 않았다.

【예3】 戌月 乙亥日 (旬空 : 申酉)					
남자가 어느 여자와의 발전이 어떤지 문의하였다					
천산둔(天山遯) ➡ 천수송(天水訟)					
玄武		父母戌土	❙		
白虎		兄弟申金	❙	應	
螣蛇		官鬼午火	❙		
勾陳		兄弟申金	⊘		官鬼午火
朱雀	(妻財寅木)	官鬼午火	⊗	世	父母辰土
靑龍	(子孫子水)	父母辰土	❙❙		

《판단》 처재(妻財)를 용신(用神)으로 본다. 처재 인목(寅木)은 괘에 없고 또 유혼(遊魂)으로 화하여 이 여자는 먼 곳에 산다. 인목(寅木)은 동북이고 간궁(艮宮) 아래 복장(伏藏)하는 것도 동북을 의미한다. 그래서 이 여자는 동북 방향의 사람이다.

용신(用神)과 일이 서로 합(合)하니 이 여자는 사귀는 사람이 매우 많다. 괘에 관귀(官鬼)가 양현(兩現)하고 3효도 또 동(動)하여 관귀로 화한다. 형제(兄弟)가 양현(兩現)하고 3효의 형제 신금(申金)은 용신을 충극한다. 형제와 관귀는 모두 남자를 의미한다. 3효는 침대를 의미하는데 충극(沖克)은 강박을 의미한다. 그래서 이 여자는 여러 명의 남자와 관계를 맺었다. 처음에는 강간을 당했다.

처재(妻財) 인목(寅木)은 일의 생을 얻어 왕상(旺相)하여 키가 크다. 주작(朱雀)이 임하여 항상 웃고 다닌다. 또 남과 입씨름하기를 좋아한다. 부모(父母) 진토(辰土)가 월파(月破)를 당하고 관귀(官鬼)가 휴수(休囚)하니 아직 결혼하지 못함을 뜻한다.

용신(用神)이 세효(世爻) 아래 복장(伏藏)되어 당신 본인도 이 여자와 관계가 있다.

하지만 2개 동효(動爻)는 용신의 사절(死絶)의 지지이니 오래 가지 못한다.

《피드백》 역시 정확했다.
Feedback

【예4】 壬午年 亥月 己丑日 (旬空:午未)				
남자가 아내의 가출 결과를 문의하였다				
뇌지예(雷地豫) ➡ 화수미제(火水未濟)				
勾陳		妻財戌土	X		子孫巳火
朱雀		官鬼申金	‖	
靑龍		子孫午火	‖	應
玄武		兄弟卯木	‖	
白虎		子孫巳火	X		妻財戌土
騰蛇	(父母子水)	妻財未土	‖	世

《판단》 처재(妻財)를 용신(用神)으로 본다. 괘에 처재가 양현(兩現)하여 발동(發動)의 효인 처재 술토(戌土)를 용신으로 본다. 세효(世爻) 미토(未土)가 공망(空亡)이고 등사(騰蛇)에 임하였다. 공망은 불안을 의미, 등사도 불안을 의미한다. 아내의 가출 때문에 안절부절하지 못한다.

사화(巳火)는 월파(月破)가 되고 처재(妻財)로 화한다. 신사(辛巳)년은 실파(實破)하면서 화했다. 두 사람은 신사(辛巳)년에 같이 결합한 것이다. 용신(用神)이 동(動)하여 역마(驛馬)로 화하였다. 아내는 돌아다니는 것을 좋아한다. 사화(巳火)로 화출되었다. 사화(巳火)는 동남(東南)이니 아내는 동남 방향에 도착한 것이다. 용신은 동하면서 3효 형제(兄弟) 묘목(卯木)과 서로 합(合)한다. 형제는 쟁탈자를 의미한다. 3효는 침대,

현무(玄武)가 임하여 애매를 의미한다. 아내는 다른 남자와 함께 살고 있다.

사화(巳火)는 원신(元神)으로 세효(世爻) 원신과 같다. 원래는 두 사람은 똑같은 생각하고 한마음을 뜻하는데 월파(月破)되어 두 사람의 생각이 일치할 수 없어 의견이 갈라짐을 나타낸다. 세응효(世應爻) 공망(空亡)은 오래 가지 못한다.

《피드백》 역시 동남쪽의 한 지하실에서 아내를 찾아냈다. 한 남자와 함께 살고 있었다. 아무리 해도 돌아오지 않으려 한다. 후에 이혼했다.

【예5】 戊月 壬戌日 (旬空 : 子丑)					
남자가 애인과의 발전을 문의하였다					
풍산점(風山漸) → 풍수환(風水渙)					
白虎		官鬼卯木	❙	應	
螣蛇	(妻財子水)	父母巳火	❙		
勾陳		兄弟未土	❙❙		
朱雀		子孫申金	⚊╱	世	父母午火
靑龍		父母午火	⚋╱		兄弟辰土
玄武		兄弟辰土	❙❙		

《판단》 처재(妻財)를 용신(用神)으로 본다. 처재 자수(子水)는 괘에 없고 5효 사화(巳火) 아래 복장(伏藏)되었다. 일월이 극하고 또 공망(空亡)을 만나니 오래 못간다. 세효(世爻)가 동(動)하여 처재를 생하니 자신은 상대방을 매우 좋아한다. 하지만 세효는 동(動)하여 회두극(回頭克)으로 화한다. 2효는 또 동(動)하면서 처재를 극한다. 자신도 저항이 심하여 순조롭게 교제를 못한다.

용신(用神)이 자수(子水)이니 북방(北方)에 대응된다. 북방의 사람이다.

《피드백》 역시 북방쪽 사람이다.

【예6】亥月 辛丑日 (旬空：辰巳) 남자가 어느 여자와 애인이 될 수 있는지 문의하였다						
천지비(天地否) ➡ 천수송(天水訟)						
螣蛇		父母戌土	|		應	
勾陳		兄弟申金	|			子孫巳火
朱雀		官鬼午火	|			
靑龍		妻財卯木	||		世	
玄武		官鬼巳火	✗			父母辰土
白虎	(子孫子水)	父母未土	||			

《판단》 처재(妻財)를 용신(用神)으로 본다. 처재가 지세(持世)하고 또 육합괘(六合卦)이니 이 여인은 진작부터 알고 지냈다. 용신이 묘목(卯木)에 청룡(靑龍)이 임하고 월의 생을 얻는다. 그래서 몸매가 날씬하며 예쁘다.

사화(巳火)가 독발(獨發)하였다. 독발은 어떤 정보를 나타낸다. 사화(巳火)는 동남이니 여자는 동남 방향의 사람이다. 육합괘(六合卦)는 원래 상대 부부와 화목한다. 하지만 2효 관귀(官鬼) 사화(巳火)가 독발하여 공(空)에서 공(空)으로 화하였다. 2효는 집을 의미하고 관귀는 남편을 의미한다. 결국 부부 사이에 불화가 생겼다. 사화(巳火) 발동(發動)은 사월(巳月)에 이 일이 발생한다.

관귀(官鬼)는 공망(空亡)에 월파(月破)를 당하고, 현무(玄武)가 임하여 공망인 부모(父母)로 화출하였다. 이는 곧 남편의 외도로 인하여 일어나는 일이 된다. 유혼(遊魂)으로 화하니 나중에 이혼하게 된다. 세효(世爻)는 3효에 있고 청룡(靑龍)이 임하여 용신(用神)을 차고 있다. 3효는 침대이고 청룡은 색(色)이니 두 사람은 인연이 있음을 표시한다. 하지만 유혼(遊魂)으로 화하니 오래 가지 못한다.

《피드백》 역시 동남쪽 사람이다. 그의 대학동창이다. 상대 부부는 사월(巳月)에 불화했다. 후에 그는 이 여자와 하룻밤만 사귀었을 뿐 발전해 나가지 못했다.

【예7】 未月 壬午日 (旬空：申酉) 남자가 여자친구와 결혼할 수 있는지 문의하였다				
택천쾌(澤天夬) ➡ 수화기제(水火旣濟)				
白虎		兄弟未土	‖	
螣蛇		子孫酉金	l	世
勾陳		妻財亥水	⟋	子孫申金
朱雀		兄弟辰土	l	
靑龍	(父母巳火)	官鬼寅木	⟋	應 兄弟丑土
玄武		妻財子水	l	

《판단》 처재(妻財)를 용신(用神)으로 본다. 괘에 처재가 양현(兩現)하니 발동(發動)의 효인 처재 해수(亥水)를 용신으로 본다. 해수(亥水)는 서북쪽을 대표한다. 그래서 여자친구는 서북쪽 사람이다.

용신(用神)은 비록 동(動)하여 회두생(回頭生)을 받고 있지만 일월의 도움이 없고 월이 극한다. 월은 상대방 부모를 의미하니 상대방 부모가 동의하지 않는다. 응효(應爻)의 관귀(官鬼) 인목(寅木)이 발동(發動)하여 용신을 합한다. 관귀는 남자이고 응(應)은 타인이니 이것 역시 상대방 가정을 의미한다. 상대편 부모가 다른 남자를 그녀에게 소개해 주었다. 두 사람의 혼인은 성사되지 않는다.

피드백 역시 상대방의 부모는 반대했다. 왜냐하면 두 사람은 같은 곳에서 일하지 않았다. 상대방의 집은 바로 그의 서북쪽에 있었다. 그후 여자친구는 다른 남자와 결혼했다.

【예8】 未月 乙巳日 (旬空:寅卯)
여자가 어느 남자와의 인연을 문의하였다

수산건(水山蹇)				
玄武		子孫子水	‖	
白虎		父母戌土	❘	
騰蛇		兄弟申金	‖	世
勾陳		兄弟申金	❘	
朱雀	(妻財卯木)	官鬼午火	‖	
靑龍		父母辰土	‖	應

판단 관귀(官鬼)를 용신(用神)으로 본다. 관귀는 화(火)이니 이 남자의 성격이 활발하고 외향적이다. 괘는 태궁(兌宮)이니 입, 언어, 말함을 의미한다. 태(兌)는 서방(西方)이니 번역을 의미한다. 주작(朱雀)에 임하니 역시 말함을 의미한다. 그래서 이 남자가 영어 실력이 높다고 판단했다.

피드백 외국어학교 영어과를 졸업하였다.

판단 관귀(官鬼) 오화(午火) 아래 처재(妻財) 묘목(卯木)이 복장(伏藏)되어 아내가 있음을 표시한다. 하지만 공망(空亡)이니 이미 이혼했다.

피드백 이미 이혼했다.

판단 용신(用神) 오화(午火)는 남방(南方)이다. 간궁(艮宮)에 있어 동북(東北)을 의미한다. 그래서 이 남자는 남방 사람이라고 판단했다. 현재는 동북쪽에서 일하고 있다.

피드백 그렇다.

판단 월이 부모(父母)로 관귀(官鬼) 오화(午火)와 합(合)을 한다. 용신(用神)은 2효에 있다. 2효는 집을 의미하고 부모도 집을 나타낸다. 그래서 이 남자는 집이 있는 사람이다. 응효(應爻) 역시 상대방의 정보를 나타낸다. 1효에 부모(父母)가 있다. 부모는 차이고 1효는 또 지면(地面)을 의미한다. 그래서 차(車)가 있다고 판단했다.

피드백 네, 그는 차도 있고 집도 있다. 기업 사장이다. 나도 그처럼 성공할 수 있을까?

판단 세효(世爻)에 등사(螣蛇)가 임했다. 등사는 마음이 복잡함을 의미한다. 중요한 일은 당신 스스로 결정한다. 일과 이 남자 중 하나만 선택해야 한다. 일을 포기하면 그 사람과 함께 할 수 있지만, 일을 포기할 수는 없었다. 왜냐하면 관귀(官鬼)는 일과 이 남자를 의미한다. 괘에 하나밖에 없으니 둘 다 가질 수 없다.

피드백 저는 20년 동안 일했다. 그는 내게 현재의 직장을 사직하고 자기 회사에 오라고 했다. 만약 내가 일을 그만두고 결혼하고 싶지 않다면, 내 일이 없어지지 않을까? 그래서 망설이는 것이다.

판단 일(日)의 사화(巳火)도 역시 관귀(官鬼)이다. 세효(世爻)를 합하니 당신은 지금 또 다른 남자와 교제한다. 일(日)은 또 3효의 형제(兄弟) 신금(申金)을 합(合)한다. 그래서 이 남자는 아내가 있는 사람이다. 일(日)의 합(合)은 반주(絆住)이니 갈 수 없다는 뜻이 된다. 그래서 나는 "너는 반드시 나갈 수 없다."라고 생각했다.

판단 계미(癸未)년에 예측하였는데 무자(戊子)년까지 가지 않았다. 아내가 있는 그 남자와 계속 관계를 유지했다.

06절
인연(姻緣)의 원근(遠近)

◗ 용신(用神)이 내괘(內卦)에 출현하거나, 세효(世爻)에 가까이 있거나, 귀혼괘(歸魂卦)이거나, 세효(世爻) 아래 복장(伏藏)된 경우는 근처 혹은 본토(本土) 사람이다.

◗ 용신(用神)이 외괘(外卦)에 있거나, 응효(應爻)에 임하거나, 유혼괘(遊魂卦)이거나, 복장해 나타나지 않은 경우는 먼 곳 혹은 타향 사람이다.

◉ 세효(世爻)와 용신(用神)의 중간에 다른 효(爻)가 발동(發動)할 때 가로막음을 의미하여 멀리 있는 사람을 의미한다.

◗ 세효(世爻)와 용신(用神)이 동궁(同宮)인 경우, 아는 사람이다.

◉ 세효(世爻)와 용신(用神)의 지지(地支)가 모두 같은 괘궁(卦宮)에 있을 때 **동궁**이라고 한다.

◉ **동궁(同宮)**은 동료, 친척, 동창, 동향, 이웃, 동행, 공동 신앙 등의 뜻이 있다.

➡ 세효(世爻) 혹은 용신(用神)에 임한 육신(六神)을 구체적으로 분석하여 판단한다.

◉ **청룡(靑龍)**은 친척·친구

◉ **주작(朱雀)**은 동창

◉ **구진(勾陳)**은 동료·고향친구

◉ **등사(螣蛇)**는 동행자·공동 애호가

◉ **백호(白虎)**는 일행〔길동무〕

◉ **현무(玄武)**는 공통 신앙을 가지고 있다.

또한 장생십이궁을 참고하여 정보를 추출할 수 있다.

➡ 그밖에 **방국(方局)**도 두 사람이 원래 어떤 관련이 있다는 것을 나타낸다.

◉ **방국은** 寅卯辰 동방국(東方局), 巳午未 남방국(南方局), 申酉戌 서방국(西方局), 亥子丑 북방국(北方局)을 나타낸다.

◉ **방국은** 동료, 친척, 동창, 동향, 이웃, 동행, 공통 신앙 등의 뜻이 있다. 대부분은 세효(世爻)의 육신(六神) 위주로 판단할 때가 많다.

◉ 정괘(靜卦)에서 왕상(旺相)한 효(爻) 및 일월(日月) 모두 하나의 방국을 형성할 수 있다.

◉ **동효(動爻)가 있는 상황에서** 동효(動爻), 변효(變爻), 암동(暗動)의 효(爻), 일월(日月) 등이 모두 방국(方局)을 형성할 수 있다.

➡ 그 외에도 두 가지 특별한 조합이 있다. 이는 **방합(方合)**이다,

◉ **午와 未**는 남방합(南方合)이고,

◉ **子와 丑**은 북방합(北方合)이다.

이것은 서로 연대관계가 있는 것을 나타낸다. 분별 방법은 방국(方局)과 동궁(同宮)을 참고하면 된다.

		산풍고(山風蠱) ➡ 산수몽(山水蒙)			
白虎		兄弟寅木	❙	應	
螣蛇	(子孫巳火)	父母子水	❙❙		
勾陳		妻財戌土	❙❙		
朱雀		官鬼酉金	✗	世	子孫午火
靑龍		父母亥水	❙		
玄武		妻財丑土	❙❙		

【예1】 戊寅年 申月 壬辰日 (旬空：午未)
1963년생 여자가 혼인을 문의하였다

【판단】 관귀(官鬼)를 용신(用神)으로 본다. 관귀 유금(酉金)이 지세(持世)하고 월의 도움을 얻고 일의 생을 얻어 왕상(旺相)하다. 지세(持世)는 가지고 있다는 의미이니 이미 결혼한 사람이다. 관귀 유금(酉金)이 독발(獨發)하고 동효(動爻)는 치(値)·합(合)이 될 때 응기로 판단한다. 또 연령을 결합해서 추정하면 당연히 88년 무진(戊辰)년에 결혼했을 것이다. 자손(子孫)인 사화(巳火)가 복장(伏藏)되었다. 복장은 출현(出現)할 때 응기가 된다. 1989년 기사(己巳)년에 자식을 낳았다.

하지만 관귀(官鬼) 유금(酉金)이 발동(發動)하여 회두극(回頭克)으로 화하고 또 공(空)으로 화하고, 응효(應爻)는 남편의 자리인데 월파(月破)를 당하여 혼인은 오래 가지 못한다.

괘(卦)에 관귀(官鬼) 유금(酉金)은 도화(桃花)이다. 일의 진토(辰土)와 합(合)하고, 처재(妻財) 술토(戌土)가 암동(暗動)하면서 관귀를 생한다. 처재는 여자이고 암동(暗動)은 남몰래 그를 좋아하는 여자가 있음을 의미한다. 이는 곧 제3자가 끼어들어 혼인이 좋지 않음을 말해 준다.

세효(世爻) 유금(酉金)과 암동(暗動)의 효(爻) 술토(戌土)와 월건의 신금(申金)이 신유술(申酉戌) 방국(方局)을 형성했다. 나는 그녀의 가정에 끼어든 제3자는 그녀의 동창이라고 판단했다. 이것은 세효에 주작(朱雀)이 임하니 문서, 공부의 뜻이 있다. 그래서 동창이라고 판단하였다.

처재(妻財) 술토(戌土)가 암동(暗動)하여 관귀(官鬼)를 생한다. 술토(戌土)는 갑술(甲戌)년에 대응된다. 그녀의 동창은 94년 갑술(甲戌)년에 그녀 몰래 그녀의 남자와 친해진 것이다. 응효(應爻)는 남편의 자리인데 월파(月破)를 당하였다. 1995년 을해(乙亥)년은 합파(合破)한다. 그리고 결혼증서를 대표하는 부모(父母) 해수(亥水)가 일에 입묘(入墓)한다. 해수(亥水)가 출현하는 년이다. 바로 결혼증서를 감춤을 나타낸다. 그래서 1995년에 이혼했다고 판단했다.

올해 응효(應爻)가 실파(實破)되니 비록 애인은 있지만 관귀(官鬼)가 절지(絶地)가 되어 성사되기 힘들다. 현재 관귀 유금(酉金)과 일이 서로 합(合)하니 1999년 기묘(己卯)년은 충개(沖開)하여 재혼의 기쁨이 있어야 한다. 그러나 관귀가 동(動)하여 회두극(回頭克)으로 화하고 공(空)으로 화하니 뜻대로 결혼하기가 쉽지 않다.

[피드백] 판단하고 물어보니 남편은 역시 동창인 그녀의 집에 찾아가 정(情)이 들었다. 1988년에 결혼해 1989년 아들을 낳았고, 1994년 남편이 외도하여 1995년에 이혼했다. 1998년 소개팅이 있었지만 마음에 들지 않아 아직 이루지 못했다. 1999년 이후는 피드백이 없어 결과를 알 수 없었다.

【예2】 丙子年 卯月 甲寅日 (旬空:子丑)					
1964년생 여자가 부부 인연을 문의하였다					
풍수환(風水渙) ➡ 손위풍(巽爲風)					
玄武		父母卯木	|		
白虎		兄弟巳火	|	世	
螣蛇	(妻財酉金)	子孫未土	||		
勾陳	(官鬼亥水)	兄弟午火	✗		妻財酉金
朱雀		子孫辰土	|	應	
靑龍		父母寅木	||		

【판단】 관귀(官鬼)를 용신(用神)으로 본다. 용신 관귀 해수(亥水)는 3효 오화(午火) 아래 복장(伏藏)되었다. 일월의 도움을 얻지 못하여 휴수(休囚)하고 무기(無氣)하다. 그래서 부부 인연이 적다. 용신이 복장(伏藏)하여 남편은 이미 집에 없음을 나타낸다. 향규(香閨)는 해수(亥水)이고 관귀와 동일한 효(爻)에 복장(伏藏)되었다. 이것은 남편이 집을 나간 후 집에서 혼자 지낸다는 메시지이다.

부모(父母) 인목(寅木)과 일진(日辰)이 동일하다. 부모 효(爻)로 결혼응기를 판단한다. 부모 인목(寅木)이 정(靜)할 경우 응기의 규율로 보면 정(靜)할 때는 치(値)를 만나거나 충(沖)을 만나는 경우이다. 그래서 반드시 신(申)년에 결혼했을 것이다. 동시에 또 용신(用神) 관귀(官鬼) 해수(亥水)가 휴수(休囚)하다. 신(申)년은 또 용신의 장생(長生)의 년이다. 그래서 반드시 신년(申年)에 결혼했을 것이다. 1992년 임신(壬申)년에 그가 결혼했다고 판단했다.

관귀(官鬼) 해수(亥水)와 일의 부모(父母) 인목(寅木)은 서로 합(合)을 한다. 부모는 결혼증서를 의미한다. 그래서 구측인 남편은 결혼 경험이 있다. 찾은 사람은 재혼한 사람임을 설명하고 있다. 관귀는 형제(兄弟) 오화(午火) 아래 복장(伏藏)되었다. 형제는 동성을 의미한다. 또 세효(世爻)와 오행이 같다. 그래서 결혼 이력이 있다.

세효(世爻)는 사화(巳火)이고, 응효(應爻)는 진토(辰土)이다. 진사(辰巳)는 모두 손괘(巽卦)에 들어간다. 관귀(官鬼)에 구진(勾陳)이 임했다. 2효에 입묘(入墓)하고 2효는 집이니 집 근처에 산다. 그래서 부부는 같은 고향 사람이다. 옛사람들이 말하는 '친가친일궁(親加親一宮)' 이다.

1994년 갑술(甲戌)년은 관귀(官鬼)를 극제(克制)하는 해이다. 1994년에 이혼했다.

《피드백》 실제 이 여성은 1992년에 고향의 이웃사람과 결혼했는데 상대방은 재혼이었다. 후에 부부의 불화로 1994년 이혼했다.

【예3】 午月 辛酉日 (旬空 : 子丑) 여자가 자신이 좋아하는 남자와의 결과가 어떤지 문의하였다					
		태위택(兌爲澤) → 천산둔(天山遯)			
螣蛇		父母未土	⚊⚊	世	父母戌土
勾陳		兄弟酉金	⚊		
朱雀		子孫亥水	⚊		
靑龍		父母丑土	⚊⚊	應	兄弟申金
玄武		妻財卯木	⚊		官鬼午火
白虎		官鬼巳火	⚊		父母辰土

《판단》 관귀(官鬼)를 용신(用神)으로 본다. 관귀가 동(動)하여 부모(父母) 진토(辰

土)로 화한다. 부모는 결혼증서를 의미하니 상대방은 이미 결혼한 사람이다. 응효(應 爻)가 공망(空亡)이니 상대방은 망설이며 결정하지 못한다. 세효(世爻)는 6효에 있어 하늘[天]이고 용신은 1효에 있어 땅[地]이다. 세효와 용신은 멀리 떨어져 있다. 두 사 람이 거주하는 곳은 서로 거리가 멀다는 것을 의미한다.

용신(用神)은 월의 도움을 얻으며 동하면서 세효(世爻)를 생한다. 상대방은 자신한테 호감이 있다는 것을 나타낸다. 하지만 육충괘(六冲卦)라 밀접하게 지낼 수 없다는 뜻 이고, 늘 거리감을 느낀다는 뜻이다. 세효(世爻)에 등사(螣蛇)가 임하여 마음이 조마 조마하다.

《피드백》 실제 상황은 바로 이렇다.
Feedback

【예4】 癸未年 未月 戊子日 (旬空:午未)					
1972년생 여자가 혼인을 문의하였다					
산화비(山火賁) ➔ 지산겸(地山謙)					
朱雀		官鬼寅木	✗		子孫酉金
靑龍		妻財子水	‖		
玄武		兄弟戌土	‖	應	
白虎	(子孫申金)	妻財亥水	Ⅰ		
螣蛇	(父母午火)	兄弟辰土	‖		
勾陳		官鬼卯木	✗	世	兄弟辰土

《판단》 관귀(官鬼)를 용신(用神)으로 본다. 괘(卦)에 관귀가 양현(兩現)하고 모두 발
Judgement 동(發動)하였다. 세효(世爻)에 발동된 효(爻) 관귀 묘목(卯木)을 용신으로 한다. 관귀

가 지세(持世)하며 일의 생을 얻어 왕상(旺相)하다. 자신은 남편이 있다는 것을 말하고 있다.

하지만 6효에 또 하나의 관귀(官鬼) 인목(寅木)이 발동(發動)하였다. 세효(世爻)가 일의 자수(子水)를 만나면 목욕(沐浴)이 된다. 그래서 자신이 바람 나서 애인이 생긴 것이다. 관귀 인목(寅木)과 처재(妻財) 해수(亥水)가 서로 합(合)을 한다. 처재는 여자이니 애인은 아내가 있는 사람이라는 것을 설명한다. 관귀 인목(寅木)과 관귀 묘목(卯木)은 세효(世爻)에서 화출된 변효(變爻) 진토(辰土)와 동방(東方) 목국(木局)을 형성했다.

세효(世爻)에 구진(勾陳)이 임하고, 구진은 사무실을 의미한다. 이것은 애인과 자신이 같은 회사에 다닌다는 것을 말해 준다.

응(應)도 상대방의 정보를 나타내는데 응효(應爻) 술토(戌土)는 부모(父母)의 묘고(墓庫)이다. 부모는 문서(文書)를 의미한다. 현무(玄武)는 비밀을 의미하니 상대방이 직장에서 서류 등을 관리하고 있음을 설명한다. 관귀(官鬼) 인목(寅木)이 동(動)하여 회두극(回頭克)하니 두 사람은 오래 사귀지 못한다.

[피드백] 모든 것이 판단한 바와 같다.

		【예5】 癸未年 午月 辛亥日 (旬空 : 寅卯) 여자가 1969년생 아들의 혼인을 문의하였다			
		풍수환(風水渙) ➜ 풍천소축(風天小畜)			
螣蛇		父母卯木	|		
勾陳		兄弟巳火	|	世	
朱雀	(妻財酉金)	子孫未土	||		
靑龍	(官鬼亥水)	兄弟午火	✗		子孫辰土
玄武		子孫辰土	|	應	
白虎		父母寅木	✗		官鬼子水

《판단》 처재(妻財)를 용신(用神)으로 본다. 처재 유금(酉金)은 괘에 없고 자손(子孫) 미토(未土) 아래 복장(伏藏)되었다. 용신은 일월의 도움을 얻지 못하니 혼인이 순조롭지 않다.

괘에 형제(兄弟) 오화(午火)가 발동(發動)하였다. 용신(用神)의 목욕지(沐浴地)이다. 목욕지는 또 자손(子孫) 태지(胎地)이다. 동(動)하여 자손으로 화한다. 찾은 여자는 자유분방하고 낙태한 적이 있다. 용신은 4효에 있다. 4효는 고향을 의미하니 찾은 여자는 고향 사람이거나 이 지역 사람임을 나타낸다. 용신이 자손(子孫) 미토(未土) 아래 복장되었다. 미토(未土)는 태세에 있고, 자손은 그녀의 아들이다. 그래서 아들은 지금 이 여자와 함께 있다는 것을 나타낸다.

세효(世爻)가 암동(暗動)하면서 용신(用神)을 극한다. 자신은 아들의 혼사를 은근히 반대함을 설명한다. 부모(父母)가 일과의 합은 정혼기(定婚期)이고 상장(床帳)은 용신에 있다. 아들은 계속 이 여자와 있으려고 한다. 부모가 공망(空亡)이고 양현(兩現)하여 아들은 두 번 결혼할 것이다. 모든 것은 순리에 따라야 한다.

용신(用神)이 복장(伏藏)되고 휴수(休囚)하니 늦게 결혼함을 나타낸다. 아들의 나이가 경진(庚辰)년 만 30세에 결혼의 기회가 있어야 한다. 임오(壬午)년은 괘에 형제(兄弟) 오화(午火)의 응기(應期)가 되어 결혼에 위기가 찾아온다. 진정한 결혼은 마땅히 갑신(甲申)년에 부모(父母) 인목(寅木)을 충실(沖實)하고 일과 충합(沖合)할 때 해야 한다.

아들은 오래 전부터 이 여자를 좋아했다. 하지만 여자는 다른 남자와 동거해 아이를 유산한 적이 있어 가족들이 반대했다고 한다. 여자는 이 지역 사람으로 모두가 그녀의 내막을 알고 있다. 그들을 떼어놓을 수 없어 아들을 군대에 보냈다. 아들이 떠난 뒤 여자는 시집을 갔다. 아들이 돌아와 보니 희망이 없자 2000년에 결혼했고, 2년 뒤 불화로 2002년에 이혼했다. 올해 원래 있던 그 여자도 이혼했다. 아들은 또 그 여자랑 같이 살면서 기어이 결혼하려 한다.

【예6】 未月 丙寅日 (旬空：戌亥) 여자가 어느 남자와의 인연에 대해 문의하였디				
태위택(兌爲澤) → 천택리(天澤履)				
靑龍	父母未土	⚊⚊	世	父母戌土
玄武	兄弟酉金	⎮		
白虎	子孫亥水	⎮		
騰蛇	父母丑土	⎮⎮	應	
勾陳	妻財卯木	⎮		
朱雀	官鬼巳火	⎮		

《판단》 **Judgement** 관귀(官鬼)를 용신(用神)으로 본다. 용신 관귀 사화(巳火)는 일의 생을 얻어

왕상하다. 용신이 세효를 생한다. 그래서 이 남자는 자신한테 매우 잘해 준다. 하지만 세효(世爻)는 6효에 있다. 용신은 초효(初爻)에 있어서 양효(兩爻)는 너무 멀리 떨어져 있다. 6효는 하늘[天]이고 초효는 땅[地]이니 하늘과 땅의 차이다. 그만큼 이 남자는 이 지역 사람이 아니며 자신과 멀리 떨어져 있다.

[피드백] 맞다. 외성(外省)인이다. 그는 자신한테 돈 쓰는 것을 아까워하지 않는다.

판단 세효(世爻)는 6효에서 동(動)하여 공망(空亡)으로 화한다. 세효가 공망으로 화하니 자신은 마음이 변했다. 6효는 퇴직의 효위(爻位)이니 자신은 두 사람의 세계에서 빠져나오려 한다. 육충괘(六沖卦)에 또 태괘(兌卦)이다. 육충(六沖)은 불화이고 태(兌)는 구설(口舌)이다. 세효는 일에 극을 당하여 자신이 지금 불리한 위치에 있고 사람들과 부딪쳐 헤어질 수밖에 없다는 것을 말해 준다.

피드백 이 남자는 가정이 있고, 밖에서 바람을 피우다가 그의 아내에게 들켰다. 상대방이 이혼할지 안 할지 모르겠다.

판단 세효(世爻)가 월에 임하여 응(應)에 있는 부모(父母)를 충파(沖破)한다. 부모는 결혼증서이다. 응효(應爻)에 임하니 상대방의 것이다. 자신의 원인으로 상대방 부부의 이혼을 초래한 것이다. 하지만 일(日)은 처재(妻財)이다. 관귀(官鬼)를 생한다. 상대방의 아내는 현재 이혼을 원하지 않는다.

피드백 네, 상대방의 아내는 이혼을 원하지 않는다. 언제 이혼하는가?

판단 관귀(官鬼) 사화(巳火)가 왕상하니 잠시 동안은 이혼하지 않는다. 올해 을유(乙酉)년은 용신(用神)을 극하는 작용이 없다. 정해(丁亥)년에 용신을 충극(沖克)할 때 이혼한다. 하지만 세효(世爻)가 공망(空亡)으로 화하면, 그때가 되면 당신이 이 남자와 결혼하고 싶지 않을까 봐 걱정된다.

피드백 그렇지 않다. 저는 그를 매우 좋아한다. 만일 그가 이혼을 한다면 나는 곧 그와 결혼할 것이다.

판단 세효(世爻) 미토(未土)가 발동(發動)하여 처재(妻財)를 입묘(入墓)한다. 사실 당신은 그의 돈을 좋아한 것이다. 만약 그가 돈이 없다면 당신은 여전히 그를 사랑하겠습니까?

피드백 물론이다. 하지만 정해(丁亥)년에 그 남자는 아내와 이혼했고, 모든 재산은 이 아내에게 돌아갔다. 그 남자는 혼자 이 여자를 찾아왔는데, 결국 이 여자는 이미 다른 돈 많은 남자와 사귄 것이다.

【예7】辛巳年 戌月 庚申日 (旬空:子丑) 33세 여자가 혼인을 문의하였다					
수풍정(水風井)					
騰蛇		父母子水	‖		
勾陳		妻財戌土	❘	世	
朱雀	(子孫午火)	官鬼申金	‖		
靑龍		官鬼酉金	❘		
玄武	(兄弟寅木)	父母亥水	❘	應	
白虎		妻財丑土	‖		

판단 관귀(官鬼)를 용신(用神)으로 본다. 관귀가 양현(兩現)하여 일에 임한 관귀 신금(申金)을 용신으로 본다. 관귀는 월의 생을 얻고 일의 도움을 얻어 왕상하다. 그래서 결혼했음을 설명하고 있다. 초효(初爻)가 원신(元神)으로 공망(空亡)이니 1991년 신미(辛未)년에 충실(沖實)하여 이 해에 결혼하였다.

세효(世爻)에 구진(勾陳)이 임하고 또 토(土)이다. 그래서 본인은 얌전하다. 정(靜)하면서 용신을 생하니 로맨틱하게 자신의 사랑을 표현하지 못한다. 세효(世爻)는 5효에 있고 처재(妻財)가 임했다. 5효는 사장을 의미하고, 처재는 돈을 의미한다. 본인은 개인기업 사장이다.

세효(世爻)와 응효(應爻)는 모두 건궁(乾宮)에 속해 있다. 세효에 구진(勾陳)이 임하여 본인과 남편은 같은 동네 사람이다. 용신(用神)이 응효(應爻)를 생한다. 남편의 마음은 다른 사람에게 가 있다. 세효의 원신(元神)은 괘에 없고 관귀(官鬼) 신금(申金) 아래에 복장(伏藏)되었다. 원신(元神)은 사유(思維)를 의미하고 복장(伏藏)은 본인 현재의 마음은 집에 있지 않음을 표시한다. 비신(飛神)은 관귀이고, 관귀는 번뇌를 의미하니 지금 기분이 좋지 않고 짜증을 낸다. 세효는 자손(子孫)의 묘고(墓庫)이니 아이가 마음에 걸린다.

【피드백】 역시 그렇다. 부부의 정이 보통이다. 그녀는 가출하고 싶어한다.

【예8】 寅月 癸亥日 (旬空:子丑) 남자가 애인과의 관계가 어떤지 문의하였다				
산수몽(山水蒙)				
白虎		父母寅木	❘	
螣蛇		官鬼子水	❚❚	
勾陳	(妻財酉金)	子孫戌土	❚❚	世
朱雀		兄弟午火	❚❚	
靑龍		子孫辰土	❘	
玄武		父母寅木	❚❚	應

처재(妻財)를 용신(用神)으로 본다. 처재 유금(酉金)은 세효(世爻) 아래 복장(伏藏)되어 이 여자가 자신과 멀지 않다는 것을 나타낸다. 3효, 4효는 고향 사람이고 또 세효에 구진(勾陳)이 임하여 이것도 고향 친구를 나타낸다. 응효(應爻)에 현무(玄武)가 임하여 세효를 극하니 두 사람은 자주 함께 살지 않는다.

역시 맞다.

【예9】 午月 甲寅日 (旬空 : 子丑)				
여자가 혼인을 문의하였다				
태위택(兌爲澤) ➡ 택천쾌(澤天夬)				
玄武		父母未土	‖	世	
白虎		兄弟酉金	∣		
螣蛇		子孫亥水	∣		
勾陳		父母丑土	✗	應	父母辰土
朱雀		妻財卯木	∣		
靑龍		官鬼巳火	∣		

관귀(官鬼)를 용신(用神)으로 본다. 관귀는 왕하면서 세효(世爻)를 생한다. 부모(父母)가 지세(持世)하고 부모는 결혼증서를 의미하니 이미 결혼했다는 것을 말해 주고 있다. 세응(世應)이 서로 충(沖)하니 부부의 감정은 그다지 원만하지 않다. 태괘(兌卦)이니 태(兌)는 부족함을 의미하므로 혼인이 완벽하지 않다.

세(世)는 6효에 있고 관귀(官鬼)는 초효(初爻)에 있어 양효(兩爻)는 멀리 떨어져 있다. 그래서 남편과 자주 함께하지 못하고 별거한다. 3효 부모(父母)가 축토(丑土)로 공망

(空亡)이고 동(動)하여 변효(變爻) 묘고(墓庫)로 입묘(入墓)했다. 부모는 공(空)하면서 입묘하니 결혼증서 없이 동거하는 상(象)이다. 월건(月建)의 관귀가 세효를 합(合)하였다. 세(世)에 또 현무(玄武)가 임했다. 현무는 애매를 의미하니 다른 남자와 동거하고 있다.

〔피드백〕 모든 결과는 짐작한 바와 같다. 그녀의 남편은 외지에서 일하고 그녀 혼자 집을 지키는데, 그녀의 고등학교 동창이 자주 그녀를 찾아왔다. 그래서 두 사람은 사귀게 되었다.

07_절
혼인의 빠름(早)과 늦음(晚)

조혼(早婚)과 만혼(晚婚)은 상대적으로 지역 여건에 따라 탄력적으로 봐야 한다, 때로는 같은 연령인데도 이 지역에서 만혼이지만 다른 곳에 가면 만혼이 아니기 때문에 지역의 문화 차이를 고려해야 한다. 일반적으로 다음과 같다.

- ⊙ **용신**(用神)이 **괘**에 있으면 조혼이고, **복장**(伏藏)됨은 만혼이다.
- ⊙ **용신**(用神)이 **왕상함**은 조혼이고, **휴수**(休囚)하면 만혼이다.
- ⊙ **용신**(用神)이 **지세**(持世)하면 조혼이고 **기신**(忌神)이 **지세**(持世)하면 만혼이다.

- ⊙ **용신**(用神)이 **1·2효**에 있으면 조혼이고, **용신**(用神) 혹은 **세효**(世爻)가 **6효**에 있으면 만혼이 된다.
- ⊙ **용신**(用神) **발동**(發動)은 조혼이고, **정**(靜)하면 만혼이 된다.
- ⊙ **용신**(用神)이 **충**(沖)을 만나면 조혼이고, **합**(合)을 만나면 만혼이 된다.

【예1】 庚辰年 戌月 乙丑日 (旬空:寅卯)					
1958년생 남자가 혼인을 문의하였다					
산택손(山澤損) ➡ 화수미제(火水未濟)					
玄武		官鬼寅木	❙	應	
白虎		妻財子水	❙❙		
螣蛇		兄弟戌土	✗		子孫酉金
勾陳	(子孫申金)	兄弟丑土	❙❙	世	
朱雀		官鬼卯木	❙		
靑龍		父母巳火	✗		官鬼寅木

《판단》 처재(妻財)를 용신(用神)으로 본다. 처재 자수(子水)는 5효에 있는데 일월이 와서 극한다. 용신이 휴수(休囚)하고, 일의 축토(丑土)가 합주(合住)하고 또 기신(忌神)이 지세(持世)하니 틀림없이 만혼(晩婚)이다. 상장(床帳) 자수(子水)가 휴수(休囚)하니 아직 결혼하지 않았음을 나타낸다. 부모(父母)는 결혼증서인데 술토(戌土)에 입묘(入墓)하니 결혼증명서가 없다는 것을 나타낸다. 그가 아직 독신이라는 것을 의미한다.

용신(用神)은 일월에 극상(克傷)을 당하고 형제(兄弟)가 지세(持世)한다. 형제는 또 괘에서 발동(發動)하였고 1효 부모(父母)가 동하여 기신(忌神)을 생한다. 그래서 이것은 용신이 너무 약하니 결혼할 기회가 있음을 설명한다.

용신(用神)은 정(靜)하면서 합(合)을 만나는 경우 응기(應期)는 충(沖)을 할 때이다. 그래서 2002년 임오(壬午)년에 결혼할 것이라고 판단했다. 이 해는 유년(流年)이 용신을 충(沖)하고 또 형제(兄弟)를 생왕하게 한다. 일(日)은 형제로 용신을 합(合)하기 때문에 형제는 다른 남자를 의미하니 찾던 여자는 이미 다른 남자와 관계를 맺었다.

그래서 재혼자로 판단한 것이다.

피드백
Feedback 결국 신사(辛巳)년 해월(亥月)에 이혼한 여자를 알게 되고, 축월(丑月)에 결혼증서를 발급 받아 임오(壬午)년에 결혼식을 올렸다.

【예2】 辛巳年 寅月 壬戌日 (旬空:子丑) 1974년생 여자가 혼인을 문의하였다				
화뢰서합(火雷噬嗑) → 화지진(火地晋)				
白虎		子孫巳火	|	
螣蛇		妻財未土	||	世
勾陳		官鬼酉金	|	
朱雀		妻財辰土	||	
靑龍		兄弟寅木	||	應
玄武		父母子水	✗	妻財未土

판단 관귀(官鬼)를 용신(用神)으로 본다. 관귀 유금(酉金)은 월이 생하지 않고 일
Judgement 이 와서 생하니 왕상하다. 하지만 부모(父母) 자수(子水)가 독발(獨發)하고 용신이 사지(死地)를 만나니 혼인이 순조롭지 않다. 향규(香閨)가 바로 부모(父母) 자수(子水)이다. 부모는 결혼증서인데 휴수(休囚)하고 공망(空亡)이니 현재 아직 결혼을 하지 못했다.

용신(用神)은 외괘(外卦)에서 사지(死地)를 만났으니 결혼이 늦다. 응(應)이 세효(世
爻)를 극하니 이것도 결혼이 늦음을 의미한다. 관귀(官鬼)는 일의 생을 얻으니 남자친구가 생길 수 있는 기회가 있다는 것을 나타낸다. 하지만 사지(死地)는 1효에 있어서

시작하자마자 안 된다는 것을 나타낸다. 수(水)는 1의 숫자이다. 그래서 예전에 남자 친구가 있었지만 연애를 한 달 이상 하지 않을 것이라고 판단했다.

세효(世爻)가 5효에 있어 자신은 도도하다는 것을 표시한다. 화뢰서합(火雷噬嗑)은 의견 충돌의 상(象)이 있다. 등사(螣蛇)는 변화(變化)이니 성질이 변덕스럽다는 의미 이다.

《피드백》 위의 판단은 역시 실제 상황에 부합한다.
Feedback

【예3】 甲申年 午月 乙亥日 (旬空 : 申酉) 여자가 언제 결혼하는지 문의하였다					
풍산점(風山漸)					
玄武		官鬼卯木	❙	應	
白虎	(妻財子水)	父母巳火	❙		
螣蛇		兄弟未土	❚❚		
勾陳		子孫申金	❙	世	
朱雀		父母午火	❚❚		
靑龍		兄弟辰土	❚❚		

《판단》 관귀(官鬼)를 용신(用神)으로 본다. 관귀 묘목(卯木)은 6효에 있다. 6효는 사
Judgement 물의 말단을 의미하고 또 기신(忌神)인 자손(子孫) 신금(申金)이 지세(持世)하여 결 혼이 비교적 늦다. 세효(世爻)가 공망(空亡)이니 마음이 좋지 않고, 번뇌하며, 조급함 을 의미한다. 관귀는 응효(應爻)에 임했다. 자신이 좋아하는 사람을 찾고 싶어 한다.

5효 부모(父母) 사화(巳火)가 암동(暗動)하여 세효(世爻)를 합주(合住)하였다. 5효는 가장이고 부모는 또 부모를 의미한다. 합(合)은 공제, 틀어쥠을 의미한다. 그래서 집안 어른들은 자신의 결혼을 도맡아 처리하고 싶어 한다.

용신(用神) 묘목(卯木)은 일의 생을 얻어 왕상하지만 조용하고 동(動)하지 않아 을유(乙酉)년 용신을 충(沖)하면 결혼한다.

(피드백) 역시 예측했을 때는 27세였는데 마땅한 사람을 찾지 못해 마음이 조급했다. 좋아하는 사람을 찾고 싶어 했다. 어릴 때 어머니가 무당을 찾아가 그녀의 결혼을 예측했다고 한다. 무당이 말한 표준대로 찾아 주려 했다. 최종 결과가 어떻게 되었는지 아직 피드백이 없다.

【예4】 巳月 庚午日 (旬空 : 寅卯) 남자가 혼인을 문의하였다					
지뢰복(地雷復) ➡ 지산겸(地山謙)					
螣蛇		子孫酉金	‖		
勾陳		妻財亥水	‖		
朱雀		兄弟丑土	‖	應	
靑龍		兄弟辰土	⚊̸		子孫申金
玄武	(父母巳火)	官鬼寅木	‖		
白虎		妻財子水	⚊̸	世	兄弟辰土

(판단) 처재(妻財)를 용신(用神)으로 본다. 괘에 처재가 양현(兩現)하여 발동의 효 처재 자수(子水)를 용신으로 본다. 용신은 일월의 도움을 얻지 못하고 동(動)하여 회

234 육효 혼인예측학

두극(回頭克)으로 화한다. 3효에는 또 형제(兄弟) 진토(辰土)가 와서 극한다. 상장(床帳) 인목(寅木)이 휴수(休囚)하다. 그래서 결혼이 늦는다. 또한 육합괘(六合卦)이니 결혼이 늦음을 나타낸다.

《피드백》 실제로 이 사람은 44세인데 아직 독신이다.

【예5】巳月 壬戌日 (旬空:子丑) 남자가 혼인을 문의하였다					
수뢰둔(水雷屯)					
白虎		兄弟子水	‖		
螣蛇		官鬼戌土	‖	應	
勾陳		父母申金	‖		
朱雀	(妻財午火)	官鬼辰土	‖		
靑龍		子孫子水	‖	世	
玄武		兄弟子水	‖		

《판단》 처재(妻財)를 용신(用神)으로 본다. 처재 오화(午火)가 비록 월의 도움을 얻지만 괘에 없고 일에 입묘(入墓)되었다. 그래서 결혼이 늦다.

《피드백》 실제로 이 사람은 40세인데도 아직 독신이다.

【예6】 辰月 乙亥日 (旬空:申酉)					
여자가 혼인을 문의하였다					
풍뢰익(風雷益) ➡ 풍택중부(風澤中孚)					
玄武		兄弟卯木	|	應	
白虎		子孫巳火	|		
螣蛇		妻財未土	||		
勾陳	(官鬼酉金)	妻財辰土	||	世	
朱雀		兄弟寅木	✗		兄弟卯木
靑龍		父母子水	|		

《판단》 관귀(官鬼)를 용신用神)으로 본다. 관귀 유금(酉金)은 비록 월의 도움을 얻지만 공망이면서 괘에 없다. 형제(兄弟) 인목(寅木)이 독발(獨發)하고 용신은 절지(絶地)에 처했다. 또 절지(絶地)는 향규(香閨)이니 그래서 결혼이 늦었다.

《피드백》 실제로 이 여인은 36세인데 결혼하지 못했다.

【예7】 辰月 己丑日 (旬空:午未)					
남자가 혼인을 문의하였다					
지수사(地水師) ➡ 뇌지예(雷地豫)					
勾陳		父母酉金	||	應	
朱雀		兄弟亥水	||		
靑龍		官鬼丑土	✗		妻財午火
玄武		妻財午火	||	世	
白虎		官鬼辰土	✗		妻財巳火
螣蛇		子孫寅木	||		

《판단》 처재(妻財)를 용신(用神)으로 본다. 처재 오화(午火)는 일월의 도움을 얻지 못해 휴수(休囚)하다. 용신이 공망(空亡)이고 상장(床帳) 해수(亥水)는 또 일월에 극상(克傷)을 당했다. 그래서 만혼(晚婚)이다. 용신은 발동(發動)한 상하(上下)의 관귀(官鬼) 사이에 끼여서 설기(泄氣)되었다. 주변에 만난 여자들은 자신과는 인연이 없다. 모두 다른 남자와 함께 떠났다는 것을 나타낸다.

《피드백》 실제로 이 남자는 43세인데 아직 독신이다.

【예8】 申月 乙酉日 (旬空:午未)					
남자가 혼인을 문의하였다					
간위산(艮爲山) ➡ 풍산점(風山漸)					
玄武		官鬼寅木	I	世	
白虎		妻財子水	X		父母巳火
螣蛇		兄弟戌土	II		
勾陳		子孫申金	I	應	
朱雀		父母午火	II		
靑龍		兄弟辰土	II		

《판단》 처재(妻財)를 용신(用神)으로 본다. 처재 자수(子水)가 비록 일월의 도움을 얻지만 독발(獨發)하여 절(絶)로 화하였다. 6효에 임한 세효(世爻)는 월에 충파(沖破)를 당하지만 재(財)가 와서 생한다. 이것도 만혼(晚婚)의 정보이다.

《피드백》 실제로 이 남자는 서른이 넘었는데도 아직 결혼을 안 했다.

【예9】 寅月 癸巳日 (旬空：午未) 남자가 혼인을 문의하였다					
수천수(水天需) ➡ 태위택(兌爲澤)					
白虎		妻財子水	‖		
螣蛇		兄弟戌土	∣		
勾陳		子孫申金	⚊⚋		妻財亥水
朱雀		兄弟辰土	✗	世	兄弟丑土
靑龍	(父母巳火)	官鬼寅木	∣		
玄武		妻財子水	∣	應	

【판단】 처재(妻財)를 용신(用神)으로 본다. 괘에 처재가 양현(兩現)하여 응효(應爻) 처재 자수(子水)를 용신으로 본다. 용신은 비록 초효(初爻)에 있지만 일월의 도움을 얻지 못해 휴수(休囚)하다. 더욱이 형제(兄弟)가 발동(發動)하여 용신을 극한다. 용신이 입묘(入墓)하고 세효(世爻)에 원신(元神)이 임하여 월파(月破)를 당하여 용신을 생할 힘이 부족하니 평생 결혼을 못할 것 같다.

【피드백】 실제로 이 남자는 46세인데도 아직 독신이다.

【예10】 卯月 丙辰日 (旬空：子丑) 여자가 혼인을 문의하였다				
산수몽(山水蒙) ➔ 산풍고(山風蠱)				
靑龍		父母寅木	∣	
玄武		官鬼子水	∥	
白虎	(妻財酉金)	子孫戌土	∥	世
螣蛇		兄弟午火	✕	妻財酉金
勾陳		子孫辰土	∣	
朱雀		父母寅木	∥	應

관귀(官鬼)를 용신(用神)으로 본다. 관귀 자수(子水)는 일월의 도움을 얻지 못하고 일에 입묘(入墓)되었다. 용신이 공망(空亡)이고 기신(忌神) 자손(子孫) 술토(戌土)는 지세(持世)하고 암동(暗動)하였다. 그러니 일찍 결혼하기가 쉽지 않다.

실제로 이 여자는 31세가 되었는데도 아직 결혼하지 못했다.

【예11】癸未年 巳月 己丑日 (旬空:午未)					
1979년생 여자가 혼인을 문의하였다					
화택규(火澤睽) ➡ 이위화(離爲火)					
勾陳		父母巳火	⏐		
朱雀	(妻財子水)	兄弟未土	⏐⏐		
靑龍		子孫酉金	⏐	世	
玄武		兄弟丑土	ⵋ		妻財亥水
白虎		官鬼卯木	ⵌ		兄弟丑土
螣蛇		父母巳火	⏐	應	

【판단】 관귀(官鬼)를 용신(用神)으로 본다. 관귀 묘목(卯木)이 비록 휴수(休囚)하지만 2효에서 발동(發動)하여 세효(世爻)를 충(沖)한다. 용신이 귀위(歸位), 입택(入宅), 조혼(早婚)의 상(象)이다. 세효는 3효에 입묘(入墓)하고 3효는 침대이고 현무(玄武)가 임했다. 현무는 사석으로 공개하지 않음을 의미한다. 혼인증명서를 받지 않고 동거하는 것이다. 묘고(墓庫)는 축토(丑土)로 이 일은 정축(丁丑)년에 발생한다. 세밀하게 추산해보면 정축(丁丑)년은 그녀가 겨우 만 18세이다.

관귀(官鬼)는 암동(暗動)한 형제(兄弟) 미토(未土)에 입묘(入墓)하였다. 형제는 기타 여자를 의미한다. 이 남자가 다른 여자의 품에 안겼다는 것을 나타낸다. 하지만 미토(未土)가 공망(空亡)이라 또 떠났다는 것을 의미한다. 동시에 부모(父母)가 월에 임하여 상대방이 결혼했음을 나타낸다. 그녀의 남자친구가 이혼한 사람이라는 것을 말해준다.

관귀(官鬼)가 동(動)하여 형제(兄弟)로 화하고, 형제(兄弟)가 동(動)하여 장생(長生)으로 화한다. 이런 동효(動爻)의 변화(變化) 조합은 육효에서는 격산(隔山)이 효(爻)

로 화합을 칭한다. 즉, 관귀가 동(動)하여 장생(長生)으로 화한 것과 같다. 하지만 직접 화출(化出)한 것이 아니라 간접 화출(化出)한 것으로, 중간에 어떤 연결고리를 통했음을 나타낸다. 관귀가 장생(長生)으로 화함은 일반적으로 남자친구가 있다고 표시한다. 하지만 형제(兄弟)를 사이에 두고 화한 것이다. 형제는 기타 여자를 의미한다. 그녀는 이미 그의 첫 번째 여자가 아니라는 것을 표시하고 있다. 일월과 괘(卦) 및 변효(變爻)에 4개의 형제가 있다. 이는 그가 이미 여러 여자와 관계를 했다는 것을 의미한다.

5효가 암동(暗動)하면서 기신(忌神) 자손(子孫)을 생한다. 5효는 집안의 가장이니 가족들이 그녀가 이 남자와 지내는 것에 동의하지 않는다는 것을 나타낸다. 관귀(官鬼)는 백호(白虎)에 임하면서 세효(世爻)를 충한다. 충(沖)은 충돌을 의미하고, 백호는 싸운다는 의미이다. 그래서 이 남자는 그녀한테 좋지 않게 대하고 자주 때린다는 것을 말해 준다.

자손(子孫)이 지세(持世)하고 관귀(官鬼)를 극한다. 자신도 그와 계속 유지하고 싶지 않다는 것을 나타낸다.

[피드백] 실제로 그녀는 1997년 18세 때 남자와 동거를 시작했다. 부모가 자꾸 반대했다. 남자는 세 번이나 이혼했는데, 그녀보다 18세나 많다. 남자가 자꾸 그녀를 때려 그 남자를 떠나기로 결심했다.

08절

혼인의 응기(應期)

　일반 상황에서 응기(應期)의 판단은 용신을 중심으로 이루어진다.

　단, 혼인예측은 비교적 특수한 관계로 용신 외에 때로는 부모효(父母爻)로 응기를 판단하는 경우가 있다. 왜냐하면 부모(父母)는 결혼증서를 대표하기 때문이다. 특히 부모(父母)가 일(日)에 임하거나 혹은 일(日)과 합(合)일 때 대부분 부모효(父母爻)로 응기(應期)를 판단한다.

【예1】 甲申年 未月 癸巳日 (旬空：午未)				
남자가 애인과 관계가 오래가는지 문의하였다				
산지박(山地剝) ➡ 화지진(火地晋)				
白虎		妻財寅木	❙	
螣蛇	(兄弟申金)	子孫子水	❙❙	世
勾陳		父母戌土	✕	兄弟酉金
朱雀		妻財卯木	❙❙	
靑龍		官鬼巳火	❙❙	應
玄武		父母未土	❙❙	

【판단】 처재(妻財)를 용신(用神)으로 본다. 괘에 처재가 양현(兩現)하여 합(合)을 만난 처재 묘목(卯木)을 용신으로 본다.

묘목(卯木)은 일월의 도움을 얻지 못해 휴수(休囚)하다. 유혼(遊魂)으로 화하니 오래가지 못한다. 부모(父母) 술토(戌土)가 독발(獨發)하여 용신(用神) 묘목(卯木)을 합주(合住)하니 당분간 관계를 유지할 수 있다. 하지만 내년 을유(乙酉)년에 용신을 충극하면 헤어질 것이다.

【피드백】 역시 을유(乙酉)년에 헤어졌다.

【예2】 申月 甲辰日 (旬空: 寅卯)					
미용실을 운영하는 여자가 혼인과 재운에 대해 문의하였다					
지천태(地天泰) → 지풍승(地風升)					
玄武		子孫酉金	∥	應	
白虎		妻財亥水	∥		
螣蛇		兄弟丑土	∥		
勾陳		兄弟辰土	|	世	
朱雀	(父母巳火)	官鬼寅木	|		
靑龍		妻財子水	✗		兄弟丑土

〖판단〗 혼인은 관귀(官鬼)를 용신(用神)으로 보고, 재물운은 처재(妻財)를 용신으로 본다. 관귀 인목(寅木)이 공망(空亡)과 월파(月破)를 당하였다. 무인(戊寅)년은 실공(實空)과 실파(實破)가 되어 결혼할 기회가 있어야 한다. 신(神)의 징조는 동효(動爻)에서 드러난다. 원신(元神) 자수(子水)가 독발(獨發)하여 관귀를 생한다. 하지만 변효(變爻)에 합주(合住)를 당하고 또 일(日)에 입묘(入墓)되어 관귀를 생할 수 없다. 그래서 임오(壬午)년에 원신(元神)의 합(合)을 충개(沖開)하고 또 묘고(墓庫)를 충출(沖出)하니 결혼한다고 판단하였다.

하지만 용신(用神)을 공파(空破)하니 있어도 없는 것과 같다. 혼인은 순조롭지 않고, 부부가 화목하지 않다.

재물운을 이야기하면, 처재(妻財)가 양현(兩現)하여 발동(發動)의 효(爻) 처재 자수(子水)로 판단한다. 처재 자수(子水)는 청룡(靑龍)에 임했다. 청룡은 미모와 단정하게 함을 의미하니 이것은 미용실을 운영하여 재물을 구하는 것과 부합한다. 재(財)는 월(月)이 생하고 일이 극한다. 쇠왕(衰旺)을 가리기 힘들지만 동(動)하여 회두극(回頭

克)으로 화한다. 이렇게 되면 재물운이 좋지 않다. 게다가 형제(兄弟)가 지세(持世)하여 경영이 좋지 않다.

《피드백》 무인(戊寅)년에 결혼하려고 했었다. 결국 임오(壬午)년에 결혼했지만 부부 불화가 있었다. 미용실은 잘 운영되지 않아서 나중에 문을 닫았다.

【예3】 乙酉年 子月 己卯日 (旬空：申酉) 남자가 가정 혼인에 대해서 문의하였다					
산택손(山澤損) → 산수몽(山水蒙)					
勾陳		官鬼寅木	|	應	
朱雀		妻財子水	||		
靑龍		兄弟戌土	||		
玄武	(子孫申金)	兄弟丑土	||	世	
白虎		官鬼卯木	|		
螣蛇		父母巳火	✗		官鬼寅木

《판단》 처재(妻財)를 용신(用神)으로 본다. 처재 자수(子水)는 월건의 도움을 얻어 왕상(旺相)하여 길해야 한다. 그러나 부모(父母) 사화(巳火)가 독발(獨發)하였다. 독발은 상(象)을 위주로 한다. 부모(父母)는 결혼증서를 의미한다. 용신을 절(絶)하니 필히 이혼한다.

세효(世爻)가 토(土)이니 본인은 성실하고 본분을 지킨다는 것을 의미한다. 처재(妻財) 자수(子水)는 5효에서 도화(桃花)가 임했다. 5효는 집안의 가장, 지도자를 의미한다. 그래서 아내는 난폭하고 까칠하고 집에서 모든 것을 주관하고 싶어 하는 뜻이 있다.

수(水)는 수성(水性)의 성격인데 게다가 도화를 더하니 다른 남자와 왕래하며 부인의 도를 지키지 않는다.

2002년 임오(壬午)년은 처재(妻財) 자수(子水)를 충(沖)한다. 그래서 아내와 2002년에 이미 이혼했다고 판단했다.

《피드백》 역시 모든 것이 판단한 그대로이다.

【예4】乙酉年 子月 壬午日 (旬空:申酉)				
30세 여자가 언제 결혼하는지 문의하였다				
水地比(水地比)				
白虎		妻財子水	‖‖	應
螣蛇		兄弟戌土	‖	
勾陳		子孫申金	‖	
朱雀		官鬼卯木	‖	世
靑龍		父母巳火	‖	
玄武		兄弟未土	‖	

《판단》 관귀(官鬼)를 용신(用神)으로 본다. 관귀 묘목(卯木)이 지세(持世)하고 월의 생을 얻어 왕상(旺相)하다. 응효(應爻) 원신(元神) 자수(子水)가 암동(暗動)하여 생하니 반드시 결혼할 수 있다. 자수(子水)가 암동(暗動)해 와서 생하니 무자(戊子)년에 결혼하였다.

《피드백》 정해(丁亥)년에 남자친구가 생겼고, 무자(戊子)년에 결혼하기로 했다.

【예5】 壬午年 酉月 丁未日 (旬空:寅卯) 남자가 언제 결혼할지 문의하였다					
풍산점(風山漸) ➡ 천뢰무망(天雷无妄)					
靑龍		官鬼卯木	|	應	
玄武	(妻財子水)	父母巳火	|		
白虎		兄弟未土	⚊⚊ 動		父母午火
螣蛇		子孫申金	⚊⚊ 動	世	兄弟辰土
勾陳		父母午火	||		
朱雀		兄弟辰土	⚊⚊ 動		妻財子水

【판단】 처재(妻財)를 용신(用神)으로 본다. 처재 자수(子水)는 괘에 없고 5효의 부모 (父母) 사화(巳火) 아래 복장(伏藏)되었다. 월이 생하고 일이 극하니 쇠왕(衰旺)을 가리기 힘들다. 괘를 다시 보면 2개의 형제(兄弟)가 동(動)하였다. 재(財)가 괘에 없으니 결혼이 늦다.

세효가 동(動)하면서 처재(妻財)를 생한다. 그래서 본인은 엄청 결혼하고 싶어 한다. 하지만 형제(兄弟)가 발동(發動)하니 기회와 인연이 닿지 않는다. 형제가 비록 발동하지만 자손(子孫)이 동(動)하여 연속적으로 상생할 수 있다. 그래서 결혼할 수 있는 기회가 꼭 있다.

재(財)가 복장(伏藏)하여, 비신(飛神)을 충거(沖去)할 수 있는 해년(亥年)에 가야 결혼할 수 있다.

【피드백】 역시 정해(丁亥)년 유월(酉月)에 결혼했다.

	【예6】 庚辰年 甲申月 辛丑日 (旬空：辰巳)				
	여자가 언제 결혼하는지 문의하였다				
	천수송(天水訟) ➡ 화수미제(火水未濟)				
螣蛇		子孫戌土	|		
勾陳		妻財申金	✗		子孫未土
朱雀		兄弟午火	|	世	
靑龍	(官鬼亥水)	兄弟午火	||		
玄武		子孫辰土	|		
白虎		父母寅木	||	應	

《판단》 관귀(官鬼)를 용신(用神)으로 본다. 관귀 해수(亥水)는 월이 생하고 일이 극하여 쇠왕(衰旺)을 가리기 힘들다. 하지만 5효 신금(申金)이 독발(獨發)하여 용신을 생한다. 생이 많고 극이 적어 반드시 결혼할 수 있다.

독발괘(獨發卦)이니 독발(獨發)은 응기(應期)를 나타낼 수 있다. 동(動)하는 경우 치(値)를 만나거나 합(合)을 만나는 경우 응기(應期)가 된다. 이듬해 신사(辛巳)년은 독발(獨發)의 효를 합(合)하고 또 용신을 충출(沖出)한다. 그래서 2001년 신사(辛巳)년에 결혼한다고 판단하였다.

《피드백》 역시 2001년에 결혼했다.

【예7】 丁亥年 巳月 丙寅日 (旬空:戌亥)					
여자가 결혼을 문의하였다					
산뢰이(山雷頤) ➡ 화뢰서합(火雷噬嗑)					
靑龍		兄弟寅木	∣		
玄武	(子孫巳火)	父母子水	∥		
白虎		妻財戌土	✗	世	官鬼酉金
螣蛇	(官鬼酉金)	妻財辰土	∥		
勾陳		兄弟寅木	∥		
朱雀		父母子水	∣	應	

《판단》 관귀(官鬼)를 용신(用神)으로 본다. 용신 관귀 유금(酉金)은 복장(伏藏)하였다. 월이 극하고 일이 돕지 않아 휴수(休囚)하다. 하지만 세효(世爻)가 독발(獨發)하여 관귀 유금(酉金)으로 화출(化出)했다. 또 용신을 생하니 그래서 결혼이 성사된다. 술토(戌土)가 동(動)하여 유금(酉金)으로 화하여 술월(戌月) 유일(酉日)에 성사된다. 용신으로 보면 술월(戌月)에 비신(飛神)을 충개(沖開)하고 유금(酉金)이 출현(出現)하니 역시 응기(應期)가 술월(戌月) 유일(酉日)이라는 것을 나타낸다.

《피드백》 역시 술월(戌月) 유일(酉日)에 결혼했다.

【예8】 丁亥年 申月 丙申日 (旬空 : 辰巳)					
온라인에서 신해(辛亥)년생 여자가 혼인을 문의하였다					
감위수(坎爲水) ➜ 수풍정(水風井)					
靑龍		兄弟子水	‖	世	
玄武		官鬼戌土	｜		
白虎		父母申金	‖		
螣蛇		妻財午火	Ⅺ	應	父母酉金
勾陳		官鬼辰土	｜		
朱雀		子孫寅木	‖		

판단 관귀(官鬼)를 용신(用神)으로 본다. 괘에 관귀가 양현(兩現)하여 공망(空亡)의 효(爻) 관귀 진토(辰土)를 용신으로 본다. 육충괘(六沖卦)이고 용신은 일월의 도움을 얻지 못하고 또 공망(空亡)을 만나니 결혼이 순조롭지 않다. 적어도 두 번은 결혼해야 한다.

이 괘는 부모(父母) 신금(申金)이 일(日)에 임했다. 부모효(父母爻)로 혼인응기를 판단한다. 기신(忌神) 처재(妻財) 오화(午火)가 발동(發動)하여 부모(父母) 신금(申金)을 극한다. 병자(丙子)년은 나이가 25세이다. 결혼 적령기이다. 오화(午火)를 충거(沖去)하니 이 해에 결혼한다고 판단하였다.

관귀(官鬼) 진토(辰土)가 공망(空亡)이라, 병술(丙戌)년은 공(空)을 충(沖)하니 실(實)로 된다. 또 원신(元神)이 입묘(入墓)하니 병술(丙戌)년에 이혼하였다.

세효(世爻)는 청룡(靑龍)에 임하였다. 본인은 예쁘게 다듬는 것을 좋아한다. 육충괘(六沖卦)이고 원신(元神)에 백호(白虎)가 임하니 성격이 좋지 않다. 세효(世爻)가 왕상(旺相)하니 키가 크다.

자손(子孫)은 일월에 충극(沖克)을 당하여 아이의 다리가 좋지 않다. 금(金)에 극을 당하여 폐도 좋지 않다. 두 번째 혼인은 무자(戊子)년에 한다.

피드백 재혼 시점은 검증을 기다려야 한다는 것 외에는 모든 판단이 옳았다.

"육효혼인예측학"

六爻婚姻豫測學

제**3**장
⋮
혼 인 분 류 예 측

"육효혼인예측학"

六爻婚姻豫測學

O1절

연애(戀愛)

　연애 예측은 남녀로 나뉘는데, 판단의 내용은 주로 자신과 상대방의 마음 상태, 성격, 상대와 자신의 가족의 태도, 그리고 최종 결과 등이다.

　연애를 예측하는 것은 용신의 왕상(旺相)의 문제일 뿐만 아니라 응효(應爻)의 상황도 보아야 한다.

⊙응효(應爻)의 쇠왕(衰旺) 관계는 크지 않지만 공파(空破)는 좋지 않다.

⊙세효(世爻)를 생(生)·합(合)하는 것이 좋고, 설령 세효(世爻)를 생(生)·합(合)하지 않더라도 용신(用神)을 생(生)·합(合)해도 좋다.

⊙용신(用神)과 응효(應爻)는 동(動)하여 공파(空破)로 화하는 것은 좋지 않고, 간효(間爻)가 발동(發動)하여 가로막는 것도 좋지 않다.

⊙용신(用神)이 왕상(旺相)하고 세효(世爻)를 생(生)·합(合)하면 쉽게 성사되고, 휴수(休囚)하여 극(克)을 당하거나 공파(空破)가 되면 성사가 되지 않는다.

【예1】 丙戌年 寅月 丁亥日 (旬空：午未)					
여자가 남자친구와의 연애 결과가 어떻게 될지 문의하였다					
지풍승(地風升) → 화산려(火山旅)					
靑龍		官鬼酉金	⚊⚋		子孫巳火
玄武		父母亥水	‖		
白虎	(子孫午火)	妻財丑土	⚊⚋	世	官鬼酉金
螣蛇		官鬼酉金	⎮		
勾陳	(兄弟寅木)	父母亥水	✗		子孫午火
朱雀		妻財丑土	‖	應	

【판단】 관귀(官鬼)를 용신(用神)으로 한다. 괘에 관귀가 양현(兩現)하여 발동(發動)의 효(爻) 관귀 유금(酉金)을 용신으로 본다. 세효(世爻) 축토(丑土)가 동(動)하면서 관귀를 생하니 본인은 이 남자친구를 좋아한다. 세효는 용신의 묘고(墓庫)이니 자신이 그를 원하고 그와 결혼하고 싶어함을 설명한다. 용신이 입묘(入墓)함은 묘(墓)를 충(沖)할 때 응기가 이루어지니 연애는 계미(癸未)년에 이루어졌다.

지풍승(地風升) 괘(卦)는 쟁탈의 괘이다. 세효(世爻)와 응효(應爻) 모두 관귀의 묘고(墓庫)이니 두 여자가 한 남자를 놓고 다툰다. 부모(父母)가 일진(日辰)에 임하여 원래는 결혼의 정보이지만 부모가 동(動)하여 공망(空亡)으로 화하였다. 이는 바로 결혼이 날아가 버림을 표시한다. 월건(月建)이 부모와 합하면 보통 상대방이 다른 사람과 결혼한다는 정보이다. 그래서 남자친구가 다른 사람과 결혼하려고 마음을 바꾼 것 같다.

자손(子孫) 오화(午火)는 월에 장생(長生)을 얻고 세효(世爻) 아래 복장(伏藏)되었다. 세효 발동(發動)은 자손(子孫)의 양지(養地)이다. 양(養)은 아이를 낳아 기르는 의미이니 본인은 임신할 수 있음을 나타낸다.

피드백 Feedback 실제로 3년 전에 두 사람이 연애를 시작했는데 본인이 임신했다. 좋아하는 사람과 결혼할 수 있을 줄 알았는데 을유(乙酉)년에 상대방이 다른 여자와 결혼하게 될 줄 누가 알았겠는가! 자신은 법원에 소송을 제기했지만 법원은 받아들이지 않았다.

【예2】 寅月 辛卯日 (旬空：午未) 여자가 연애가 어떤지를 문의하였다					
택천쾌(澤天夬) ➡ 뇌천대장(雷天大壯)					
螣蛇		兄弟未土	‖		
勾陳		子孫酉金	✗	世	子孫申金
朱雀		妻財亥水	❙		
靑龍		兄弟辰土	❙		
玄武	(父母巳火)	官鬼寅木	❙	應	
白虎		妻財子水	❙		

◉ 이 예는 필자의 한 학생이 필자에게 물었던 괘(卦)이다.

판단 Judgement 관귀(官鬼)를 용신(用神)으로 본다. 관귀 인목(寅木)은 일월의 도움을 얻어 왕상(旺相)하다. 용신은 응효(應爻)에 임하여 자신은 상대방을 좋아한다. 하지만 일도 관귀이면서 세효(世爻)를 충(沖)한다. 또 다른 남자가 자신의 삶에 개입되었음을 설명한다.

기신(忌神)인 자손(子孫) 유금(酉金)은 세효(世爻)에 임하면서 용신(用神)을 극하니 남자친구와 헤어지고 싶다는 뜻이다. 하지만 동(動)하면서 퇴신(退神)으로 화하여 극하는 힘이 감소하면서 자신은 헤어져야 할지 만나야 할지 망설이고 있음을 나타낸다. 진월(辰月)에 들어 유금(酉金)을 합주(合住)하여 유금(酉金)이 왕(旺)하여 불퇴(不退)하니 필히 용신을 극한다. 그래서 이때가 되면 헤어지기로 마음을 먹는다.

〔피드백〕 판단은 실제 상황과 완전히 일치하지만 그 후 결과가 어떻게 되었는지 피드백하지 않았다.

【예3】 戌月 甲申日 (旬空 : 午未) 남자가 여자친구와 발전이 어떻게 될지 문의하였다					
화뢰서합(火雷噬嗑) ➡ 산뢰이(山雷頤)					
玄武		子孫巳火	|		
白虎		妻財未土	||	世	
螣蛇		官鬼酉金	✗		妻財戌土
勾陳		妻財辰土	||		
朱雀		兄弟寅木	||	應	
靑龍		父母子水	|		

〔판단〕 처재(妻財)를 용신(用神)으로 본다. 괘(卦)에 처재가 양현(兩現)하고, 월파(月破)와 합(合)을 만나는 처재 진토(辰土)를 용신으로 본다. 세효가 공망(空亡)이니 마음속의 근심을 표시한다. 그래서 여자친구와의 미래가 걱정된다.

용신(用神)이 월에 충파(沖破)를 당하였다. 비록 일(日)이 장생(長生)을 하지만 용신을 생하지 않기 때문에 역시 불리한 면이 생긴다. 용신이 충파(沖破)를 만나면 반드시 헤어지는 일이 발생할 수 있다. 4효 관귀가 독발(獨發)하여 용신과 합(合)하고 관귀는 남자를 의미하니 다른 남자가 와서 여자친구를 유혹함을 설명한다. 즉, 여자친구는 다른 사람과 사귄다는 뜻이다.

하지만 용신(用神)이 월파(月破)를 당하고 유금(酉金)에게 합주(合住)를 당하니 오히려 좋은 면도 있다. 월파(月破)를 해결한 것과 같다. 상장(床帳)은 바로 유금(酉金)으로 왕상(旺相)하며 월파(月破)된 용신을 합주(合住)한다. 그래서 결국 여자친구는 자신과 결혼했다.

《피드백》 여자친구는 확실히 다른 남자와 친해졌지만 결국 자월(子月) 계미(癸未)일에 자신과 약혼했다.

【예4】 壬午年 酉月 乙巳日 (旬空:寅卯) 남자가 회사 내의 어떤 여자와 연인이 될 수 있는지 문의하였다					
		화지진(火地晉) → 화산려(火山旅)				
玄武		官鬼巳火	|		
白虎		父母未土	||		
螣蛇		兄弟酉金	|	世	
勾陳		妻財卯木	✗		兄弟申金
朱雀		官鬼巳火	||		
靑龍	(子孫子水)	父母未土	||	應	

《판단》 처재(妻財)를 용신(用神)으로 본다. 처재 묘목(卯木)은 일월의 도움을 얻지 못하고 월에 충파(沖破)를 당하였다. 공망(空亡)이 임하면서 발동(發動)하여 또 회두극

(回頭克)으로 화하니 반드시 이루어질 수 없다. 용신(用神)과 세효(世爻)가 서로 충(沖)하니 자신과는 전혀 인연이 없다.

유혼괘(遊魂卦)이고 또 화산려(火山旅)로 화했다. 유혼(遊魂)은 떠남을 의미하고 화산려(火山旅)도 떠남을 의미한다. 그래서 이 여자는 이 직장을 떠날 것이다. 앞으로는 만날 기회조차 없을 것 같다.

《피드백》 이 여성은 직장동료 중 한 명과 며칠 동안 연애를 했었다. 자신과는 전혀 관계를 맺지 않다가 이듬해 6월 전근을 가서 다시는 만나지 못했다.

【예5】乙酉年 丑月 戊申日 (旬空:寅卯)					
여자가 애인과 발전이 어떻게 될지 문의하였다					
화수미제(火水未濟) ➜ 뇌수해(雷水解)					
朱雀		兄弟巳火	✗	應	子孫戌土
靑龍		子孫未土	‖		
玄武		妻財酉金	∣		
白虎	(官鬼亥水)	兄弟午火	‖	世	
螣蛇		子孫辰土	∣		
勾陳		父母寅木	‖		

《판단》 관귀(官鬼)를 용신(用神)으로 본다. 관귀 해수(亥水)는 괘에 없고 월이 극하고 일이 생하여 쇠왕(衰旺)을 가리기 힘들다. 용신은 비록 세효(世爻) 아래 복장(伏藏)되었지만 백호(白虎)가 임하여 세효를 극한다. 백호(白虎)는 성격이 좋지 않고, 세효를 극하는 것은 자신한테 온화하지 않다. 사화(巳火)가 독발(獨發)하고 용신을 절

(絶)하니 오래가지 못한다.

《피드백》 역시 진월(辰月)에 헤어졌다.

【예6】 申月 壬午日 (旬空 : 申酉)				
18세인 딸이 8개월을 사귀던 남자친구와 결별하자는 말을 들었다. 한 달 후에 다시 계속 사귀는 건 어떻겠느냐고 말하면서 결과가 어떻게 될 것인지 문의하였다				
지수사(地水師) → 천수송(天水訟)				
白虎		父母酉金	✗	應	官鬼戌土
螣蛇		兄弟亥水	✗		父母申金
勾陳		官鬼丑土	✗		妻財午火
朱雀		妻財午火	‖	世	
靑龍		官鬼辰土	❘		
玄武		子孫寅木	‖		

《판단》 관귀(官鬼)를 용신(用神)으로 본다. 괘에 관귀가 양현(兩現)하여 발동(發動)의 효(爻) 관귀 축토(丑土)를 용신으로 본다. 용신은 월건의 도움을 얻지 못했다. 하지만 일의 생을 얻으며 또 동(動)하여 회두생(回頭生)으로 화한다. 반드시 화해하고 계속 사귈 수 있을 것이다.

《피드백》 역시 유월(酉月) 기사(己巳)일에 화해했다.

【예7】 子月 庚申日 (旬空:子丑) 남자가 어떤 여자와 연애를 하면 어떻게 될지 문의하였다					
택수곤(澤水困) ➡ 천수송(天水訟)					
螣蛇		父母未土	⚏		父母戌土
勾陳		兄弟酉金	▮		
朱雀		子孫亥水	▮	應	
靑龍		官鬼午火	▮▮		
玄武		父母辰土	▮		
白虎		妻財寅木	▮▮	世	

《판단》 처재(妻財)를 용신(用神)으로 본다. 처재 인목(寅木)에 백호(白虎)가 임했다. 백호는 의약이니 상대방은 의료업에 종사한다. 용신은 월이 생하고 일이 극하니 쇠왕을 가리기 힘들다. 하지만 부모(父母) 미토(未土)가 독발(獨發)하여 용신을 입묘(入墓)한다. 또 유혼(遊魂)으로 화하니 유혼(遊魂)은 헤어짐을 의미한다. 그래서 성사가 안 된다.

《피드백》 역시 사귀지 못했다. 축월(丑月)에 헤어졌다. 묘고(墓庫)를 충개(沖開)함은 응기가 된다.

【예8】 子月 己巳日 (旬空:戌亥) 여자가 어떤 남자로부터 연애하자는 요구를 받았는데 어떤지 문의하였다					
산택손(山澤損) ➡ 산화비(山火賁)					
勾陳		官鬼寅木	|	應	
朱雀		妻財子水	||		
靑龍		兄弟戌土	||		
玄武	(子孫申金)	兄弟丑土	✗	世	妻財亥水
白虎		官鬼卯木	✗		兄弟丑土
螣蛇		父母巳火	|		

《판단》 관귀(官鬼)를 용신(用神)으로 본다. 세효(世爻)는 동(動)하면서 공(空)으로 화한다. 자신은 걱정이 많고 자신이 없음을 표시한다. 관귀 묘목(卯木)은 월의 생을 얻어 왕상하다. 발동(發動)하여 세효를 극한다. 상대방에게 거절당할 수 있음을 나타낸다.

《피드백》 역시 상대방에게 사랑을 고백했다가 거절당했고, 상대방은 나중에 다른 여자와 결혼했다.

【예9】辰月 丁卯日 (旬空:戌亥)					
여자가 연애를 문의하였다					
뇌택귀매(雷澤歸妹) → 수택절(水澤節)					
靑龍		父母戌土	‖	應	
玄武		兄弟申金	⚊		父母戌土
白虎	(子孫亥水)	官鬼午火	⚊		兄弟申金
螣蛇		父母丑土	‖	世	
勾陳		妻財卯木	❘		
朱雀		官鬼巳火	❘		

【판단】 관귀(官鬼)를 용신(用神)으로 본다. 관귀가 양현(兩現)하여 발동(發動)의 효(爻) 관귀 오화(午火)를 용신으로 본다. 용신은 발동하면서 세효(世爻)를 생하니 현재 남자친구가 있고 자기한테 잘해 준다. 하지만 세효에 등사(螣蛇)가 임하였다. 등사는 짜증을 의미하니 그와 함께 지내면 귀찮게 느껴진다.

관귀 오화(午火)에 백호(白虎)가 임하였다. 백호는 화냄을 의미하니 이 남자친구는 성격이 좋지 않다. 동(動)하여 형제(兄弟) 신금(申金)으로 화함은 사귀는 친구가 많음을 의미한다. 하지만 5효 형제 신금(申金)은 공(空)으로 화하고 파(破)로 화하였다. 이런 조합은 격산(隔山)이 효(爻)로 화함으로 부른다. 친구가 서서히 그를 멀리하기 때문에 사람됨이 좋지 않고 친구가 적다.

관귀 오화(午火)에 역마(驛馬)가 임하였다. 격효(隔爻)가 공((空)으로 화하여 직업 등 사업변동을 표시한다. 술토(戌土)는 응효(應爻)에 있다. 응(應)은 타향을 의미하고, 6효는 먼 곳을 의미한다. 그래서 외지로 나갔다.

초효(初爻) 관귀 사화(巳火)는 일의 생을 얻었다. 초효는 방금 시작을 의미하고 일(日)이 생하는 것도 방금 시작을 의미한다. 그래서 현재 새로운 남자친구가 나타남을 설명한다. 주작(朱雀)에 임하여 말재주가 나쁘지 않다. 형제 신금(申金)을 합하니 친구 사귀는 것을 좋아하고 친구가 많다.

《피드백》 실제 상황이 바로 이렇다.

【예10】午月 甲寅日 (旬空：子丑) 여자가 혼인을 문의하였다					
수뢰둔(水雷屯) ➡ 풍뢰익(風雷益)					
玄武		兄弟子水	⚊⚊ ╳		子孫卯木
白虎		官鬼戌土	⚊	應	
螣蛇		父母申金	⚊⚊		
勾陳	(妻財午火)	官鬼辰土	⚊⚊		
朱雀		子孫寅木	⚊⚊	世	
靑龍		兄弟子水	⚊		

《판단》 관귀(官鬼)를 용신(用神)으로 본다. 부모(父母) 신금(申金)을 월(月)이 극한다. 괘(卦)에 동효(動爻)가 와서 도와주는 것이 없다. 일(日)이 충(沖)함은 일(日)이 파(破)한 것과 같다. 부모는 결혼증서를 의미한다. 그래서 현재 결혼하지 않음을 설명한다. 관귀인 술토(戌土)·진토(辰土)가 양현(兩現)하니 지금 남자친구가 두 명 있다.

형제 자수(子水)에 현무(玄武)가 임하여 독발(獨發)하여 세효(世爻)를 생한다. 세효의 목욕지(沐浴地)이다. 그래서 본인은 이미 처녀가 아니다. 원신(元神)은 사유(思維)

를 대표하는데 공망(空亡)·월파(月破)이고, 또 자손(子孫)이 지세(持世)하니 딴마음을 품는다. 진심으로 결혼을 대할 수 없고, 평생 결혼이 순조롭지 않다.

《피드백》 역시 그렇다. 동시에 2명의 남자친구를 사귄다. 서로 안 맞으면 바로 상대를 교체한다.

| 【예11】 申月 丁卯日 (旬空:戌亥) |||||
| 남자가 연애가 어떤지 문의하였다 |||||
산풍고(山風蠱) → 뇌택귀매(雷澤歸妹)				
靑龍		兄弟寅木	X	應	妻財戌土
玄武	(子孫巳火)	父母子水	‖		
白虎		妻財戌土	X		子孫午火
螣蛇		官鬼酉金	X	世	妻財丑土
勾陳		父母亥水	Ⅰ		
朱雀		妻財丑土	X		子孫巳火

《판단》 처재(妻財)를 용신(用神)으로 본다. 괘에 처재가 양현(兩現)하니 합(合)을 만난 처재 술토(戌土)를 용신으로 한다.

세효(世爻)에 등사(螣蛇)가 임하여 지금 기분이 좋지 않고 짜증이 난다. 삼합(三合) 관귀국(官鬼局)이니 모든 고민이 한곳에 집중되었다. 처재 술토(戌土)는 원래 세효를 생하니 여자친구는 자신을 좋아한다. 하지만 공망(空亡)에 임하여 또 망설인다. 일(日)에 있는 형제 묘목(卯木)이 용신을 합주하니 탐합망생(貪合忘生_합을 탐하다가 생하는 것을 잊는다)이다. 형제는 쟁탈하는 사람을 의미하여, 여자친구의 마음을 사로잡는 남자가 생겨서 그녀는 어떻게 선택해야 할지 모름을 설명한다.

일(日)의 형제는 괘(卦)에서 찾아봤지만 똑같은 묘목(卯木)은 없다. 인목(寅木)으로 대신 정보를 추출할 수 있다. 형제 인목(寅木)은 6효에 있으면서 처재(妻財)를 극한다. 6효는 퇴직의 효이고 동(動)하여 공망(空亡)으로 화한다. 이 사람은 이전에 여자친구와 헤어진 그 남자임을 나타낸다.

용신은 비록 회두생(回頭生)으로 화하나 일월(日月)이 도와주지 않기 때문에 성사되지 못한다.

[피드백] 역시 여자친구의 옛 남자친구가 찾아왔다. 말다툼을 하다가 헤어졌다.

【예12】 寅月 丁酉日 (旬空:辰巳) 남자가 어느 여자와 연애가 성사될지 문의하였다					
풍화가인(風火家人) ➡ 산화비(山火賁)					
靑龍		兄弟卯木	∣		
玄武		子孫巳火	✕	應	父母子水
白虎		妻財未土	‖		
螣蛇	(官鬼酉金)	父母亥水	∣		
勾陳		妻財丑土	‖	世	
朱雀		兄弟卯木	∣		

[판단] 처재(妻財)를 용신(用神)으로 본다. 괘에 처재가 양현(兩現)하여 세효에 임한 처재 축토(丑土)를 용신으로 본다. 용신은 일월의 도움을 얻지 못하고 월이 극하여 휴수(休囚)하다. 응효가 발동(發動)하여 용신을 생한다. 여자가 자신을 좋아한다.

하지만 공망(空亡)이 발동하여 상대방이 변동이 있을 것이다. 5효에 임하면서 동(動)

하여 부모(父母)로 화하여 회두극(回頭克)을 한다. 5효는 가장, 부모도 가장을 의미한다. 응(應)에 임한 것도 상대방을 의미한다. 그래서 상대방의 부모가 동의하지 않아 이루기 어려울 것이다. 사화(巳火)가 바로 피공(避空)의 지(地)이니 사월(巳月)에 출공(出空)되면 안 된다.

처재(妻財)는 사화(巳火)의 생을 득하였다. 사화(巳火)는 동남에 해당하니 여자친구는 동남쪽에서 왔다. 원신(元神)은 5효에서 독발(獨發)하고, 독발은 성질을 나타낸다. 5효는 오관을 의미하고 화(火)는 눈을 의미한다. 현무(玄武)에 임하여 섹시함과 아름다움을 나타낸다. 그래서 여자친구 눈이 예쁘다. 공망(空亡)이라 인도인처럼 눈언저리가 움푹 들어갔다. 원신(元神)은 수(水)에게 극을 당하였다. 수(水)는 검은색이고 또 현무에 임하여 현무 역시 검은색이니 피부가 까맣다.

【피드백】 역시 사월(巳月)에 상대방의 부모가 극구 반대해 헤어졌다.
Feedback

【예13】 亥月 甲辰日 (旬空 : 寅卯)					
여동생이 어떤 남자와 연애를 하는데 어떻게 될지 오빠가 문의하였다					
산천대축(山天大畜) → 화풍정(火風鼎)					
玄武		官鬼寅木	｜		
白虎		妻財子水	‖	應	
騰蛇		兄弟戌土	⚊╳		子孫酉金
勾陳	(子孫申金)	兄弟辰土	｜		
朱雀	(父母午火)	官鬼寅木	｜	世	
靑龍		妻財子水	╳		兄弟丑土

【판단】 관귀(官鬼)를 용신(用神)으로 본다. 괘에 관귀가 양현(兩現)하여 세효(世爻)
Judgement

관귀 인목(寅木)을 용신으로 본다. 관귀 인목(寅木)은 월의 도움을 얻어 왕상하다. 지세(持世)하여 상대방에 대해 호감이 있다. 하지만 세효도 공망(空亡)이니 그녀의 여동생이 망설이고 있다는 것을 나타낸다.

관귀가 지세(持世)하고 주작(朱雀)에 공망(空亡)이 임함은 두 사람은 함께 있으면 말이 많지 않다. 응효(應爻)는 상대방의 상황을 나타내고 처재에 임하면서 일에 입묘하고 또 형제 술토(戌土)의 극을 받는다. 상대방의 가정은 가난해서 돈이 없다. 그래서 망설이는 것이다. 지금 임오(壬午)년이니 갑신(甲申)년이 오면 용신을 충실(沖實)하고 원신(元神)이 삼합국(三合局)이 되어야 비로소 결혼한다.

《피드백》 역시 상대방의 가정이 가난해서 망설였다. 하지만 사람은 괜찮았다. 1년을 사귄 끝에 갑신년에 결혼했다.

【예14】 戌月 丁卯日 (旬空 : 戌亥)				
20세 남자가 여자친구와 연애가 어떤지 문의하였다				
수지비(水地比) → 풍산점(風山漸)				
靑龍		妻財子水	⚊⚋	應	官鬼卯木
玄武		兄弟戌土	❙		
白虎		子孫申金	‖		
螣蛇		官鬼卯木	⚊⚋	世	子孫申金
勾陳		父母巳火	‖		
朱雀		兄弟未土	‖		

《판단》 처재(妻財)를 용신(用神)으로 본다. 세효(世爻)에 등사(螣蛇)가 임했다. 등사

는 불안 혹은 기분이 좋지 않음을 의미한다. 처재(妻財) 자수(子水)가 동(動)하여 관귀로 화하니 여자친구는 또 다른 남자들과 사귀는 것이다. 처재는 동(動)하면서 세효(世爻)를 생하니 여자친구는 아직 그에 대한 관계를 완전히 끊지 못했다. 하지만 월건이 용신을 극하고 일이 도움을 주지 않아서 관계를 유지하기가 어렵다.

【피드백】 Feedback 역시 여자친구가 다른 남자와 사귀었다. 그는 화가 나서 말다툼을 했다.

【예15】 **戌月 癸未日 (旬空 : 申酉)** 남자가 언제 연인이 생길지 문의하였다					
천수송(天水訟) ➜ 수지비(水地比)					
白虎		子孫戌土	✗		官鬼子水
螣蛇		妻財申金	ㅣ		
勾陳		兄弟午火	✗	世	妻財申金
朱雀	(官鬼亥水)	兄弟午火	‖		
靑龍		子孫辰土	✗		兄弟巳火
玄武		父母寅木	‖	應	

【판단】 Judgement 처재(妻財)를 용신(用神)으로 본다. 처재 신금(申金)은 공망(空亡)이고, 세효(世爻)가 동(動)하여 처재 신금(申金)으로 화한다. 다음날은 출공(出空)일이다. 그래서 다음날 바로 상대가 있다고 판단했다. 형제(兄弟)가 지세(持世)하고 동(動)하여 처재로 화한다. 이것은 자기 친구가 소개해 줌을 의미한다.

【피드백】 Feedback 내일 정말 누군가 나에게 맞선 상대를 소개해 준다고 한다. 상대방의 정황은 어떤가요?

판단 용신(用神)은 5효에 있고 신금(申金)이다. 얼굴이 길쭉하고 뾰족한 턱의 모습이다. 금(金)이 공망이면 소리가 나는데, 말소리가 우렁차다.

질문 좀 더 자세히 말해 줄 수 있나요?

판단 괘(卦)가 이궁(離宮)에 있어 갑주(甲胄_갑옷과 투구)를 의미한다. 자손(子孫) 술토(戌土)가 월에 임하고 백호(白虎)가 와서 생한다. 백호는 법을 집행한다는 의미이다. 여자는 정법부서에서 일한다. 화(火)가 용신(用神)을 극하니 눈이 좋지 않다. 술토(戌土)는 화고(火庫)로 안경으로 볼 수 있다. 용신을 생하니 안경을 착용하고 있다.

자손(子孫) 진토(辰土)는 월파(月破)에 발동(發動)하여 2효에서 용신(用神)을 생한다. 2효는 부처(夫妻)의 자리이고, 진토(辰土)는 관귀(官鬼)의 묘고(墓庫)이다. 그래서 결혼했음을 나타낸다. 월파(月破)는 이혼을 의미한다. 자손은 역시 관귀의 묘고(墓庫)이다. 형제(兄弟) 오화(午火)가 일의 자손과 합(合)을 하고 처재(妻財)로 화한다. 상대방이 아이를 데리고 올 것이다. 용신이 5효에 있어 여자측은 관직이 있다.

유혼괘(遊魂卦)에 형제가 지세(持世)하여 용신을 극한다. 자신은 망설이며 되고 싶지 않다는 의미이다.

다음날 피드백 여자는 안전부에서 일하고 군대에 간 적이 있다. 이혼하고 아들이 있다. 안경을 쓰고 있으며 과장급 간부이다. 얼굴은 길고 턱은 뾰족하다. 자신은 사귀고 싶지 않은데 여자는 사귀기를 원한다.

【예16】 酉月 丁未日 (旬空:寅卯)					
남자가 연애가 어떤지 문의하였다					
택지췌(澤地萃) → 택화혁(澤火革)					
靑龍		父母未土	‖		
玄武		兄弟酉金	｜	應	
白虎		子孫亥水	｜		
螣蛇		妻財卯木	⚊/		子孫亥水
勾陳		官鬼巳火	‖	世	
朱雀		父母未土	⚊/		妻財卯木

《판단》 처재(妻財)를 용신(用神)으로 본다. 처재 묘목(卯木)이 월파(月破)를 당하고 공망(空亡)이다. 또 일(日)에 입묘(入墓)하여 연애는 성공하지 못한다. 용신은 목(木)으로 휴수(休囚)하여 키가 크고 신체가 날씬하다. 용신이 3효에 있고 등사(螣蛇)에 임하였다. 3효는 허리이니 허리가 가늘다.

용신(用神)이 삼합국(三合局)이니 이미 여러 명의 여자와 연애를 했는데 모두 성공하지 못했다.

《피드백》 역시 이 여자와도 성사되지 않았다. 그 전에 10여 명이나 사귀어 봤지만 모두 성사되지 않았다.

【예17】丑月 丁未日 (旬空:寅卯)					
남자가 언제 적당한 결혼 상대를 찾을 수 있는지 문의하였다					
풍수환(風水渙) ➔ 산천대축(山天大畜)					
靑龍		父母卯木	｜		
玄武		兄弟巳火	✕	世	官鬼子水
白虎	(妻財酉金)	子孫未土	‖		
螣蛇	(官鬼亥水)	兄弟午火	✕		子孫辰土
勾陳		子孫辰土	｜	應	
朱雀		父母寅木	✕		官鬼子水

【판단】 처재(妻財)를 용신(用神)으로 본다. 세효(世爻)가 화(火)이니 성격이 좋지 않다. 동(動)하여 관귀(官鬼)로 화한다. 관귀는 나쁜 사람을 의미하니 본인은 우악스럽거나 거칠다. 5효에 있어 남에게 인정사정 봐주지 않는다. 매우 이성적이다.

형제가 지세(持世)하고 또 괘에 발동(發動)한 형제가 있다. 용신 처재 유금(酉金)은 극을 당하였다. 금(金)은 4의 숫자이니 적어도 네 번의 연애 실패를 경험해야 성공할 수 있다. 비신(飛神)은 일(日)에 있어 복신(伏神)을 생하니 방금 또 여자친구를 사귀었다.

세효가 휴수(休囚)하고 부모는 1효에서 발동(發動)하여 생한다. 부모는 세효의 희신이다. 음효(陰爻)는 모친을 의미한다. 1효는 어릴 때를 의미한다. 그래서 어릴 때부터 부모님의 보살핌을 받았기 때문에 어머니를 떠날 수 없었다.

【피드백】 지금까지 3명의 상대를 만났었고, 이제 막 4번째 여자 친구를 만났다. 어릴 때부터 어머니를 연연했다. 그래서 자기보다 나이가 많은 여자를 찾는 것을 좋아했다. 성질이 좋지 않아 그와 잘 어울리는 여자가 없다.

【예18】 酉月 戊戌日 (旬空 : 辰巳) 남자가 어느 여자와의 연애 결과가 어떤지 문의하였다					
화수미제(火水未濟)　➡　화천대유(火天大有)					
朱雀		兄弟巳火	∣	應	
靑龍		子孫未土	∥		
玄武		妻財酉金	∣		
白虎	(官鬼亥水)	兄弟午火	✗	世	子孫辰土
螣蛇		子孫辰土	∣		
勾陳		父母寅木	✗		官鬼子水

《판단》 처재(妻財)를 용신(用神)으로 본다. 처재 유금(酉金)은 월의 도움을 받고 일의 생을 받아 왕상하다. 하지만 형제(兄弟) 오화(午火)가 지세(持世)하고 초효(初爻)에 인목(寅木)이 일진(日辰) 술토(戌土)와 삼합국을 형성하여 성사되지 않을 것 같다. 응(應)은 상대방을 의미하니 상대방은 사귀고 싶은 마음이 없다.

《피드백》 네 번의 데이트 후 인일(寅日) 사시(巳時)에 상대방이 헤어지자는 전화가 걸려 왔다.

02절
맞선〔相親〕

맞선을 예측하는 경우에 자신이 직접 문의하던지 집안 사람이 대신 문의하던지 남자는 처재, 여자는 관귀를 용신으로 판단한다. 동시에 응효(應爻)를 참고해야 한다. 응효는 상대방의 마음가짐과 가정 형편을 나타낸다.

◉ 용신(用神)과 응효(應爻)는 모두 공망(空亡)·월파(月破)되는 것이 좋지 않다.

◉ 용신(用神)은 회두생(回頭生)으로 화하는 것이 좋고, 회두극(回頭克)·공망(空亡)·절(絕)·묘(墓)로 화하는 것은 좋지 않다. 일(日)·변효(變爻)·동효(動爻)에 합주(合住)되는 것도 좋지 않다.

◉ 응효(應爻)가 발동(發動)하여 공파(空破)로 화하면 상대방이 변화가 있거나 원하지 않거나 상대방이 무심함을 의미한다.

◉ 응효(應爻)가 세효(世爻)를 극하면 상대방에게 거절당함을 의미한다.

◉ 세효(世爻)가 동(動)하여 공파(空破)로 화하면 자신이 원하지 않는다.

⊙간효(間爻)가 발동(發動)하여 용신(用神)을 극하면 중간에서 누군가가 방해한다는 의미가 된다.

⊙용신(用神)이 공파(空破)된 부모(父母)를 합하면 상대방은 이혼한 사람이다.

⊙세효(世爻)가 공파(空破)된 부모를 합함은 자신도 결혼한 적이 있다.

⊙용신(用神)이 형제를 합하거나 세효와 같은 오행과 합(合)이 된 것은 상대방이 재혼했거나, 애인이 있거나, 장래에 변심할 가능성이 있다는 의미이다.

⊙형제(兄弟)가 용신(用神)으로 화(化)하면 친구 혹은 형제가 소개한다는 의미이다.

⊙부모(父母)가 용신(用神)으로 화(化)함은 윗사람이 소개한다는 의미이다.

⊙응효(應爻)가 용신(用神)으로 화(化)함은 상대방의 지인이 소개한다는 의미이다.

성사 여부는 용신과 응효의 쇠왕(衰旺)에 달려 있다.

⊙용신이 세효를 생하면 상대방이 원한다.

⊙세효가 응효·용신을 생하면 자신이 원한다.

⊙세효와 용신 모두 발동(發動)하여 서로 합하면 쌍방 모두 원한다.

생김새와 성격에 대한 판단은 본서의 관련 장을 참고하면 된다.

		【예1】 午月 戊辰日 (旬空 : 戌亥)				
		한 남자가 어떤 사람이 여자를 소개해 주겠다고 해서				
		여자를 데리고 올지 안 올지를 문의하였다				
		뇌지예(雷地豫) → 뇌화풍(雷火豐)				
朱雀		妻財戌土	‖			
靑龍		官鬼申金	‖			
玄武		子孫午火	❙	應		
白虎		兄弟卯木	⚊̸			父母亥水
螣蛇		子孫巳火	‖			
勾陳	(父母子水)	妻財未土	⚊̸	世		兄弟卯木

《판단》 처재(妻財)를 용신(用神)으로 본다. 괘에 재효(財爻)가 양현(兩現)하여 발동(發動)의 효(爻) 처재 미토(未土)를 용신으로 본다. 원래 용신이 월건(月建)의 생합(生合)을 받고 일(日)의 도움을 얻어 왕하다. 또 용신이 세효(世爻)에 임하여 올 것으로 표시된다. 하지만 용신이 동(動)하여 회두극(回頭克)으로 화한다. 간효(間爻) 형제(兄弟)가 동하면서 재효(財爻)를 극한다. 중간에 누군가가 개입하는 바람에 소개팅에 지장이 생겨서 오지 않을 것 같다.

《피드백》 결국 중도에 예상치 못한 사람이 갑자기 나타나 그 여자에게 다른 남자를 소개해 준 것이다. 여자 쪽에서는 다른 상대방의 조건이 더 좋다고 생각해서 그 사람과 사귀게 되면서 나오지 않았다.

			천택리(天澤履)	➜	천수송(天水訟)	

		【예2】 申月 辛未日 (旬空 : 戌亥) 여자가 맞선 보는 것을 문의하였다				
螣蛇		兄弟戌土	|			
勾陳	(妻財子水)	子孫申金	|		世	
朱雀		父母午火	|			
靑龍		兄弟丑土	||			
玄武		官鬼卯木	|		應	
白虎		父母巳火	✗			官鬼寅木

《판단》 관귀(官鬼)를 용신(用神)으로 본다. 관귀 묘목(卯木)은 월에 극을 당하고 또 일(日)에 입묘되었다. 휴수(休囚)하고 무기(無氣)하여 성사가 안 된다. 용신은 응효(應 爻)에 임했다. 응(應)은 타지방을 의미한다. 그래서 외지인이다. 부모(父母)는 중매인 혹은 혼인을 의미한다. 동(動)하여 관귀로 화함은 중매인의 정보가 더 강해진 것이다. 세효(世爻)를 합(合)함은 중매인은 자신과 친척관계임을 나타낸다.

부모(父母)는 결혼증서를 의미하니 동(動)하여 세효를 합함은 자신은 혼인한 적이 있음을 의미한다. 하지만 부모 사화(巳火)는 동(動)하면서 파(破)로 화하였다. 이미 이혼한 것을 나타낸다. 부모 오화(午火)가 일과 합을 함은 혼기(婚期)를 나타낸다. 합(合)은 충개(沖開)할 때 응기가 된다. 1996년 병자(丙子)년은 부모 오화(午火)를 충하니 이 해에 결혼한 것이라고 판단하였다.

부모(父母) 사화(巳火)는 동(動)하면서 파(破)로 화하니 1998년 무인(戊寅)은 실파(實 破)가 되어 이 해에 이혼했다고 판단하였다. 화출(化出)된 관귀 인목(寅木)은 월파(月 破)를 당하고 일에 입묘한다. 또 백호에 임하고 백호는 사망을 의미한다. 그래서 남편은 그와 이혼 후에 죽었다고 판단하였다. 자손이 지세(持世)하고 일은 원신(元神)으로 자손을 생한다. 현재는 아이가 있고 스스로 아이를 키운다는 뜻이다.

(피드백) 역시 모두 다 정확하였다.
Feedback

【예3】 寅月 癸亥日 (旬空:子丑) 여자가 양어머니가 결혼 상대를 소개해 주었는데 어떤지 문의하였다					
수산건(水山蹇) ➔ 풍천소축(風天小畜)					
白虎		子孫子水	⚊⚊		妻財卯木
螣蛇		父母戌土	⎸		
勾陳		兄弟申金	⎸⎸	世	
朱雀		兄弟申金	⎸		
靑龍	(妻財卯木)	官鬼午火	⚊⚊		妻財寅木
玄武		父母辰土	⚊⚊	應	子孫子水

(판단) 관귀(官鬼)를 용신(用神)으로 본다. 관귀는 월의 생을 얻고 일에 극을 당하여
Judgement 쇠왕을 가리기 힘들다. 관귀 아래 처재(妻財)가 복장하고 또 동(動)하여 재(財)로 화하니 이 남자는 어디에 가나 돈이며 부자라는 것을 의미한다.

부모(父母)인 진토(辰土)는 양어머니를 의미한다. 현무(玄武)에 임하면서 동(動)하여 도화(桃花)인 자수(子水)로 화한다. 양어머니는 풍류적인 사람이다. 관귀가 발동(發動)하여 응효(應爻)를 생한다. 이 남자는 양어머니와 보통 사이가 아닌 애인 관계이다. 응효(應爻) 부모 진토(辰土)는 세효를 생한다. 양어머니는 극구 이 결혼을 성사시키려 했다.

세효(世爻)가 월파(月破)되고 자손이 발동(發動)하여 어려울 것 같다.

《피드백》 역시 양어머니는 사업을 한다. 이 남자는 돈이 많고 양어머니와 사이는 애매한 관계이다. 양어머니는 이 남자를 회유하기 위해 그녀에게 소개하려고 한다.

【예4】 亥月 乙巳日 (旬空:寅卯) 여자가 누군가 남동생에게 결혼 상대를 소개해 주겠다고 하는데 어떤지 문의하였다					
화산려(火山旅) ➡ 뇌천대장(雷天大壯)					
玄武		兄弟巳火	⚊		子孫戌土
白虎		子孫未土	⚏		
螣蛇		妻財酉金	⚊	應	
勾陳	(官鬼亥水)	妻財申金	⚊		
朱雀		兄弟午火	⚊		父母寅木
靑龍	(父母卯木)	子孫辰土	⚊	世	官鬼子水

《판단》 처재(妻財)를 용신(用神)으로 본다. 괘(卦)에 처재가 양현(兩現)하여 일과 합한 처재 신금(申金)을 용신으로 본다. 용신은 월건(月建)의 도움을 얻지 못하고 일진(日辰)에 극합(克合)되어 휴수(休囚)하다. 괘에 형제가 양현(兩現)하였는데 발동(發動)하여 용신을 극하니 마음에 들 수가 없다.

《피드백》 역시 안 됐다.

【예5】 午月 癸亥日 (旬空:子丑)				
남자가 선을 보는데 어떤지 문의하였다				
뇌지예(雷地豫) → 지뢰복(地雷復)				
白虎		妻財戌土	‖	
螣蛇		官鬼申金	‖	
勾陳		子孫午火	✗	應	妻財丑土
朱雀		兄弟卯木	‖	
靑龍		子孫巳火	‖	
玄武	(父母子水)	妻財未土	✗	世	父母子水

【판단】 처재효(妻財爻)를 용신(用神)으로 본다. 처재(妻財)가 양현(兩現)하여 발동된 처재 미토(未土)를 용신으로 본다. 자손(子孫) 오화(午火)는 응효(應爻)에 임하면서 세효(世爻)의 재(財)를 생한다. 응(應)은 타인인데 용신을 생한다. 중매인으로 이해하면 된다. 어떤 사람이 여자친구를 소개시켜 준 것이다.

하지만 세효(世爻)가 발동(發動)하여 월파(月破)와 공망(空亡)으로 화하니 본인은 갈 생각이 없다. 자손(子孫) 사화(巳火)는 2효에 임하며 암동(暗動)하며 세효의 재(財)를 생한다. 2효는 집이니 가족들은 그에게 선을 보라고 재촉했다. 자손 사화(巳火)는 일진(日辰) 해수(亥水)에 충동(沖動)을 당하고 있다. 해수(亥水)와 부모효(父母爻)는 오행이 같다. 부모는 양친〔어버이〕을 의미하니 어버이가 맞선을 보라고 재촉했다.

상대방의 정황은 재효(財爻)를 중심으로 판단한다. 현무(玄武)가 용신(用神)에 임하니 상대방의 얼굴이 거무스름하게 생겼다. 자손 사화(巳火)는 4효에 임하고 월건의 도움을 얻어 왕상하다. 4효는 유방의 자리이고 자손도 유방의 뜻을 나타낸다. 구진(勾陳)에 임하고 구진은 팽창의 의미이니 여자의 유방은 유난히 크다.

관귀(官鬼) 신금(申金)은 5효에 있다. 5효는 오관의 자리인데 금(金)이 5효에 있는 것은 치아를 의미한다. 관귀는 질병을 의미하는데, 등사(螣蛇)가 임하였다. 등사는 괴기한 모습을 의미하여 여자의 치아는 송곳니처럼 보기 흉하게 못생겼다.

상대방의 신체는 크다. 처재(妻財)가 토(土)이며 월의 도움을 받아 왕상하니 여자는 중간 정도의 키다.

세응(世應)이 모두 동(動)했다. 동(動)하면서 공(空)으로 화하였다. 세응(世應)이 모두 공(空)이 되면 끝내 후회한다. 이번 소개팅은 성사되지 않는다.

【피드백】 모든 것이 짐작한 바와 같다.

【예6】 午月 乙酉日 (旬空：午未)				
여자가 선을 보러 가는데 어떤지 문의하였다				
천수송(天水訟)　➡　풍수환(風水渙)				
玄武		子孫戌土	❙	
白虎		妻財申金	❙	
螣蛇		兄弟午火	✗	世	子孫未土
勾陳	(官鬼亥水)	兄弟午火	❙❙	
朱雀		子孫辰土	❙	
靑龍		父母寅木	❙❙	應

【판단】 관귀(官鬼)를 용신(用神)으로 본다. 관귀 해수(亥水)는 괘에 없고 3효의 형제 오화(午火) 아래 복장(伏藏)되었다. 관귀가 일진 유금(酉金)을 보면 목욕(沐浴)이 된

다. 상대방은 이번 맞선을 매우 중시하여 특별히 한바탕 크게 치장하였다.

관귀(官鬼)가 구진(勾陳)에 임하여 상대방은 얌전한 사람이다. 관귀는 복장(伏藏)되어 나타나지 않았다. 괘(卦)는 유혼괘(遊魂卦)이니 상대방은 겁이 많다. 여자만 보면 얼이 빠져서 못 보는데, 이번 맞선에도 상대방의 얼굴도 볼 수 없을 것 같다. 세효에 등사가 임하고 공망(空亡)이라 자신의 마음은 들떠 있고 비교적 혼란스럽다. 동(動)하여 자손(子孫) 미토(未土)로 화하니 상대방이 마음에 안들까 봐 걱정한다.

《피드백》 Feedback 후에 이 여자는 맞선을 보러 갔다. 상대방은 역시나 한바탕 치장했다. 하지만 겁이 많아 고개를 들지 못했고 소개팅이 끝날 때까지 상대방의 모습을 제대로 보지 못했다. 나중에는 상대방이 너무 얌전한 게 싫어서 거절했다.

【예7】丑月 乙酉日 (旬空 : 午未)					
여자가 맞선이 어떤지 문의하였다					
천풍구(天風姤) ➜ 풍수환(風水渙)					
玄武		父母戌土	∣		
白虎		兄弟申金	∣		
螣蛇		官鬼午火	⁄	應	父母未土
勾陳		兄弟酉金	⁄		官鬼午火
朱雀	(妻財寅木)	子孫亥水	∣		
靑龍		父母丑土	‖	世	

《판단》 Judgement 관귀(官鬼)를 용신(用神)으로 본다. 3효 형제 유금(酉金)이 동(動)하여 관귀로 화한다. 형제(兄弟)는 친구를 의미하니 친구가 소개해 준 것이다. 응(應)의 관귀 오

화(午火)가 동(動)하여 부모(父母) 미토(未土)로 화한다. 부모는 결혼증서를 의미하는데 합(合)을 함은 결혼증서가 있다는 것을 나타낸다. 하지만 공파(空破)가 되면 상대방은 이혼한 사람이 된다.

응(應)이 세효(世爻)를 생함은 상대방이 자기와 사귀기를 원한다. 하지만 공망(空亡)이나 동(動)하여 공파(空破)로 화함은 진심으로 사귀는 것이 아니다. 응(應)이 공망이 되면 세효의 부모(父母)를 생하지 않는다. 부모는 메시지·정보 등을 나타낸다. 상대방이 먼저 전화를 걸어 자신에게 연락하지 않는다. 재(財)가 괘(卦)에 없고 또 휴수(休囚)하고 응(應)에 등사(螣蛇)가 임하여 상대방이 인색하여 그녀에게 선물도 사주지 않을 것이다.

용신이 공(空)에서 공(空)으로 화하고 또 휴수(休囚)하여 성사가 안 된다.

 〔피드백〕 역시 상대방은 이혼한 사람이고 만난 뒤 전혀 적극적이지 않으며 함께 거리에 나가면 아무것도 사주지 않았다. 후에 헤어졌다.

03절
미혼동거(未婚同居)

시대가 변함에 따라 미혼동거 현상이 점점 더 많아지고 있다. 법의 관점에서는 미혼동거를 용납하지 않지만 자연의 법칙에는 위배되지 않는다. 음양의 교합(交合)은 남녀의 도(道)로 천지자연이 바로 생성된 것과 같다.

중국에서는 이런 현상을 '무허가 경영'이라고 재미있게 부른다. 진실을 아무리 숨기려 해도 괘에 이러한 정보가 고스란히 드러나 있어 진실을 숨기지 못한다.

이러한 괘를 판단하는 노하우는 필자가 수년 동안 많은 예측을 통하여 발견한 규칙 중 하나이다. 여기에는 아래와 같이 여러 가지 조합이 있다.

1 부모효(父母爻)가 복장(伏藏)되고 현무(玄武)가 임하면 미혼동거이다.

2 부모효(父母爻)가 복장(伏藏)·공망(空亡)·입묘(入墓)되면 미혼동거이다.

3 부모효(父母爻)가 출현(出現)하고 현무(玄武)가 임하고 입묘(入墓)되면 미혼동거이다.

4 부모효(父母爻)가 공망(空亡)에 현무(玄武)가 임하고 세효(世爻)와 서로 합(合)을 하면 미혼동거이다.

⑤ 부모효(父母爻)가 발동(發動)하여 공망(空亡)으로 화(化)하고 동시에 입묘(入墓)하면 미혼동거이다.

⑥ 부모효(父母爻)가 현무(玄武)에 임하여 독발(獨發)하면 미혼동거이다.

⑦ 부모효(父母爻)가 복장(伏藏)하여 입묘(入墓)하면 미혼동거이다.

⑧ 부모효(父母爻)가 입묘(入墓)하고 묘고(墓庫)에 현무(玄武)가 임하면 미혼동거이다.

⑨ 부모효(父母爻)가 현무(玄武)에 임하여 발동(發動)하고 공망(空亡)의 효(爻)와 서로 합(合)을 하면 미혼동거이다.

⑩ 부모효(父母爻)가 현무(玄武)에 임하고 발동(發動)된 효(爻)에게 합(合)을 당하고 게다가 공망(空亡)이면 미혼동거이다.

⑪ 3효에서 세효(世爻)가 입묘(入墓)하고 3효가 발동(發動)하여 세효(世爻) 혹은 묘고(墓庫)가 현무(玄武)에 임하면 미혼동거이다.

⑫ 부모효(父母爻)가 발동(發動)하여 공망(空亡)이 되고 복장(伏藏)된 지지와 서로 합(合)을 하면 미혼동거이다.

⑬ 세효(世爻)에 현무(玄武)가 임하여 발동(發動)하고 남자는 처재(妻財)와 합(合)을 하고 여자는 관귀(官鬼)와 합(合)일 때 미혼동거이다.

⑭ 남사가 혼인을 예측하는 경우 처재(妻財)가 복장(伏藏)되고 현무(玄武)가 임한 경우, 여자가 혼인을 예측하는 경우 관귀(官鬼)가 복장(伏藏)되고 현무(玄武)가 임한 경우 세효(世爻)가 공망(空亡)이면 미혼동거이다.

⑮ 세효(世爻)에 현무(玄武)가 임하여 동(動)하고 부모(父母)로 화하고 부모(父母)가 공망(空亡)이면 미혼동거이다.

⑯ 남자가 혼인을 예측하는 경우 처재(妻財)에 임한 현무(玄武)가 발동(發動)하여 부모(父母)로 화해서 세효(世爻)와 합을 하는 경우 미혼동거이다. 여자가 혼인을 예측하는 경우 관귀(官鬼)에 임한 현무(玄武)가 발동하여 부모(父母)로 화해서 세효(世爻)와 합을 하는 경우 미혼동거이다.

【예1】 午月 丁丑日 (旬空: 申酉) 여자가 그 사람과 지금 이후에도 계속 사이좋게 지낼 수 있는지 문의하였다					
지풍승(地風升) → 수풍정(水風井)					
靑龍		官鬼酉金	‖		
玄武		父母亥水	⚊✗		妻財戌土
白虎	(子孫午火)	妻財丑土	‖	世	
螣蛇		官鬼酉金	❘		
勾陳	(兄弟寅木)	父母亥水	❘		
朱雀		妻財丑土	‖	應	

《판단》 관귀(官鬼)를 용신(用神)으로 본다. 괘(卦)에 관귀가 양현(兩現)하여 세효와 가까운 것으로 용신으로 본다. 3효의 관귀 유금(酉金)이 바로 그녀가 지금 사귀고 있는 남자이다. 용신을 월이 극하고 일에 입묘하고 또 공망(空亡)에 임하여 좋지 않다.

유금(酉金)이 월의 오화(午·火)를 보니 목욕(沐浴)이다. 그래서 색을 좋아하고 바람을 피우는 정보를 의미한다. 또 독발(獨發)의 효(爻)가 현무(玄武)에 임하였다. 독발은 성질·원인을 나타내고, 현무는 음탕함을 의미한다. 그래서 이 남자친구는 바람둥이다. 일(日)은 처재(妻財)이니 여자를 의미한다. 묘(墓)는 미련(迷戀)을 의미한다. 그래서 그는 다른 여자들을 연연해한다.

독발(獨發)의 효(爻)는 부모(父母)이고 현무(玄武)에 임하였다. 부모는 결혼증서 혹은 약혼증서이고, 현무는 사적인 혹은 은밀함을 의미한다. 그래서 이 조합은 결혼하지 않고 동거한다는 정보이다.

6효도 역시 관귀 유금(酉金)이다. 6효는 퇴직 혹은 도태의 효위(爻位)이다. 공(空)하고 극을 당하면서 입묘(入墓)한다. 묘고(墓庫)는 종료·중단을 의미한다. 본인이 결혼한 적이 있다는 것을 의미한다. 부모(父母)가 양현(兩現)하여 결혼을 여러 번 했음을 표시한다.

［피드백］ 역시 한 번 이혼하고 현재 또 다른 남자와 동거 중이다. 그런데 진월(辰月)에 이 남자가 다른 여자와 왕래하고 있는 것을 발견하였다. 그래서 앞으로의 전개 상황을 문의하였다. 후에 두 사람은 헤어졌다.

【예2】未月 乙未日 (旬空：辰巳)					
남자가 여자친구와의 관계를 문의하였다					
화택규(火澤睽) ➡ 뇌천대장(雷天大壯)					
玄武		父母巳火	⚊̸		兄弟戌土
白虎	（妻財子水）	兄弟未土	⚋		
螣蛇		子孫酉金	⚊	世	
勾陳		兄弟丑土	⚋̸		兄弟辰土
朱雀		官鬼卯木	⚊		
靑龍		父母巳火	⚊	應	

［판단］ 처재(妻財)를 용신(用神)으로 본다. 처재 자수(子水)는 괘에 없고 5효 형제(兄弟) 미토(未土) 아래 복장(伏藏)되었다. 비신(飛神)이 와서 복신(伏神)을 극하고 일월이 용신을 극한다. 형제 축토(丑土)가 또 동(動)하여 진신(進神)으로 화하여 극한다. 6효가 동(動)하여 형제로 화하니, 괘(卦)·변효(變爻)·일월(日月)이 모두 형제로 여섯 번 중복되었다. 형제가 너무 왕(旺)하여 오히려 재(財)를 극하지 않아 혼인이 성사된다.

6효 부모 사화(巳火)에 현무(玄武)가 임하고 공(空)하고 입묘(入墓)하니 이미 여자친구와 동거한다.

《피드백》 역시 동거했고, 나중에 두 사람은 결혼했다.

【예3】 申月 戊戌日 (旬空：午未) 약혼자와 함께 집을 사는 것은 어떤지 문의하였다				
뇌천대장(雷天大壯) → 진위뢰(震爲雷)				
靑龍		兄弟戌土	‖	
玄武		子孫申金	‖	
白虎		父母午火	∣	世
螣蛇		兄弟辰土	✗	兄弟辰土
勾陳		官鬼寅木	✗	官鬼寅木
朱雀		妻財子水	∣	應

《판단》 부모(父母)를 용신(用神)으로 본다. 부모 오화(午火)가 비록 지세(持世)하지만 일월의 도움을 얻지 못하고 공(空)하면서 일에 입묘(入墓)한다. 내괘(內卦)가 복음(伏吟)이니 좋지 않다. 결국 집이 자기와 아무런 관계가 없을까 봐 두렵다.

이 괘는 집을 사는 것을 묻는 괘이지만 부모가 공망(空亡)에 입묘(入墓)하니 두 사람은 혼인신고를 하지 않고 이미 동거함을 나타낸다. 2효 관귀 복음(伏吟)이 관귀로 화한다. 월에 충파(沖破)를 당하였다. 두 번 결혼을 설명하고 이혼한 적이 있음을 나타낸다.

《피드백》 역시 미혼동거하였고, 자신은 재혼이다.

【예4】 戌月 庚辰日 (旬空:申酉)					
여자가 남자친구와 발전이 어떤지 문의하였다					
지택림(地澤臨)					
螣蛇		子孫酉金	‖		
勾陳		妻財亥水	‖	應	
朱雀		兄弟丑土	‖		
靑龍		兄弟丑土	‖		
玄武		官鬼卯木	❙	世	
白虎		父母巳火	❙		

〔판단〕 관귀(官鬼)를 용신(用神)으로 본다. 관귀 묘목(卯木)은 일월의 도움을 얻지 못했다. 원신(元神)은 일월에 극상(克傷)을 당하였다. 기초가 튼튼하지 않고 정이 두텁지 못하다. 부모(父母) 사화(巳火)는 일월의 도움을 얻지 못하고 월에 입묘(入墓)하였다. 부모는 결혼증서를 의미하는데 휴수(休囚)하고 입묘됨은 미혼동거를 의미한다. 또 용신이 현무(玄武)에 임하고 2효에 있다. 현무는 애매를 의미하고 2효는 집이니 떳떳하게 함께 산다는 정보는 아니다.

용신(用神)과 월의 술토(戌土)가 서로 합(合)을 하고 월은 형제(兄弟)이니 쟁탈자를 의미한다. 즉, 남자친구가 밖에서 다른 여자와 왕래하고 있다는 뜻이다. 정(靜)은 충(沖)을 만나야 일이 일어난다. 이 일은 지난달 유월(酉月)에 발생하였다.

〔피드백〕 역시 두 사람은 동거 중이지만 지난달 남자친구가 성매매 여성과 바람을 피운 것을 발견해 앞날이 걱정된다.

		【예5】 甲申年 戌月 庚辰日 (旬空:申酉) 여자가 혼인을 문의하였다			
		뇌수해(雷水解) → 뇌택귀매(雷澤歸妹)			
騰蛇		妻財戌土	‖		
勾陳		官鬼申金	‖	應	
朱雀		子孫午火	∣		
靑龍		子孫午火	‖		
玄武		妻財辰土	∣	世	
白虎	(父母子水)	兄弟寅木	✕		子孫巳火

《판단》 관귀(官鬼)를 용신(用神)으로 본다. 관귀 신금(申金)은 응효(應爻)에서 일월의 생부(生扶)를 얻어 왕상하다. 응(應)은 남편의 자리이니 남편이 있다는 것을 나타낸다. 하지만 공망(空亡)에 임하고 독발(獨發)은 용신의 절지(絶地)가 되어 현재 남편이 없다는 것을 의미한다. 공(空)은 출공(出空)이 응기가 된다. 신금(申金)은 또 본년(本年)의 태세(太歲)이다. 그래서 신월(申月)에 이미 남편과 이혼한 것으로 판단된다.

부모(父母) 자수(子水)는 일월에 극을 당하고 휴수(休囚)하며 괘에 없다. 일에 입묘(入墓)하여 이것은 미혼동거 혹은 외도의 정보이다. 반면 진토(辰土)가 괘(卦)에 있고 지세(持世)하였다. 세효(世爻)는 현무(玄武)에 임하고 현무는 음란(淫亂)을, 묘고(墓庫)가 양현(兩現)하여 그녀가 많은 남자와 동거하고 있다는 것을 말해 준다.

《피드백》 역시 다섯 남자와 동거했고, 남편은 화가 나서 신월(申月)에 이혼했다.

【예6】 癸未年 丑月 壬寅日 (旬空：辰巳)
여자가 가정 혼인을 문의하였다

화수미제(火水未濟) ➡ 천풍구(天風姤)					
白虎		兄弟巳火	|	應	
螣蛇		子孫未土	⚊		妻財申金
勾陳		妻財酉金	|		
朱雀	(官鬼亥水)	兄弟午火	⚊	世	妻財酉金
靑龍		子孫辰土	|		
玄武		父母寅木	||		

〔판단〕 관귀(官鬼)를 용신(用神)으로 본다. 관귀 해수(亥水)는 괘에 없어 남편이 자주 집을 비운다는 것을 의미한다. 용신이 세효(世爻) 아래 복장(伏藏)되었다. 부모(父母) 인목(寅木)이 일에 임하여 아직은 이혼하지 않음을 나타낸다.

부모(父母) 인목(寅木)이 현무(玄武)에 임하고 동효(動爻)인 미토(未土)에 입묘(入墓)하였다. 이런 조합은 결혼증서가 없이 동거하는 조합이다. 이미 가정이 있는 사람은 바람을 피운다는 정보가 있다.

세효(世爻)가 발동(發動)하여 기신(忌神) 자손(子孫)을 생한다. 이는 곧 자신은 남편과 살고 싶지 않다는 생각이 된다. 자손 미토(未土)가 발동하고 본년(本年) 태세(太歲)에 임하여 금년에 이혼 문제로 소란을 피운 적이 있다. 자손 미토(未土)가 월파(月破)되어 관귀(官鬼)를 극하는 힘이 없어 성공할 수 없음을 의미한다. 자손이 월파(月破)를 당하고 세효가 동(動)하여 합파(合破)한다. 주작(朱雀)이 임하고 주작은 관사 혹은 시비를 의미하니 법원을 통해 이혼했다는 것을 나타낸다.

용신(用神) 관귀(官鬼) 해수(亥水)가 부모(父母)를 합주(合住)한다. 부모는 결혼증서를, 합주는 결혼증서를 붙들고 놓지 않는다는 의미가 된다. 그래서 남편은 이혼을 원하지 않는다. 용신이 휴수(休囚)하고 원신(元神)은 월에 입묘(入墓)하고 일에 절(絕)을 당한다. 원신은 사유(思維)를 의미하는데 묘절(墓絕)을 만나니 꿍하게 생각한다는 것을 나타낸다. 이런 조합은 자살의 메시지이기 때문에 자살로 항의하는 것이다.

관귀 해수(亥水)가 남편이 되고 외도의 상대방은 응효(應爻)로 판단한다. 세효(世爻)와 응효는 모두 화(火)이다. 공동 연대관계를 표시한다. 세효에 주작이 임하고, 주작은 문서 혹은 공부를 의미한다. 혼외정의 상대방은 자신의 동창이다.

종합적으로 분석해보면 용신이 나타난 정해년(丁亥年)이 되어야 이혼할 수 있다.

《피드백》 마지막 이혼에 대한 피드백이 없는 경우를 제외하고 모든 판단이 정확하다.

【예7】 巳月 甲申日 (旬空 : 午未)				
20세 여자가 혼인을 문의하였다				
택산함(澤山咸) ➡ 택지췌(澤地萃)				
玄武		父母未土	‖	應	
白虎		兄弟酉金	∣		
螣蛇		子孫亥水	∣		
勾陳		兄弟申金	✗	世	妻財卯木
朱雀	(妻財卯木)	官鬼午火	‖		
靑龍		父母辰土	‖		

《판단》 관귀(官鬼)를 용신(用神)으로 본다. 관귀는 월의 도움을 얻어 왕상하다. 2효

에 임하고 2효는 집을 의미하니 남자가 집에 들어옴을 표시한다. 부모 미토(未土)가 현무(玄武)에 임하고 공망(空亡)이다. 이것은 미혼동거하는 정보이다. 지금 남자가 동거하고 있다는 것을 나타낸다.

응효(應爻)는 상대방의 정보를 나타낼 수 있다. 부모가 공망(空亡)에 임하니 두 가지 해석이 있다. 하나는 아직 결혼하지 않음을 의미한다. 또 하나는 이미 이혼함을 나타낸다. 관귀 아래 처재(妻財) 묘목(卯木)이 복장(伏藏)되었다. 상대방이 아내가 있음을 의미한다. 응효(應爻)인 부모 미토(未土)가 공망(空亡)이다. 결합해 보면 상대방은 이혼한 사람이 된다.

｜피드백｜ 모든 것이 판단한 바와 같다.

【예8】 戌月 庚寅日 (旬空 : 午未)				
여자가 혼인을 문의하였다				
천택리(天澤履) ➡ 풍택중부(風澤中孚)				
螣蛇		兄弟戌土	∣	
勾陳	(妻財子水)	子孫申金	∣	世
朱雀		父母午火	✗	兄弟未土
靑龍		兄弟丑土	‖	
玄武		官鬼卯木	∣	應
白虎		父母巳火	∣	

｜판단｜ 관귀(官鬼)를 용신(用神)으로 본다. 관귀 묘목(卯木)은 일의 도움을 얻어 왕상하다. 관귀와 월건(月建)이 서로 합(合)을 하고 월건은 형제이다. 그래서 상대방은

아내가 있는 사람이다. 용신이 응효(應爻)에 임하여 자신은 상대방을 좋아한다.

세효는 5효에서 응(應)에 있는 관귀(官鬼)를 극한다. 5효는 가장을, 응(應)은 타인을 의미한다. 즉, 자신은 가장이 되고 싶어 하고 남의 남자를 빼앗으려 한다. 부모 오화(午火)가 공망(空亡)에 월에 입묘(入墓)하니 두 사람이 이미 동거했음을 나타낸다.

피드백 **Feedback** 역시 그렇다.

【예9】 丑月 甲辰日 (旬空：寅卯)					
여자가 혼인을 문의하였다					
건위천(乾爲天) → 천산둔(天山遯)					
玄武		父母戌土	|	世	
白虎		兄弟申金	|		
螣蛇		官鬼午火	|		
勾陳		父母辰土	|	應	
朱雀		妻財寅木	✗		官鬼午火
靑龍		子孫子水	✗		父母辰土

판단 **Judgement** 관귀(官鬼)를 용신(用神)으로 본다. 세효(世爻)에 임한 부모(父母) 술토(戌土)가 암동(暗動)하여 관귀를 입묘(入墓)시킨다. 부모는 결혼증서를 의미하고 6효에 있다. 6효는 끝나는 효위(爻位)이고 또 육충괘(六沖卦)이니 이혼의 정보이다.

하지만 세효(世爻)인 부모(父母) 술토(戌土)는 현무에 임하여 일에 입묘(入墓)한다. 이 조합은 결혼하지 않고 동거한다는 정보이다. 4효 관귀 오화(午火)에 등사(螣蛇)가 임하여 이 남자는 인색함을 의미한다. 2효 인목(寅木) 또한 관귀 오화(午火)로 화하니 양다리를 걸친다는 것을 나타낸다.

〘피드백〙 *Feedback* 역시 동시에 두 남자와 동거했다.

【예10】 辰月 庚申日 (旬空：子丑) 남자가 여자친구와의 발전이 어떤지 문의하였다					
수산건(水山蹇) ➔ 수풍정(水風井)					
螣蛇		子孫子水	‖		
勾陳		父母戌土	│		
朱雀		兄弟申金	‖	世	
靑龍		兄弟申金	│		
玄武	(妻財卯木)	官鬼午火	✗		子孫亥水
白虎		父母辰土	‖	應	

〘판단〙 *Judgement* 처재(妻財)를 용신(用神)으로 본다. 처재 묘목(卯木)은 괘에 없고 관귀 오화(午火) 아래에 복장(伏藏)되었다. 이는 여자친구가 혼인이 있었다는 것을 나타낸다. 하지만 관귀가 동(動)하여 절(絶)로 화하니 이미 이혼하였다.

현무(玄武)에 임한 효(爻)가 독발(獨發)하여 용신(用神)을 압주(壓住)하고 있다. 독발은 성질(性質)을 나타낸다. 독발된 효(爻)는 세효(世爻)의 목욕지(沐浴地)이다. 그래서 두 사람은 이미 같이 살고 있다. 독발은 길흉을 표시하는데, 독발이 용신의 사지(死地)이니 오래가지 못한다. 독발은 역시 응기(應期)를 나타내니 오월(午月)에 헤어질 수 있다.

역시 오월(午月) 병인일(丙寅日)일에 갈등이 생겨 헤어졌다.

◉오월(午月)에 갈등이 생겼을 때 이 사람은 또 여자친구와 화해할 수 있는지 다시 문의하였다. 괘는 다음과 같다.

【예10-1】 午月 癸酉日 (旬空：戌亥)				
	지택림(地澤臨) ➡ 뇌택귀매(雷澤歸妹)			
白虎	子孫酉金	‖		
螣蛇	妻財亥水	‖	應	
勾陳	兄弟丑土	⚊̸		父母午火
朱雀	兄弟丑土	‖		
靑龍	官鬼卯木	❘	世	
玄武	父母巳火	❘		

《판단》 처재(妻財)를 용신(用神)으로 본다. 처재 해수(亥水)는 비록 일이 와서 생하는 것을 얻었지만 용신이 공망(空亡)이라 상대방이 망설이고 있어 서로 좋게 화해할 결심을 하는 것은 불가능하다. 형제(兄弟) 기신(忌神)은 간효(間爻)에 있고 독발(獨發)하여 부모(父母)로 화하여 회두생(回頭生)을 받았다. 이는 상대방의 형제와 부모가 다시 사귀는 것을 반대함을 나타낸다.

《피드백》 역시 그렇다. 더 이상 화해하지 못했다.

04절
부처백미(夫妻百味)

부부란 음양(陰陽)이 잘 맞는다는 증거이지만 음양(陰陽)이 영원히 평형 상태에 있을 수는 없기 때문에 부부 사이에 이런저런 갈등이 생길 수밖에 없다. 백 쌍의 부부가 있으면 백 가지 가정생활이 있다.

이 장절은 지금까지 배운 많은 장절을 종합해서 판단하는 것과 같다.
부부간의 사랑이 있지만 어느 한쪽이 불행한 경우, 겉으로는 부부이면서도 서로 다른 마음을 품은 경우, 한쪽은 충성하고 다른 한쪽은 배신하는 경우, 성격의 변화로 인한 경우, 제3자의 개입으로 인한 것, 욕설, 가정폭력 등이 있다.

여기서 세세히 논할 수는 없는 일인데, 여러분이 그 안의 미묘한 변화와 차이를 괘의 예에서 체득하기 바란다. 괘의 예에서 각 방면의 기교와 사교의 방향을 배울 수 있다.

【예1】 乙酉年 午月 乙亥日 (旬空 : 申酉)					
여자가 남동생 혼인을 문의하였다					
지천태(地天泰) ➡ 지택림(地澤臨)					
玄武		子孫酉金	‖	應	
白虎		妻財亥水	‖		
螣蛇		兄弟丑土	‖		
勾陳		兄弟辰土	✗	世	兄弟丑土
朱雀	(父母巳火)	官鬼寅木	∣		
靑龍		妻財子水	∣		

《판단》 처재(妻財)를 용신(用神)으로 본다. 괘에 처재가 양현(兩現)하여 월파(月破)된 처재 자수(子水)를 용신으로 본다. 용신은 일의 도움을 얻어 왕상(旺相)하다. 청룡(靑龍)에 임하여 기분이 좋음을 의미한다. 초효(初爻)에 있으니 조혼(早婚)이다. 하지만 월(月)의 부모(父母)에 충파(沖破)를 당하였다. 부모는 결혼증서를 의미한다. 그래서 조혼은 반드시 실패하고 이혼으로 이어진다.

상장(床帳) 사화(巳火)는 월건이 도와 왕상하다. 마침 부모효(父母爻)이다. 부모는 결혼증서 혹은 결혼했음을 나타낸다. 하지만 상장(床帳)은 괘에 없어 또 이혼했음을 의미한다. 5효에 또 하나 처재(妻財) 해수(亥水)가 있다. 재혼의 정보이다. 해수(亥水)가 일에 임하고, 일은 현재를 의미하니 재혼한 사람이 바로 눈앞에 있다.

세효(世爻)에 있는 형제(兄弟)는 그녀의 동생을 대표할 수 있다. 발동(發動)하여 처재(妻財) 해수(亥水)를 입묘(入墓)시켰다. 바로 남동생이 좋아하고 있는 여자이다. 남동생은 상대방을 얻고 싶어 한다. 처재 해수(亥水)는 5효에 있다. 5효는 존위(尊位)이니 가장의 자리이다. 그 여자가 집안의 버팀목임을 나타낸다. 형제 지세(持世)하여 퇴신(退神)으로 화한다. 동생이 자기 집을 떠나려 한다는 것을 표시한다. 동(動)하여 응효(應爻)를 합하니 처가에 거처를 정착하는 관계로 데릴사위가 되는 것을 의미한다.

〖피드백〗
Feedback 실제로 그렇다. 동생은 갑신년(甲申年) 해월(亥月)에 이혼하여 네 명의 아이가 있는데, 아이는 어려서부터 부모가 돌보았다. 최근에 중학교 때 사귀었던 여자친구를 만났는데 그 여자도 갑신년에 이혼했다. 두 사람은 만나고 나니 헤어질 수가 없었다. 동생은 집안의 장남이라 가업을 이어가야 하는데 그 여자는 이미 부모의 양계장을 물려받아서 시집올 수가 없어서 동생에게 데릴사위를 하라고 시켰다. 동생은 지금 직장을 그만두고 그녀의 양계장으로 가기로 했다. 식구들은 모두 동생의 이런 행동에 반대한다.

❀관리는 방화를 할 수 있지만, 백성은 등불을 켜는 것조차 허락되지 않는다

【예2】 辰月 己未日 (旬空 : 子丑) 여자가 부부 감정에 대해 문의하였다				
수풍정(水風井)				
勾陳		父母子水	‖	
朱雀		妻財戌土	∣	世
靑龍	(子孫午火)	官鬼申金	‖	
玄武		官鬼酉金	∣	
白虎	(兄弟寅木)	父母亥水	∣	應
螣蛇		妻財丑土	‖	

〖판단〗
Judgement 관귀(官鬼)를 용신(用神)으로 본다. 괘에 관귀가 양현(兩現)하여 월과 합(合)을 한 관귀 유금(酉金)을 용신으로 본다. 괘에 세효(世爻)는 술토(戌土)이고 용신은 유금(酉金)이고 동시에 또 신금(申金)이 출현하여 왕상하다. 서방국(西方局)을 형성하

였다. 세효에 임한 주작(朱雀)은 남편과 자신이 동창임을 표시한다.

세효(世爻)는 용신(用神)을 생하니 남편에 대한 애정이 아직 남아 있다는 것을 말해준다. 하지만 세효는 월에 있는 처재(妻財) 진토(辰土)에 충파(沖破)당하였다. 그래서 관귀(官鬼)를 생하는 힘이 작아졌다. 재(財)는 여자를 의미한다. 다른 여자들로 인해서 남편에 대한 자신의 감정이 약화된 것을 의미한다. 초효(初爻) 처재 축토(丑土)가 암동(暗動)하고 용신이 현무에 임하고 입묘(入墓)한다. 현무는 애매를 의미하고, 입묘는 연연해함을 의미하니 남편이 남의 여자에게 홀렸다. 월에 있는 처재가 용신을 합하여 남편이 다른 여자와 애매한 관계에 있다는 것을 나타낸다.

괘에 관귀(官鬼)가 양현(兩現)하여 세효와 방국(方局)이 되었다. 그래서 자신도 외도한 것을 의미한다. 관귀 신금(申金)이 청룡(靑龍)에 임하여 관직을 의미한다. 효위(爻位)는 관귀 유금(酉金)보다 높은 위치에 있다. 그래서 자신과 친한 남자가 남편보다 관직이 높다.

세효(世爻) 술토(戌土)가 월파(月破)되어 1994년 갑술(甲戌)년에 실파(實破)해 관귀(官鬼)를 생하니 그는 1994년에 결혼했을 것이라고 판단하였다.

〔피드백〕 역시 1994년에 결혼했다. 최근 남편의 전화번호가 심상치 않다는 것을 알고 번호대로 걸었는데 한 여자가 전화를 받았다. 그녀는 문제가 있다고 의심했고, 거듭된 추궁 끝에 남편은 인터넷에서 알게 된 사람임을 인정하고 몇 번 같이 밥을 먹었을 뿐 앞으로 왕래하지 않겠다고 맹세했다. 그러나 그녀는 남편의 말을 믿지 않았다. 반면에 그녀 자신은 애인이 있었다. 남편은 처급 간부이고, 애인은 부청급 간부였다.

【예3】戌月 癸巳日 (旬空:午未) 남자가 애완견 사업을 하는데 재운과 결혼을 문의하였다					
진위뢰(震爲雷) ➜ 지택림(地澤臨)					
白虎		妻財戌土	‖	世	
螣蛇		官鬼申金	‖		
勾陳		子孫午火	✗		妻財丑土
朱雀		妻財辰土	‖	應	
靑龍		兄弟寅木	✗		兄弟卯木
玄武		父母子水	｜		

《판단》 만약에 재물운을 문의한 것이라면 재효(財爻) 술토(戌土)가 지세(持世)하고 월의 도움과 일의 생을 얻는다. 괘에 비록 형제 인목(寅木)이 동하여 극을 하지만 자손 오화(午火)도 동하여 연속 상생이 되니 돈을 벌 수가 있다. 하지만 자손 오화(午火)가 공망(空亡)이고 부모 자수(子水)가 초효에서 극을 한다. 그래서 반드시 개가 죽는다.

결혼을 예측하는 것도 재(財)를 보는 것이다. 하지만 응(應)에 있는 재효(財爻) 진도(辰土)를 보는 것이 마땅하다. 응(應)의 재효(財爻)는 월령의 술토(戌土)에게 충파(沖破)를 당하였다. 술(戌)은 강아지를 의미하니 강아지를 기르는 것과 결혼은 반드시 충돌한다〔개가 있으면 아내가 없고, 아내가 있으면 개가 없다_有狗无妻 有妻无狗〕. 만약 강아지를 키우면 결혼은 유지하기 힘들고, 결혼 때문에 돈을 잃는다.

《피드백》 자신이 강아지를 키웠는데, 강아지가 커서 많은 강아지를 낳았다. 원래 좋은 가격에 팔 수 있었다. 구매자는 모두 수백 리의 외부에서 구매를 요청했지만, 그의 아내는 강아지가 귀여운 것을 보고 억지로팔지 못하게 하고, 강아지를 사려고 하는 사람을 한 명한 명씩 쫓아냈다. 결국 강아지는 팔지 못하고 병에 걸려 죽었다. 그는 홧김에 아내와 이혼했다.

【예4】午月 戊戌日 (旬空:午未) 여자가 남편이 아직도 자신을 사랑하는지 문의하였다				
뇌수해(雷水解) ➡ 뇌풍항(雷風恒)				
靑龍		妻財戌土	⚋	
玄武		官鬼申金	⚋	應
白虎		子孫午火	⚊	
螣蛇		子孫午火	⚎	官鬼酉金
勾陳		妻財辰土	⚊	世
朱雀	(父母子水)	兄弟寅木	⚋	

〔판단〕 관귀(官鬼)를 용신(用神)으로 본다. 용신과 세효(世爻)의 관계를 본다. 관귀 신금(申金)이 응효(應爻)에 임하고, 세효 진토(辰土)가 암동(暗動)하여 관귀를 생하니 자신은 남편을 마음속으로 깊이 사랑하고 있다는 것을 말해 준다. 용신은 5효에 있다. 5효는 존위(尊位)이니 남편은 그녀의 마음속에서 매우 중요하다.

월은 용신을 극하고 일은 용신을 생하여 생극이 서로 다툰다. 3효 오화(午火)는 간효(間爻)로 독발(獨發)하여 용신을 극한다. 간효(間爻)는 중간에 개입한 사람을 의미한다. 오화(午火)는 목욕지(沐浴地)이니 풍류를 의미한다. 또 용신이 현무에 임하여 이 것도 풍류를 의미한다. 누군가 끼어들어 남편과 자신의 감정에 영향을 준 것이다.

기신(忌神)이 공망(空亡)이라 지금은 아직 이혼할 지경이 아니다. 하지만 향규(香閨)

인 자수(子水)는 괘에 없고 또 월이 파(破)하고 일이 극(克)한다. 남편과 별거했다는 뜻이다. 향규(香閨)는 오화(午火)에 의해 충파(沖破)되었다. 자신과 별거한 원인은 바로 그 제3자에 의한 것이다. 세효가 암동(暗動)하고 기신(忌神)을 인화(引化)한다. 자신은 스스로 화해하고 결혼생활을 유지하려고 노력한다고 말했다.

〔〔피드백〕〕 역시 남편이 집을 나가 다른 여자와 동거했다.

❀ 동상이몽(同床異夢)

【예5】 辛巳年 午月 丙午日 (旬空：寅卯)						
여자가 부부 인연에 대해 문의하였다						
산풍고(山風蠱) ➔ 수풍정(水風井)						
靑龍		兄弟寅木	⚊̸		應	父母子水
玄武	(子孫巳火)	父母子水	⚋̸			妻財戌土
白虎		妻財戌土	⚋			
螣蛇		官鬼酉金	⚊		世	
勾陳		父母亥水	⚊			
朱雀		妻財丑土	⚋			

〔〔판단〕〕 관귀(官鬼)를 용신(用神)으로 본다. 관귀 유금(酉金)이 지세(持世)하고 일월에 극을 당하고 있다. 이미 부부 사이가 매우 좋지 않다. 부모(父母) 자수(子水)는 월파(月破)에 일파(日破)되었다. 또 회두극(回頭克)으로 화한다. 부모는 결혼증서를 의미하고, 월파(月破)는 파기를 의미하니 이혼했음을 뜻한다.

하지만 관귀(官鬼)가 지세(持世)하여 3효에 있다. 지세(持世)는 곁에 있음을 3효는 침대를 의미한다. 그래서 이혼했지만 침대를 같이 사용함을 말하고 있다. 등사(螣蛇)는 주로 꿈을 의미한다. 이것은 동상이몽, 즉 각기 다른 계획이 있음을 나타낸다.

응효(應爻)에 있는 인목(寅木)은 공망(空亡)에 부모로 화출되어 월파(月破)를 당하였다. 무인(戊寅)년은 출공(出空)이 되어 이 해에 이혼했다는 것을 의미한다. 용신이 휴수(休囚)하고 동효(動爻)는 또 사절(死絶)의 지(地)이니 재혼할 가능성은 없다.

《피드백》 결국 각자 가정을 이루었다.

❀남자를 중시하고 여자를 경시하여 이제 막 결혼한 아내를 버리다

【예6】 丙戌年 戊月 癸未日 (旬空：申酉)				
남자가 사업과 혼인 그리고 운명에 아들이 있는지 없는지 문의하였다				
화뢰서합(火雷噬嗑) ➜ 산뢰이(山雷頤)				
玄武		子孫巳火	┃	
白虎		妻財未土	┃┃	世
騰蛇		官鬼酉金	✗	妻財戌土
勾陳		妻財辰土	┃┃	
朱雀		兄弟寅木	┃┃	應
靑龍		父母子水	┃	

《판단》 사업을 예측할 때는 괘(卦) 조합의 특성을 보아야 한다. 사업자는 재(財)가 사업이 되고 예술인은 명성(名聲)을 사업으로 한다. 이 괘는 세효(世爻)는 5효에 있고 처재(妻財)가 임하였다. 5효는 사장 혹은 지도자의 자리이다. 처재는 재물을 의미한다. 그래서 이 괘의 조합은 바로 개인 사장이다.

사업을 할 경우 사업은 처재를 용신(用神)으로 삼아 전개해야 한다. 괘에 처재가 양현

(兩現)하여 월파(月破)된 효(爻) 처재 진토(辰土)를 용신으로 본다. 용신이 월파(月破)를 당하면 몇 년간 재물운이 좋지 않음을 나타낸다. 그러나 괘에 관귀 유금(酉金)이 동(動)하여 처재 진토(辰土)를 합하여 월파(月破)를 해소하였다. 유금(酉金)은 전년도 을유(乙酉)에 대응한다. 그래서 을유(乙酉)년부터 좋아진다고 판단했다. 동시에 유금(酉金)이 동(動)하여 처재로 화하니 역시 유년(酉年)에 득재(得財)함을 표시한다.

세효가 5효에 임한 처재로 인해 자기가 사장임을 나타내는 조합이다. 하지만 재(財)의 용신이 세효에 있는 처재가 아니라 오히려 3효의 진토(辰土)이다. 3효는 침대를 의미하니 바로 그와 동침한 아내이다. 그래서 사업은 주로 아내가 하고 그는 명의상 사장에 불과하다고 판단하였다. 유금(酉金)이 발동하여 재(財)와 합(合)을 한다. 합(合)은 쟁탈하고 얻겠다는 뜻도 있어서 을유(乙酉)년에 경영권을 되찾은 것으로 판단했다.

부모(父母) 자수(子水)는 초효(初爻)에 있다. 일월에 극상(克傷)을 당하였다. 초효는 어린 시절을 의미한다. 부모는 부친·모친을 대표한다. 그래서 어린 시절 부모 모두 사망했다고 판단했다.

혼인예측도 역시 처재 진토(辰土)를 용신으로 해서 전개한다. 용신이 월파(月破)를 당하고 세효와 응효가 서로 극하니 부부 관계가 좋지 않다. 화뢰서합(火雷噬嗑)은 서로 다툰다는 의사이니 부부가 불화함을 설명한다. 유혼(遊魂)으로 화하니 아내와 이혼할 생각이다. 용신이 월파(月破)를 당하지만 유금(酉金)이 발동(發動)하여 합주(合住)한다. 그래서 부부가 화해한 것 같다. 하지만 유금(酉金)이 월파(月破)로 화함은 모합신리(貌合神離_겉으로는 친한 것 같지만 실은 소원(疏遠)하다)이다. 진정한 화해는 불가능하다.

독발(獨發)의 효(爻) 유금(酉金)은 세효의 목욕지(沐浴地)이다. 일월은 처재이고 세효도 처재이고 3효도 처재이다. 유금(酉金)이 또 처재로 화한다. 또 부모 자수(子水)가 휴수(休囚)하고 현무(玄武)에 임하였다. 이 조합들은 모두 그가 바람을 피웠다는 것을 반영하니 불륜이 된다. 유금(酉金)은 을유(乙酉)년에 출공(出空)하여 처재로 화한다. 그래서 이 일은 을유(乙酉)년에 일어났다.

자손(子孫)은 사화(巳火)이다. 화(火)는 2의 숫자이니 운명에 두 아이가 있다. 자손이 양(陽)이니 원래는 남자아이지만 유금(酉金)이 독발(獨發)하여 사지(死地)이니 아들을 낳으면 안 된다. 아들을 낳으면 반드시 죽는다. 그래서 두 여자아이가 있다.

하지만 자손(子孫)이 6효에 있다. 6효는 외지 혹은 먼 곳의 자리이다. 월건(月建)에 입묘(入墓)한다. 일월은 괘(卦)의 밖이고 또 유혼괘(遊魂卦)로 화한다. 그래서 그중 한 아이는 양자로 보내는 상(象)이 있다.

형제(兄弟)는 인목(寅木)이다. 목(木)은 3이니 형제가 3명이다.

처재(妻財)의 원신(元神)이 휴수(休囚)하고 용신(用神)이 월파(月破)를 당하고 또 공망(空亡)과 합하고 유혼(遊魂)으로 화한다. 아내와 이혼하는 것은 시간문제이다.

피드백 위의 판단은 즉석에서 피드백을 얻었는데 자녀를 다른 사람에게 양자로 보냈다는 한 가지만 제외하고 모두 정확했다. 이것은 필자 학생 중 한 명의 학우가 예측을 요청한 것이다. 집으로 돌아가는 길에서 그 남자는 필자 학생에게 실정을 알렸다. 그의 아내는 임신하여 아들을 낳았지만 사망했다. 다시 임신하여 딸을 낳았다. 그러나 그는 줄곧 아들을 갖고 싶다는 생각이 있었다. 부부 관계가 악화돼 아내가 동거하지 않자 불륜이 생겼다. 그는 옛 첫사랑 여자친구를 만났고, 첫사랑 여자친구의 남편은 집을 비우고 외지에서 일했다. 그래서 첫사랑 여자친구에게 아들을 낳아달라고 했다. 결국 낳았지만 여자아이였다. 첫사랑 여자친구한테 아이를 부양하라고 맡겨놓고 아이를 돌려받지 않았다. 불쌍한 첫사랑 여자친구의 남편은 아직도 감쪽같이 속고 있다. 그는 나중에 정해(丁亥)년에 아내와 이혼했다.

❀ 시어머니가 과부가 되어 공허하니 아들을 남편으로 여긴다

【예7】 壬午年 亥月 己亥日 (旬空 : 辰巳) 38세 여자가 가정 혼인에 대해 문의하였다					
수풍정(水風井)					
勾陳		父母子水	‖		
朱雀		妻財戌土	│	世	
靑龍	(子孫午火)	官鬼申金	‖		
玄武		官鬼酉金	│		
白虎	(兄弟寅木)	父母亥水	│	應	
螣蛇		妻財丑土	‖		

【판단】 관귀(官鬼)를 용신(用神)으로 본다. 괘에 관귀가 양현(兩現)하여 역마(驛馬)에 임한 관귀 유금(酉金)을 용신으로 본다. 용신은 일월의 도움을 얻지 못하였다. 3효에 현무(玄武)가 임하여 응효(應爻)를 생한다. 응(應)은 타인이니 남편의 감정은 다른 사람에게 기울어져 있다.

응효(應爻)는 부모(父母) 해수(亥水)로 2효에 있다. 2효는 집이니 좋아하는 사람은 집에 있는 사람이다. 부모는 어르신을 의미하고, 응(應)이 일월에 임하였다. 일월은 하늘같은 부모이다. 그래서 남편이 좋아하는 사람은 그의 어머니이다.

부모(父母) 해수(亥水)는 일월의 도움을 얻었다. 괘에 부모가 양현(兩現)하였는데 지나치게 왕(旺)하다. 왕하여 지나치면 쇠(衰)로 변하니 당연히 고독하다.

세효(世爻) 술토(戌土)가 주작(朱雀)에 임하고 응효(應爻)를 극한다. 주작은 구설을 의미한다. 자기는 시어머니와 불화하다.

〔피드백〕 Feedback 역시 시어머니는 과부이기에 아들과 며느리가 함께 있는 것을 질투한다. 그래서 시어머니와 불화가 생겼다. 아들은 외아들로 천성이 나약하여 어릴 때부터 어머니와 한 이불 속에서 잤다. 비록 가정을 이루었지만 어머니를 떠날 수 없고, 어머니도 아들을 떠날수 없다.

❀ 신선이 되려고 혼자 도를 닦는데, 남편이 외로워서 정을 훔친다

【예8】卯月 戊午日 (旬空：子丑) 45세 여자가 혼인에 대해 문의하였다					
뇌택귀매(雷澤歸妹) ➡ 천택리(天澤履)					
朱雀		父母戌土	⚊╳⚊	應	父母戌土
靑龍		兄弟申金	⚊╳⚊		兄弟申金
玄武	(子孫亥水)	官鬼午火	Ⅰ		
白虎		父母丑土	Ⅱ	世	
螣蛇		妻財卯木	Ⅰ		
勾陳		官鬼巳火	Ⅰ		

〔판단〕 Judgement 관귀(官鬼)를 용신(用神)으로 본다. 괘에 관귀가 양현(兩現)하여 합을 만난 관귀 사화(巳火)를 용신으로 본다. 관귀는 월의 생과 일의 도움을 얻어 왕상하다. 용신이 세효를 생하니 남편이 자신한테 잘한다. 하지만 세효(世爻) 축토(丑土)는 3효에서 공망(空亡)이다. 그래서 용신이 와서 생하는 것을 받지 못한다. 3효는 침대이고 공망은 회피이니 남편과 같은 방을 쓰지 않는 것이다.

원신(元神)은 사유(思維) 혹은 내심의 세계를 의미한다. 세효(世爻)의 원신 관귀 오화
(午·火)는 현무(玄武)에 임하였다. 현무는 종교를 의미하고 관귀는 신불(神佛)을 의미한
다. 6효에 입묘하고 6효는 하늘이니 자신이 승천해 신선이 되고 싶어 한다. 외괘(外卦)
가 복음(伏吟)이고 묘고(墓庫)가 주작(朱雀)에 임하여 매일 주문을 읽고 수련한다.

5효 형제 신금(申金)이 동하여 관귀 사화(巳火)와 합한다. 청룡은 색(色)을 의미하여
어떤 여자가 남편을 찾아오자 남편은 외로움을 이기지 못하고 바람을 피웠다. 2효 처
재 묘목(卯木)이 응효(應爻)와 합을 하고 2효는 집이고 처재는 돈이다. 즉, 집안에 돈을
의미한다. 응(應)은 남편의 위치이니 집안의 돈은 모두 남편에게 돌아간다.

피드백 역시 그렇다. 이 여자는 선천적으로 특출한 기능이 있다. 유명세도 있다. 그래
서 매일 수련을 했는데 수련 효과를 보기 위해 남편과 방을 같이 쓰지 않았다. 남편이 바깥
여자와 바람을 피우기 시작했다.

❀하동의 사자가 으르렁대다*

【예9】 辛巳年 亥月 乙亥日 (旬空 : 午未)					
35세 남자가 혼인을 문의하였다					
풍산점(風山漸) ➡ 수풍정(水風井)					
玄武		官鬼卯木	✗	應	妻財子水
白虎	(妻財子水)	父母巳火	Ⅰ		
螣蛇		兄弟未土	Ⅱ		
勾陳		子孫申金	Ⅰ	世	
朱雀		父母午火	✗		妻財亥水
靑龍		兄弟辰土	Ⅱ		

*河東獅子吼_질투가 심한 부인이 포악하게 굴다 _공처가를 조소하는 말로도 쓰임

【판단】 처재(妻財)를 용신(用神)으로 본다. 처재 자수(子水)는 비록 복장(伏藏)되었지만 일월의 도움을 얻어 왕상하다. 용신은 5효에서 백호(白虎)에 임하였다. 5효는 가장을 의미하여 집안에서 아내는 사납기 때문에 마음대로 한다는 의미가 된다. 백호는 성격이 좋지 않고 싸움을 의미한다. 그래서 아내는 비교적 포악하다.

세효(世爻)가 용신을 생하여 자신은 아내를 좋아한다. 하지만 세효가 공망(空亡)에 구진(勾陳)이 임하였다. 공망은 처재를 생하는 힘이 부족하다. 구진은 게으름을 의미하고, 자신은 아내한테 관심이 부족하며 아내를 배려할 줄도 모르고 게으르고 집에서 아무것도 안 한다.

2효의 부모(父母) 오화(午火)가 주작(朱雀)에 임하여 세효를 극한다. 2효는 집이고 주작은 구설 혹은 시비를 의미한다. 그래서 본인은 집에서 천덕꾸러기이다.

【피드백】 실제로 그랬다. 늘 아내에게 얻어맞고 욕을 먹는다.

❀ 생과부(活寡婦)

【예10】 癸未年 亥月 壬辰日 (旬空:午未)					
여자가 혼인을 문의하였다					
뇌산소과(雷山小過) ➔ 지수사(地水師)					
白虎		父母戌土	‖		
螣蛇		兄弟申金	‖		
勾陳	(子孫亥水)	官鬼午火	✗	世	父母丑土
朱雀		兄弟申金	✗		官鬼午火
靑龍	(妻財卯木)	官鬼午火	✗		父母辰土
玄武		父母辰土	‖	應	

〖판단〗 관귀(官鬼)를 용신(用神)으로 본다. 괘에 관귀가 양현(兩現)하여 2효의 관귀 오화(午火)를 용신으로 본다. 용신 관귀 오화(午火)는 2효에서 공망(空亡)이다. 2효는 집이니 공망은 남편이 집에 없다는 의미가 된다. 용신 아래 처재(妻財) 묘목(卯木)은 복장(伏藏)되었다. 남편이 외도하여 집에 들어가지 않는다.

형제(兄弟) 신금(申金)이 주작(朱雀)에 임하여 발동(發動)하였다. 두 사람이 같이 있으면 다툰다. 용신(用神)은 월이 극하고 일이 생하지 않으니 혼인은 유지하기 힘들다. 비록 관귀(官鬼) 오화(午火)가 지세(持世)하여 자신 마음에는 남편이 있지만 공망(空亡)이고, 월이 극하여 있어도 없는 것과 같다. 자신은 생과부이다.

응효(應爻)가 일에 임하여 술토(戌土)를 충동하여 용신을 입묘(入墓)하게 한다. 묘고(墓庫)는 종결·종료·마감을 의미한다. 응효(應爻)는 상대방을 의미하니 남편이 이혼하고 싶어 한다. 하지만 세효에 임한 오화(午火)가 발동(發動)하여 용신을 도우니 자신은 이혼하고 싶지 않음을 의미한다. 용신이 임한 오화(午火)가 공망(空亡)이니 작년 임오(壬午)년에 두 사람은 이미 별거했다. 신사(辛巳)년에 형제(兄弟) 신금(申金)을 합주(合住)한다. 형제는 쟁탈자 혹은 제3자이니 남편은 2001년에 바람을 피우기 시작했다. 용신이 휴수(休囚)하여 이혼은 시간문제이다.

〖피드백〗 역시 남편은 2001년 바람을 피웠다. 임오(壬午)년 별거하여 애인과 함께 살았다. 더 이상 집에 가지 않고 그녀와 이혼하려 했다. 하지만 그녀는 동의하지 않았다. 그녀는 혼자 외롭게 살고 있다.

【예11】 壬午年 午月 壬戌日 (旬空:午未)					
40세 여자가 혼인을 문의하였다					
		간위산(艮爲山) ➔ 택천쾌(澤天夬)			
白虎		官鬼寅木	✗	世	兄弟未土
螣蛇		妻財子水	✗		子孫酉金
勾陳		兄弟戌土	✗		妻財亥水
朱雀		子孫申金	∣	應	
靑龍		父母午火	✗		官鬼寅木
玄武		兄弟辰土	✗		妻財子水

【판단】 관귀(官鬼)를 용신(用神)으로 본다. 삼합(三合) 부모국(父母局)으로 관귀가 지세(持世)하여 이미 결혼함을 의미한다. 하지만 자손(子孫)이 독정(獨靜)하여 혼인이 좋지 않다. 용신이 6효에 있고, 6효는 사물의 끝을 의미한다. 또 동(動)해서 묘(墓)로 화한다. 묘고(墓庫)는 종료를 의미한다. 혼인은 이미 막바지에 이름을 나타낸다.

세효(世爻)가 백호(白虎)에 임하여 백호는 구타를 의미한다. 독정(獨靜)이 응효(應爻)에 임하여 세효를 극한다. 응효는 남편의 자리이니 남편이 자신을 구타한다. 세효가 휴수(休囚)하고 6효에서 묘(墓)로 화한다. 6효는 머리이니 사유(思維)를 의미한다. 묘(墓)로 화함은 생각이 폐쇄적이고 꿍하게 생각한다. 또 원신(元神)도 사유를 의미하는데 월파(月破)를 당하고 입묘(入墓)하니 자살을 의미한다. 혼인 때문에 자살할 것 같아 혼인에서 벗어나고 싶어 한다.

형제(兄弟)는 중첩하여 기신(忌神) 자손(子孫)을 생한다. 형제는 친구를 의미한다. 주위 친구들이 이혼을 권유하고 있다. 세효(世爻)의 원신(元神) 자수(子水)가 공망(空

亡)이니 자신은 결정을 내리지 못하고 있다.

《피드백》 예측자는 판단을 듣고 대성통곡하였다. 자신이 이미 세 번이나 자살을 시도했으나 구조되었다고 하였다.

❀ 헤어질 수 없는 부자간의 정

		【예11】申月 己酉日 (旬空:寅卯) 남자가 혼인을 문의하였다			
		천산둔(天山遯) ➡ 천화동인(天火同人)			
勾陳		父母戌土	∣		
朱雀		兄弟申金	∣	應	
靑龍		官鬼午火	∣		
玄武		兄弟申金	∣		
白虎	(妻財寅木)	官鬼午火	‖	世	
螣蛇	(子孫子水)	父母辰土	✗		妻財卯木

《판단》 처재(妻財)를 용신(用神)으로 본다. 부모(父母) 진토(辰土)가 발동(發動)하여 일과 합(合)을 함은 결혼의 표지(標志)이다. 하지만 동(動)하여 공망(空亡)으로 화하고 처재 인목(寅木)도 공망으로 괘에 없다. 그래서 아내는 이미 집을 떠나 별거 중이다. 용신이 휴수(休囚)하고 월파(月破)를 당하고 공망에 괘에 없다. 그래서 이혼은 시간문제이다.

자손(子孫) 자수(子水)도 괘에 없다. 아이가 자기 곁에 없다는 것을 말해 준다. 부모 진토(辰土)에 입묘(入墓)하고 진토(辰土)는 응효를 생한다. 응효는 아내의 집을 의미하고 부모 진토(辰土)는 아내의 부모를 의미한다. 그래서 아이가 외할머니댁에 있다.

자손(子孫) 묘고(墓庫)가 등사(螣蛇)에 임하고 독발(獨發)하였다. 등사는 짜증과 근심을 의미한다. 묘고(墓庫)는 수장(收藏)이니 아이를 되찾으려 한다는 뜻을 나타낸다.

병술(丙戌)년은 부모(父母) 진토(辰土)의 합(合)을 충하고 변효(變爻)는 또 합주(合住)를 당하니 재혼의 가능성이 있다.

《피드백》 역시 부부는 별거했다. 아내는 아이를 데리고 처가에 살고 있어서 자기가 보고 싶어도 만날 수 없었다. 나중에 결과가 어떻게 되었는지 피드백이 없었다.

❀ 하늘이 끝이여도 남편에 대한 사랑을 끊을 수 없다

【예13】 癸未年 未月 壬寅日 (旬空：辰巳)				
44세 여자가 가정 혼인에 대해 문의하였다				
산지박(山地剝) ➡ 곤위지(坤爲地)				
白虎		妻財寅木	✗		兄弟酉金
螣蛇	(兄弟申金)	子孫子水	∥	世	
勾陳		父母戌土	∥		
朱雀		妻財卯木	∥		
靑龍		官鬼巳火	∥	應	
玄武		父母未土	∥		

《판단》 관귀(官鬼)를 용신(用神)으로 본다. 관귀 사화(巳火)는 일의 생을 얻고 월이 극하지 않아 왕상하다. 하지만 용신은 2효에서 공망(空亡)에 임하였다. 2효는 집을 의미하고, 공망은 없음을 의미한다. 남편이 집에 없음을 말하고 있다. 관귀 사화(巳火)가 역마(驛馬)에 임하고, 역마는 장사를 의미한다. 또 청룡(靑龍)은 재물을 의미한다. 그래서 남편이 돈 벌러 외출하고 집에 없다는 것을 표시한다.

처재(妻財) 인목(寅木)이 발동(發動)하여 관귀(官鬼)를 생한다. 하지만 동(動)하여 회
두극(回頭克)으로 화한다. 1987년 정묘(丁卯)년은 변효(變爻)인 유금(酉金)을 충거(沖
去)하고 관귀를 생하여 이 해에 결혼했다. 관귀가 응효(應爻)에 임하여 자신은 남편을
너무 좋아한다. 하지만 관귀가 공망(空亡)이라 남편은 가정의 소중함을 모른다. 세효
(世爻)가 등사(螣蛇)에 임함은 자신의 마음이 불안하다.

독발(獨發)의 효(爻)가 관귀(官鬼)를 생하니 이혼은 하지 않는다. 가장 좋은 방법은
남편 옆에서 사는 것이다.

《피드백》 직장을 그만두고 외지로 나가 남편과 함께 살고 있다.
Feedback

❀사람은 곁에 있지만, 마음은 하늘 끝에 있다

【예14】 戌月 丁丑日 (旬空:申酉) 남자가 친구의 혼인을 문의하였다				
화풍정(火風鼎) ➡ 뇌산소과(雷山小過)				
靑龍		兄弟巳火	✗		子孫戌土
玄武		子孫未土	‖	應	
白虎		妻財酉金	∣		
螣蛇		妻財酉金	∣		
勾陳		官鬼亥水	✗	世	兄弟午火
朱雀	(父母卯木)	子孫丑土	‖		

《판단》 처재(妻財)를 용신(用神)으로 본다. 괘에 처재가 양현(兩現)하여 세효(世爻)
Judgement 와 가까운 처재 유금(酉金)을 용신으로 본다. 처재는 일월의 도움을 얻어 왕상하다.
하지만 용신이 공망(空亡)이고 세효를 생하지 않는다. 아내의 마음은 이미 자신에게

있지 않음을 말해 준다. 용신이 3효에 임하고 3효는 침대를 의미한다. 공망이면서 세효를 생하지 않으니 이미 부부 생활이 매우 적음을 의미한다. 2효는 집이고 처재가 공망이니 2효를 생할 수 없어 집에 가는 일도 드물다.

응효(應爻) 미토(未土)가 현무에 임하고 암동(暗動)하여 처재를 생한다. 응(應)은 타인, 현무는 애매(曖昧)를 의미하니 몰래 그의 아내를 좋아하는 사람이 있다. 세효가 동하여 기신(忌神) 형제 오화(午火)로 화하여 자신은 이혼할 생각이 있다. 또 유혼(遊魂)으로 화하고 형제 사화(巳火)가 발동하여 처재를 극하니 반드시 이혼한다. 처재 유금(酉金)이 공망(空亡)이니 출공(出空)하면 이혼한다. 을유(乙酉)년에 곧 이혼한다.

｛피드백｝ 역시 아내는 집에 자주 있지 않는다. 일주일에 한 번만 집에 들어온다. 두 사람은 감정이 약해져 이혼을 원하지만 망설였다. 친구들도 그에게 이혼을 권유했다. 이후의 결과가 어떠한지 피드백이 없었다.

❀기쁨과 분노가 변덕스러워서 같이 백년해로까지 갈 수 있는 아내를 만나기 어렵다

【예15】 戊月 戊寅日 (旬空:申酉) 50세가 넘은 남자가 혼인을 문의하였다				
곤위지(坤爲地) → 풍뢰익(風雷益)				
朱雀		子孫酉金	✗	世	官鬼卯木
靑龍		妻財亥水	✗		父母巳火
玄武		兄弟丑土	‖		
白虎		官鬼卯木	‖	應	
螣蛇		父母巳火	‖		
勾陳		兄弟未土	✗		妻財子水

〖판단〗 처재(妻財)를 용신(用神)으로 본다. 처재 해수(亥水)는 일월의 도움을 얻지 못했다. 육충괘(六沖卦)로 형제가 발동(發動)하여 극한다. 원래는 혼인은 없어야 한다. 하지만 외괘(外卦)가 반음(反吟)이니 일이 반복됨을 의미한다. 그래서 혼인이 없는 게 아니라 장가 가고 이혼하고 또 재혼하고 결혼이 불안정한 상(象)이 된다.

세효(世爻) 유금(酉金)이 발동(發動)하여 처재(妻財)를 생하니 본인은 여자를 좋아한다. 결혼에 대해 비교적 관심이 있다. 하지만 세효가 공망(空亡)이고 반음(反吟)이라 여자에게 신경을 쓸 줄 몰라 뜨거웠다가 차가웠다 한다. 세효가 주작(朱雀)에 임하고 금(金)에 임하니 금(金)이 공(空)이 되면 울린다. 주작은 구설을 의미하니 자주 사람을 욕한다. 응효(應爻)를 충극하고 응효에 백호(白虎)가 임한다. 백호는 구타를 의미하여 아내를 때리는 버릇도 있다. 반음(反吟)이니 성격이 변덕스럽다.

초효(初爻)가 발동(發動)하여 처재(妻財)로 화하고, 5효 처재 해수(亥水)가 관귀(官鬼)와 합하니 자신과 살고 있는 여자가 이혼한 적이 있거나 아니면 바람을 피우기 쉽다. 세효(世爻)가 6효에서 공망이고 자손(子孫)이 동(動)하여 관귀로 화한다. 6효는 사물의 끝을 의미한다. 그래서 늙어서 홀로 외로워지는데 아이와 아내가 없다.

〖피드백〗 역시 이 사람은 여러 번 결혼했다. 모두 아내를 때리고 욕설을 퍼붓는 바람에 한 명씩 그를 떠났다. 첫 번째 아내는 다른 남자와 바람이 나서 이혼을 했고 두 번째 아내는 몇 번이나 도망쳐 되찾았다가 다시 다른 사람과 바람이 나서 이혼했다. 세 번째 아내는 재혼인데 그가 아내를 때리고 욕을 해서 이혼했다.

05절
혼외정(婚外情)

일반적인 가정은 모두 일부일처제로 법률로 규정되어 있다. 하지만 음양(陰陽)의 관점에서 볼 때 반드시 그렇지는 않다. 남녀의 궁합은 복잡하며 우주(宇宙)의 영향으로 인해 세속적인 관점으로 가늠할 수 없는 다양성을 가지고 있다. 어떤 남자는 동시에 여러 명 여자가 있을 수 있고, 어떤 사람은 평생 여자가 한 명도 없다. 여자도 마찬가지이다. 어떤 여자는 몇 명의 남자와 관계를 맺고, 어떤 사람은 평생 남자를 찾지 못한다. 모두 우주(宇宙)의 영향 때문이다.

우주(宇宙)는 시간과 공간의 조합이다. 명운(命運)도 우주와 마찬가지로 시간과 공간에 따라 달라진다. 사람마다 태어난 시기와 공간이 다르기 때문에 명운(命運)이 다르고 다양한 인생극이 연출된다. 그러나 아무리 명운(命運)이 천차만별일지라도 공통의 법칙이 하나 있는데, 그것이 바로 음양(陰陽)의 도(道)이다.

따라서 음양(陰陽)에 정통한 사람은 자신과 타인의 운명을 예측할 수 있고, 어느 정도 시간과 공간을 이용하여 사람의 명운(命運)을 바꿀 수 있다.

육효 예측에서 연애와 남녀의 인연을 예측할 때 괘에 다음과 같은 조합이 나오면 삼각관계라고 할 수 있다.

◉ 여자가 혼인을 예측할 때 괘(卦)에 아래의 몇 가지 정황이 출현한다면 남편이 외도한다는 정보이다

① 처재(妻財)가 관귀(官鬼) 아래 복장(伏藏)된 경우

② 관귀(官鬼)가 발동(發動)하여 형제(兄弟)와 서로 합(合)하는 경우

③ 형제(兄弟)가 발동(發動)하여 관귀(官鬼)와 서로 합(合)하는 경우

④ 관귀(官鬼)가 발동(發動)하여 재효(財爻)와 서로 합(合)하는 경우

⑤ 재효(財爻)가 발동(發動)하여 관귀(官鬼)와 서로 합(合)하는 경우

⑥ 관귀(官鬼)가 발동(發動)하여 세효(世爻)와 같은 오행과 서로 합(合)하는 경우

⑦ 세효(世爻)와 같은 오행이 발동(發動)하여 관귀(官鬼)와 서로 합(合)하는 경우

⑧ 형제(兄弟)가 발동(發動)하여 관귀(官鬼)로 화하는 경우

⑨ 관귀(官鬼)가 처재(妻財) 아래 복장(伏藏)된 경우

⑩ 관귀(官鬼)가 세효(世爻)의 오행과 같은 효(爻) 아래 복장(伏藏)된 경우

⑪ 일월(日月)이 형제(兄弟)인데 관귀(官鬼)와 서로 합(合)하는 경우

⑫ 관귀(官鬼)가 발동(發動)하여 응효(應爻)를 생하는 경우

⑬ 관귀(官鬼)가 현무(玄武)에 임하고 발동(發動)하여 공망(空亡)인 부모(父母)로 화출된 경우

⑭ 관귀(官鬼)가 형제(兄弟) 혹은 처재(妻財)에 입묘(入墓)한 경우

⑮ 관귀(官鬼)가 현무(玄武)에 임하여 발동(發動)하여 처재(妻財) 혹은 형제(兄弟)를 입묘(入墓)하게 한 경우

⑯ 관귀(官鬼)가 발동(發動)하여 현무(玄武)에 임하여 공망(空亡)된 부모(父母)를 입묘(入墓)하게 한 경우

◐ 여자가 혼인을 예측할 때 괘(卦)에 아래의 몇 가지 정황이 출현한다면 자신이 외도한다는 정보이다

① 괘에 이미 관귀(官鬼)가 있는데 또 동효(動爻)가 관귀(官鬼)로 화출된 경우

② 괘에 관귀(官鬼)가 양현(兩現)한 경우 응효(應爻) 이외의 관귀(官鬼)가 발동(發動)하여 세효(世爻)와 서로 합(合)하는 경우

③ 관귀(官鬼)가 양현(兩現)하여 세효(世爻)가 발동(發動)하여 응효(應爻)이외의 관귀(官鬼)와 서로 합(合)하는 경우

④ 괘(卦)에 이미 관귀(官鬼)가 있는데 세효(世爻)와 일월의 관귀와 서로 합(合)하는 경우

⑤ 부모(父母)가 공망(空亡)인데 현무(玄武)에 임하여 입묘(入墓)한 경우

⑥ 세효(世爻)가 발동(發動)하고 현무(玄武)에 임하였는데 공망(空亡)된 부모(父母)로 화출된 경우

⑦ 세효(世爻)가 현무(玄武)에 임하고 관귀(官鬼) 혹은 응효(應爻)에 입묘(入墓)된 경우

⑧ 세효(世爻)가 3효에서 현무(玄武)에 임(臨)하였는데 타효(他爻)와 서로 합(合)하는 관계일 경우

⑨ 세효(世爻)가 현무(玄武)에 임하고 도화(桃花)인데 응효(應爻)와 서로 합(合)하는 경우

⑩ 세효(世爻)가 발동(發動)하고 현무(玄武)에 임하였는데 관귀(官鬼)를 입묘(入墓)하게 한 경우

⊙ 남자가 혼인을 예측할 때 괘(卦)에 아래의 몇 가지 정황이 출현한다면 아내가 외도한다는 정보이다

① 관귀(官鬼)가 처재(妻財) 아래 복장(伏藏)된 경우

② 처재(妻財)가 발동(發動)하여 관귀(官鬼)와 합(合)한 경우

③ 관귀(官鬼)가 발동(發動)하여 처재(妻財)와 합(合)한 경우

④ 처재(妻財)가 발동(發動)하여 형제(兄弟)와 합(合)한 경우

⑤ 형제(兄弟)가 발동(發動)하여 처재(妻財)와 합(合)한 경우

⑥ 세효(世爻)와 같은 오행이 발동(發動)하여 처재(妻財)와 합(合)한 경우

⑦ 처재(妻財)가 발동(發動)하여 세효(世爻)와 같은 오행과 합(合)한 경우

⑧ 처재(妻財)가 관귀(官鬼) 아래 복장(伏藏)된 경우

⑨ 처재(妻財)가 세효(世爻)와 같은 오행 아래 복장(伏藏)된 경우

⑩ 처재(妻財)가 도화(桃花) 및 현무(玄武)에 임하고 일월과 서로 합(合)한 경우

⑪ 처재(妻財)가 현무(玄武)에 임하거나 혹은 목욕(沐浴)을 만나 발동(發動)하여 응효(應爻)를 생하는 경우

⑫ 처재(妻財)가 현무(玄武)에 임하고 관귀(官鬼)·형제(兄弟)·세효(世爻)와 동일한 오행에 입묘(入墓)된 경우

⑬ 형제(兄弟)가 처재(妻財)로 화하는 경우

⑭ 처재(妻財)가 현무(玄武)에 임하여 발동(發動)하고 공망(空亡)인 부모(父母)로 화출(化出)된 경우

⑮ 처재(妻財)가 현무(玄武)에 임하면서 응효(應爻)와 서로 합(合)한 경우

◐ 남자가 혼인을 예측할 때 괘(卦)에 아래의 몇 가지 정황이 출현한다면 자신이 외도한다는 정보이다

① 괘에 이미 처재(妻財)가 있는데 또 동효(動爻)가 처재(妻財)로 화출(化出)된 경우

② 괘에 처재(妻財)가 양현(兩現)하였는데 세효(世爻)가 발동(發動)하여 응효(應爻) 이외의 처재(妻財)와 서로 합(合)한 경우

③ 괘에 처재(妻財)가 양현(兩現)하였는데, 응효(應爻) 이외의 처재(妻財)가 발동(發動)하여 세효(世爻)와 서로 합(合)한 경우

④ 괘에 이미 처재(妻財)가 있는데 세효(世爻)가 일월의 처재(妻財)와 합(合)한 경우

⑤ 공망(空亡)인 부모(父母)가 현무(玄武)에 임하고 입묘(入墓)된 경우

⑥ 발동(發動)된 세효가 현무(玄武)에 임하고 공망(空亡)이 된 부모(父母)로 화출(化出)된 경우

⑦ 세효(世爻)가 현무(玄武)에 임하고 처재(妻財) 혹은 응효(應爻)에 입묘(入墓)된 경우

⑧ 3효에 있는 세효(世爻)가 현무(玄武)에 임하면서 타효(他爻)와 합(合)의 관계가 발생하는 경우

⑨ 현무(玄武)에 임한 세효(世爻)가 도화(桃花)와 응효(應爻)와 합(合)한 경우

⑩ 발동(發動)된 세효가 현무(玄武)에 임하고 처재(妻財)를 입묘(入墓)시킨 경우

위의 법칙들은 맞을 확률이 매우 높지만 절대 억지로 인용해서는 안 된다. 일부분은 이전의 아내, 남편, 그리고 연애 상대방의 정보이므로 주의 깊게 구별해야 한다. 만약에 합(合)을 한 효(爻)가 공망(空亡)이 되면 성립되지 않을 수도 있고 과거의 정보일 수도 있다. 따라서 판단할 때 도화, 목욕지, 현무, 청룡 등을 함께 참고해야 정확한 파악이 가능하고 착오도 없다.

【예1】 乙酉年 巳月 丙辰日 (旬空：子丑) 무오(戊午)년생 여자가 부부 인연을 문의하였다					
택천쾌(澤天夬) ➡ 수천수(水天需)					
靑龍		兄弟未土	‖		
玄武		子孫酉金	│	世	
白虎		妻財亥水	✗		子孫申金
螣蛇		兄弟辰土	│		
勾陳	(父母巳火)	官鬼寅木	│	應	
朱雀		妻財子水	│		

【판단】 관귀(官鬼)를 용신(用神)으로 본다. 관귀 인목(寅木)이 2효에 임하고 응효(應爻)이다. 2효와 응효는 모두 부부의 효위(爻位)이다. 본래는 용신이 귀위(歸位)라서 화목의 표시이다. 단, 용신이 휴수(休囚)하고 일월의 도움을 얻지 못했다. 원신(元神)이 월파(月破)를 당하고 일(日)에 입묘당하여 용신을 생할 역량이 파괴당하였다. 그래서 백년해로할 수 없고 감정에 문제가 생겼다. 원신이 월에 임한 부모에 충파(沖破)를 당하였다. 부모는 결혼승서를 의미하여 감정이 파열되어 이혼할 시경이다.

관귀(官鬼) 인목(寅木)과 동효(動爻)인 처재(妻財) 해수(亥水)가 합(合)을 한다. 처재는 여자를 의미한다. 남편은 이미 다른 여자와 사이가 좋아졌다. 세효(世爻)가 도화(桃花)이고 현무(玄武)가 임하여 일과 합(合)을 하였다. 자기도 서로 좋아하는 남자가 있다. 세효가 본년(本年) 태세(太歲)로 일에 합주(合住)를 당하였다. 묘월(卯月)은 충개(沖開)하니 관귀를 극한다. 그래서 묘월(卯月)이 부부관계가 제일 나쁘다. 하지만 기신(忌神)이 임한 태세(太歲)가 합(合)을 당하였다. 올해는 이혼하기 어려울 것 같다. 병술(丙戌)년에 세효를 합(合)한 진토(辰土)를 충개(沖開)해야 이혼할 수 있다.

일(日)에 있는 진토(辰土)는 자신이 사귀고 있는 남자친구이다. 괘(卦) 안의 진토(辰土)는 재고(財庫)이고 3효에 등사가 임하였다. 등사는 인색·옹졸을 의미하여 돈을 단단히 움켜쥠을 의미한다.

《피드백》 위의 판단은 실제 상황과 완전히 동일하며, 이후 언제 이혼했는지에 대한 피드백은 없다.

【예2】 子月 丁卯日 (旬空 : 戌亥)					
남자가 같은 회사의 여자와의 관계가 앞으로 어떻게 될지 문의하였다					
화산려(火山旅) ➡ 화풍정(火風鼎)					
靑龍		兄弟巳火	▎		
玄武		子孫未土	▌▌		
白虎		妻財酉金	▎	應	
騰蛇	(官鬼亥火)	妻財申金	▎		
勾陳		兄弟午火	✗		官鬼亥火
朱雀	(父母卯木)	子孫辰土	▌▌	世	

《판단》 처재(妻財)를 용신(用神)으로 본다. 괘에 처재가 양현(兩現)하여 응(應)에 있는 처재 유금(酉金)을 용신으로 본다. 오화(午火)가 발동(發動)하여 용신은 목욕(沐浴)을 보았다. 응효(應爻)는 도화(桃花)로 암동(暗動)하여 세효(世爻)와 서로 합(合)을 한다. 여자는 자기와 왕래하기를 원하며 또한 육체적 관계도 있다. 다만 용신이 백호(白虎)에 임하여 성격이 좋지 않다. 세효가 주작(朱雀)에 임하여 자신은 불만이 가득하다.

2효의 형제(兄弟) 오화(午火)가 일의 생을 얻고 발동(發動)하여 용신을 극한다. 그래서 두 사람은 오래가지 못한다. 현재 형제 오화(午火)가 동(動)하여 회두극(回頭克)으로 화한다. 인월(寅月)에 해수(亥水)를 합주(合住)하여 오화(午火)가 생(生)을 득하게 되어 제(制)가 없어 용신을 극한다.

〖피드백〗 두 사람은 헤어졌다. 실제 헤어진 시기는 알 수 없었다.

【예3】 丑月 癸亥日 (旬空:子丑)				
임자(壬子)년생 여자가 혼인을 문의하였다				
감위수(坎爲水) ➡ 택지췌(澤地萃)				
白虎	兄弟子水	‖	世	
螣蛇	官鬼戌土	Ⅰ		
勾陳	父母申金	✗		兄弟亥水
朱雀	妻財午火	‖	應	
靑龍	官鬼辰土	✗		妻財巳火
玄武	子孫寅木	‖		

〖판단〗 관귀(官鬼)를 용신(用神)으로 본다. 괘에 관귀가 양현(兩現)하여 발동(發動)된 관귀 진토(辰土)를 용신으로 본다. 용신은 2효에서 청룡(靑龍)이 임하고 발동되었다. 2효는 집을 의미하고 부부의 효위(爻位)이기도 하다. 청룡은 경사를 의미하니 남자가 기쁨을 띠고 입택(入宅)·귀위(歸位)하니 이것은 결혼의 정보이다.

동(動)은 치(値)나 합(合)을 만나야 한다. 세효(世爻)와 용신은 서로 멀리 떨어져 있다. 세효는 6효에 있어 만혼(晚婚)의 정보이다. 진토(辰土)는 경진(庚辰)년에 대응한다. 이 해가 만 28세로 만혼의 범주에 해당된다. 즉, 이 해에 결혼했다고 판단하였다.

하지만 괘에 관귀가 양현(兩現)하고 세효는 도화(桃花)이고, 월건은 또 관귀이다. 세효가 서로 합(合)을 하니 이것은 혼외정의 정보이다. 자축합(子丑合)은 방합(方合)이니 혼외 정인과 자신은 원래 알고 있는 사람임을 표시한다.

세효(世爻) 자수(子水)는 6효에서 공망(空亡)이다. 6효는 머리를 의미하니 정신·사상이 공허함을 표시한다. 세효가 2효의 관귀 진토(辰土)에 입묘(入墓)한다. 관귀는 남편, 2효는 생식기, 청룡은 색(色)을 뜻하는데 입묘(入墓)는 번뇌·갇힘을 의미한다. 그래서 고민은 남편과의 성생활에서 비롯된다. 반드시 불협화음 때문에 기분이 나빴을 것이다. 관귀 진토(辰土)가 사화(巳火)로 화출되어 일에 충거(沖去)를 당하여 역량이 감소되었다. 청룡은 색(色)을 의미하기 때문에 남편이 발기부전인 것으로 나타난다.

임오(壬午)년은 세효(世爻)를 충실(沖實)한다. 이것은 공허할 때 보충을 얻는 것을 대표하기 때문에 임오(壬午)년에 바람을 피운 것으로 판단했다.

주괘(主卦)가 육충(六沖)이다. 육충은 불안을 의미한다. 세효(世爻)가 공망(空亡)이다. 공망은 심란함을 의미한다. 지금 기분이 나쁘고 괴롭다는 것을 의미한다. 세효가 공망이니 피공(避空_공망을 피하다)의 지(地)에 있다. 6효는 퇴직의 효위(爻位)와 한가한 효위이다. 그래서 지금은 혼외정을 피하고 너무 힘들어서 좀 조용히 지내고 싶은 뜻이다. 세효에 백호가 임하여 화를 내고 정서가 조급함을 의미한다. 월의 관귀 축토(丑土)가 공망과 백호인 효와 합을 한다. 공망은 죽음을 의미하고 백호도 죽음을 의미한다. 세효에 있는 공망과 합은 바로 죽음으로 그녀를 협박한다.

세효(世爻)는 6효에서 공망(空亡)이고 원신(元神)의 생을 얻지 못한다. 6효는 머리이고 수(水)는 혈액이다. 백호도 혈액을 의미한다. 빈혈을 의미한다. 입묘(入墓)는 현기증을 의미한다. 그래서 본인은 빈혈로 인한 어지럼증이 있다.

역시 경진(庚辰)년에 결혼했다. 결혼 후 남편은 성기능이 감퇴한 반면 자신은
강해서 만족을 못하니 마음이 허전하다. 마침 임오(壬午)년에 들어와서 전에 알고 지내던
남자를 만났다. 그 남자의 아내는 유괴를 당하여, 두 사람은 서로 찰떡궁합으로 연인이 되
었다. 이 남자가 남편과 이혼하라고 강요했지만 본인이 이혼할 생각이 없었다. 그러자 그
남자가 머리를 벽에 부딪쳐 스스로 죽으려고 했다. 그녀는 이러지도 저러지도 못했다. 자
살의 신체, 즉 몸의 판단은 정확하다. 피드백 후 문득 깨달은 것은 6효는 곧 벽·담장이고
백호는 구타하는 것이니 괴기하게도 머리로 벽을 치는 일이 생겼다는 것이다.

【예4】 卯月 辛巳日 (旬空：申酉) 남자가 혼외정을 문의하였다					
뇌산소과(雷山小過)　➡　화산려(火山旅)					
螣蛇		父母戌土	✗		官鬼巳火
勾陳		兄弟申金	‖		
朱雀	(子孫亥水)	官鬼午火	Ⅰ	世	
靑龍		兄弟申金	Ⅰ		
玄武	(妻財卯木)	官鬼午火	‖		
白虎		父母辰土	‖	應	

처재(妻財)를 용신(用神)으로 본다. 처재 묘목(卯木)은 관귀(官鬼) 오화(午
火) 아래 복장(伏藏)되었다. 관귀는 남자이고 부모는 문서인데 용신과 합(合)을 한다.
그래서 이 여자는 결혼했고 남편이 있다는 것을 의미한다.

용신(用神)은 월의 도움을 얻어 왕상하고 세효(世爻)를 생한다. 그래서 여자는 지금
상담을 문의한 이 사람을 좋아한다. 부모(父母) 술토(戌土)는 6효에서 독발(獨發)하였

다. 태궁괘(兌宮卦)로 태(兌)는 사원(寺院), 6효도 사원(寺院), 관귀 묘고(墓庫)도 사원(寺院)을 의미한다. 용신이 술토(戌土)와 합을 하고 세효를 입묘(入墓)한다. 어느 절에서 알게 되어 그녀에게 반하게 된 것이다.

《피드백》 역시 그렇다.
Feedback

【예5】 酉月 庚戌日 (旬空:寅卯)					
남자가 혼외정을 문의하였다					
뇌풍항(雷風恒) ➡ 뇌천대장(雷天大壯)					
螣蛇		妻財戌土	‖	應	
勾陳		官鬼申金	‖		
朱雀		子孫午火	∣		
靑龍		官鬼酉金	∣	世	
玄武	(兄弟寅木)	父母亥水	∣		
白虎		妻財丑土	✗		父母子水

《판단》 처재(妻財)를 용신(用神)으로 본다. 괘에 처재가 양현(兩現)하여 발동(發動)
Judgement 한 처재 축토(丑土)를 용신으로 본다. 세효(世爻) 유금(酉金)이 청룡에 임하고 3효에 있다. 세효는 용신 축토(丑土)에 입묘(入墓)한다. 청룡은 색(色), 3효는 침대를 의미한다. 입묘(入墓)는 침대에서 여자의 품으로 파고든다는 것을 의미하여 육체적 관계를 맺고 있다는 것을 나타낸다.

용신(用神)이 동(動)하여 부모(父母) 자수(子水)로 화출(化出)하여 합(合)을 한다. 부모는 결혼증서를 나타내는데 이 여자가 이미 결혼했다는 것을 의미한다. 초효(初爻)

는 사유(思維)·사고(思考)를 나타낸다. 축토(丑土)가 독발(獨發)하여 관귀(官鬼)를 입묘(入墓)시켰다. 5효 신금(申金)은 그녀의 남편이다. 입묘(入墓)는 끝냄을 의미한다. 그래서 지금 남편과 이혼하려고 한다.

〖피드백〗 역시 그렇다.

【예6】 巳月 丙申日 (旬空 : 辰巳)						
남자가 혹시 아내가 외도하는지 문의하였다						
태위택(兌爲澤) ➡ 뇌천대장(雷天大壯)						
靑龍		父母未土	‖	世		
玄武		兄弟酉金	⟋			兄弟申金
白虎		子孫亥水	ㅣ			
螣蛇		父母丑土	⟋		應	父母辰土
勾陳		妻財卯木	ㅣ			
朱雀		官鬼巳火	ㅣ			

〖판단〗 관귀(官鬼)를 용신(用神)으로 본다. 관귀 사화(巳火)는 비록 월의 도움을 얻었지만 공망(空亡)을 만났다. 공망은 없음을 의미한다. 육충(六沖)이 육충(六沖)으로 화함은 아내가 바람을 피우지 않았다는 뜻이다.

〖피드백〗 이후 이 사람은 여러 곳을 수소문하고 미행했지만 아내가 바람을 피우는 것을 발견하지 못했다.

【예7】 癸未年 丑月 戊子日 (旬空：午未) 남자가 자신이 혼외정이 있을지 문의하였다					
천수송(天水訟) ➡ 택수곤(澤水困)					
朱雀		子孫戌土	✗		子孫未土
靑龍		妻財申金	|		
玄武		兄弟午火	|	世	
白虎	(官鬼亥水)	兄弟午火	||		
螣蛇		子孫辰土	|		
勾陳		父母寅木	||	應	

《판단》 처재(妻財)를 용신(用神)으로 본다. 처재 신금(申金)은 다음 해의 태세(太歲) 이다. 월의 생을 얻고 동효(動爻)가 생한다. 그래서 혼외정(婚外情)이 생길 것이다.

세효(世爻)가 공망(空亡)이다. 오월(午月)에 생긴다. 하지만 원신(元神)이 퇴신(退神) 으로 화한다. 형제가 지세(持世)하여 암동(暗動)하니 오래가지 못한다.

《피드백》 역시 이듬해 오월(午月)에 애인이 나타났지만 술월(戌月)에 헤어졌다.

【예8】 丑月 戊子日 (旬空 : 午未)				
남자가 자신이 혼외정이 있을지 문의하였다				
지택림(地澤臨) → 산택손(山澤損)				
朱雀		子孫酉金	✗		官鬼寅木
靑龍		妻財亥水	‖	應	
玄武		兄弟丑土	‖		
白虎		兄弟丑土	‖		
螣蛇		官鬼卯木	│	世	
勾陳		父母巳火	│		

〖판단〗 처재(妻財)를 용신(用神)으로 본다. 처재 해수(亥水)는 일의 도움을 얻고 자손(子孫) 유금(酉金)이 독발(獨發)하여 생한다. 게다가 목욕지(沐浴地)이다. 그래서 혼외정이 나타날 수 있다.

독발(獨發)한 것이 원신(元神)이고 다음 해에는 용신(用神)이 장생(長生)을 얻는다. 유월(酉月)은 독발의 응기(應期)이니 상대가 출현한다. 하지만 원신이 동(動)하면서 절(絶)로 화하니 오래가지 못한다.

〖피드백〗 역시 유월(酉月)에 연인이 나타났지만 한 달도 안 되어 헤어졌다.

			뇌천대장(雷天大壯)	→	화택규(火澤睽)	
등사(螣蛇)			兄弟戌土	✗		父母巳火
구진(勾陳)			子孫申金	‖		
주작(朱雀)			父母午火	∣	世	
청룡(靑龍)			兄弟辰土	✗		兄弟丑土
현무(玄武)			官鬼寅木	∣		
백호(白虎)			妻財子水	∣	應	

【예9】 寅月 辛亥日 (旬空：寅卯)
35세 여자가 남자친구와의 관계가 어떤지 문의하였다

《판단》 관귀(官鬼)를 용신(用神)으로 본다. 관귀 인목(寅木)은 2효에 있고 월의 도움과 일의 생을 얻어 왕상하다. 2효는 집이니 남자가 집에 들어온다. 현무(玄武)에 임하여 비공개를 의미한다. 또 부모(父母)는 동효(動爻)인 술토(戌土)에 입묘(入墓)한다. 그래서 미혼동거이다.

육충괘(六沖卦)이니 두 사람이 불화한다. 3효의 형제(兄弟) 진토(辰土)가 발동(發動)하고, 형제는 쟁탈자이고 가로막힘[阻隔]이 있다. 관귀 인목(寅木)은 공망(空亡)이니 마음이 진실하지 않다. 현무(玄武)에 임하여 일과 합한다. 남자친구는 동시에 다른 여자와 왕래한다. 양다리를 걸치는 것이다. 관귀가 월에 임하니 남자친구는 경찰이다.

《피드백》 실제 상황이 그랬다.

【예10】 寅月 辛亥日 (旬空:寅卯) 남자가 부부 감정을 문의하였다					
수뢰둔(水雷屯) ➜ 택뢰수(澤雷隨)					
螣蛇		兄弟子水	‖		
勾陳		官鬼戌土	┃	應	
朱雀		父母申金	⚊✗		兄弟亥水
靑龍	(妻財午火)	官鬼辰土	‖		
玄武		子孫寅木	‖	世	
白虎		兄弟子水	┃		

【판단】 처재(妻財)를 용신(用神)으로 본다. 처재 오화(午火)는 괘에 없고 3효 관귀 (官鬼) 진토(辰土) 아래 복장(伏藏)되었다. 처재가 괘에 없어 아내는 일년 내내 밖으 로 돌아다닌다. 세효(世爻)가 공망(空亡)이라 자신은 마음이 놓이지 않는다. 현무(玄 武)에 임하여 질투를 의미한다.

용신(用神)이 관귀(官鬼) 아래 복장(伏藏)되어 아내는 밖에 사람이 있다. 청룡에 임하 여 벼슬하는 사람이다. 부모(父母)는 월파(月破)를 당하고 형제(兄弟)로 화한다. 월과 세효가 서로 같은데 부모를 충파(沖破)한다. 부모는 결혼증서를 의미한다. 그래서 자 신은 정말 이혼하고 싶어 한다. 하지만 공망(空亡)이라 망설인다.

세효(世爻)는 2효에 있다. 공망(空亡)이 되어 처재(妻財)를 생할 수 없다. 또 귀혼(歸 魂)으로 화하여 주로 집에 있음을 의미한다. 자신은 매일 집에 있으니 수입이 없어 아 내에게 의지하여 생활한다. 그래서 이혼을 결심하지 못했다.

【피드백】 역시 이런 상황이다.

【예11】 亥月 丙申日 (旬空：辰巳) 남자가 아내가 외도하는지 문의하였다					
건위천(乾爲天) → 천화동인(天火同人)					
靑龍		父母戌土	⎯	世	
玄武		兄弟申金	⎯		
白虎		官鬼午火	⎯		
螣蛇		父母辰土	⎯	應	
勾陳		妻財寅木	✗		父母丑土
朱雀		子孫子水	⎯		

《판단》 관귀(官鬼)를 용신(用神)으로 본다. 관귀 오화(午火)는 월이 극하고 일의 도움이 없어 휴수(休囚)하다. 그래서 처의 외도가 없음을 나타낸다.

처재(妻財) 인목(寅木)은 역마(驛馬)에 임하고 발동(發動)하였다. 아내가 여기저기 뛰어다님을 나타낸다.

《피드백》 역시 아내가 자주 외부로 돌아다녀 바람을 피웠는지 의심스러웠다. 하지만 오랜 시간 지켜봤지만 외도를 발견하지 못했다.

【예12】 巳月 丙申日 (旬空 : 辰巳) 남자가 언제 혼외정이 있을지 문의하였다					
수화기제(水火旣濟)					
靑龍		兄弟子水	‖	應	
玄武		官鬼戌土	∣		
白虎		父母申金	‖		
螣蛇	(妻財午火)	兄弟亥水	∣	世	
勾陳		官鬼丑土	‖		
朱雀		子孫卯木	∣		

《판단》 처재(妻財)를 용신(用神)으로 본다. 처재 오화(午火)는 괘에 없고 세효(世爻) 아래 복장(伏藏)되었다. 월의 도움을 얻어 왕상하다. 오화(午火)는 도화(桃花)이다. 그래서 혼외정이 있을 것이다.

오월(午月)은 복장(伏藏)된 용신이 출현(出現)하였다. 그래서 오월(午月)에 바로 나타 난다.

《피드백》 역시 오월(午月)에 한 여자와 불륜을 저질렀다.

【예13】 巳月 甲辰日 (旬空:寅卯)					
50세 남자가 혼인을 문의하였다					
산뢰이(山雷頤) ➡ 지뢰복(地雷復)					
玄武		兄弟寅木	✕		官鬼酉金
白虎	(子孫巳火)	父母子水	‖		
螣蛇		妻財戌土	‖	世	
勾陳	(官鬼酉金)	妻財辰土	‖		
朱雀		兄弟寅木	‖		
青龍		父母子水	Ⅰ	應	

《판단》 처재(妻財)를 용신(用神)으로 본다. 괘에 처재가 양현(兩現)하여 모두 용신으로 볼 수 있다. 괘에 현무가 임한 효가 독발(獨發)하였다. 독발은 성질(性質)을 나타낸다. 현무는 애매를 의미하고 부모 자수(子水)가 양현(兩現)하여 휴수(休囚)하고 일(日)에 입묘(入墓)한다. 그래서 두 여자와 동시에 불법으로 동거했다는 것을 의미한다.

현무(玄武) 인목(寅木)이 독발(獨發)하여 관귀 유금(酉金)으로 화하고 세효를 극한다. 관귀(官鬼) 유금(酉金)은 도화(桃花)로 3효 아래 복장(伏藏)되었다. 3효는 생식기이니 여자 때문에 성병에 걸린다는 의미이다. 세효(世爻)가 극을 받는 동시에 3효 처재(妻財) 진토(辰土)도 역시 극상(克傷)을 당하고 있다. 동거하는 여자에게도 성병이 전염되었음을 말해 준다. 관귀 유금(酉金)이 구진에 임하면서 3효에 있다. 진토(辰土)와 합을 한다. 진토(辰土)는 수고(水庫)이니 비뇨 계통을 의미한다. 그래서 전립선비대 증상이 있음을 설명한다. 유혼괘(遊魂卦)이니 망설인다는 의미가 된다.

《피드백》 역시 이 사람은 두 여자와 동거하면서 성병에 걸렸다. 치료 때문에 몇 년 동안 많은 돈을 썼다. 후에 전립선에 병(病)이 걸렸다.

【예14】 辰月 庚午日 (旬空：戌亥) 여자가 혼인을 문의하였다					
		진위뢰(震爲雷) ➡ 화택규(火澤暌)			
螣蛇		妻財戌土	⚊⚋	世	子孫巳火
勾陳		官鬼申金	⚋		
朱雀		子孫午火	⚊		
靑龍		妻財辰土	⚋	應	
玄武		兄弟寅木	⚊⚋		兄弟卯木
白虎		父母子水	⚊		

【판단】 관귀(官鬼)를 용신(用神)으로 본다. 관귀는 월이 생하고 일이 극하여 쇠왕을 가리기 힘들다. 세효(世爻)가 공파(空破)를 당하여 관귀를 생하지 않는다. 그래서 자신은 이미 남편을 좋아하지 않는다. 세효는 6효에 있다. 6효는 퇴직의 효위(爻位)로 자신은 이 집을 떠나고 싶어 한다. 세효가 동하여 자손으로 화하니 이혼하고 싶어 한다.

하지만 세효는 자손(子孫)의 묘고(墓庫)이다. 자손은 자식이니 마음속에 아이 생각으로 가득차 있다. 세효가 공망에 등사가 임하니 결정하지 못하고 망설임을 나타낸다.

형제(兄弟) 인목(寅木)이 현무(玄武)에 임하고 발동(發動)하여 관귀(官鬼)를 충한다. 현무는 애매(曖昧)를 의미하고, 형제는 쟁탈자를 의미한다. 그래서 남편에게 다른 여자가 있다는 뜻이 된다. 응효(應爻)에 처재가 임하고 월건이 세효를 충파(沖破)한다. 응효는 남편의 자리이다. 남편은 다른 여자 일로 인하여 자신을 때렸다.

육충괘(六沖卦)는 헤어짐을 의미한다. 부모(父母) 자수(子水)는 일파(日破)를 당하고 형제(兄弟)가 동(動)하여 진신(進神)으로 화하고 원신(元神)도 공파(空破)를 당하였다. 그래서 반드시 헤어진다.

《피드백》 결과는 결국 신월(申月)에 이혼했다.

【예15】 亥月 丙戌日 (旬空 : 午未)				
남자가 언제 혼외정이 있을지 문의하였다				
택수곤(澤水困) ➡ 천수송(天水訟)				
靑龍		父母未土	X	父母戌土
玄武		兄弟酉金	I	
白虎		子孫亥水	I	應
螣蛇		官鬼午火	II	
勾陳		父母辰土	I	
朱雀		妻財寅木	II	世

《판단》 처재(妻財)를 용신(用神)으로 본다. 처재 인목(寅木)이 지세(持世)하고 월의 생을 얻어 왕상(旺相)하여 외우가 있을 수 있음을 나타낸다. 하지만 부모(父母) 미토 (未土)가 태세에 임하여 발동(發動)하여 용신을 입묘(入墓)한다. 그래서 올해는 외우 가 나타나지 않음을 뜻한다. 독발(獨發)은 응기(應期)를 나타낸다. 전년도 임오(壬午) 년은 동효(動爻)를 합주(合住)한다. 그래서 임오(壬午)년에 있었다고 판단했다.

태세가 공망(空亡)인 부모(父母) 미토(未土)를 합주(合住)하니 응기(應期)로 본다. 부 모는 결혼증서를 의미하고, 공망은 이혼을 의미한다. 그래서 임오(壬午)년에 같이 지 냈던 여자는 이혼녀였다. 다시 외우가 일어나려면 입묘(入墓)는 충출(沖出)이 되어야 한다. 다음 해 갑신(甲申)년은 용신을 충출(沖出)하니 이때 출현한다.

역시 임오(壬午)년에 나타났던 적이 있었고 이혼한 여자였다. 갑신(甲申)년 오월(午月)에 또 다른 이혼녀와 불륜을 저질렀다.

【예16】 癸未年 亥月 丙戌日 (旬空:午未) 남자가 혼외정을 문의하였다				
지풍승(地風升) ➡ 수천수(水天需)				
靑龍		官鬼酉金	‖	
玄武		父母亥水	✗		妻財戌土
白虎	(子孫午火)	妻財丑土	‖	世
螣蛇		官鬼酉金	│	
勾陳	(兄弟寅木)	父母亥火	│	
朱雀		妻財丑土	✗	應	父母子水

처재(妻財)를 용신(用神)으로 본다. 괘에 처재가 다현(多現)하여 5효의 부모(父母) 해수(亥水)가 처재 술토(戌土)로 화출되고 처새 축토(丑土)는 지세(持世)하였다. 초효(初爻)의 처재 축토(丑土)도 또 발동하였다. 이것은 온통 도화의 조합이다. 그래서 이 사람은 여기저기 정을 주는데 혼외정이 하나가 아니고 많다는 뜻이다.

초효(初爻) 축토(丑土)가 동(動)하여 합으로 화하니 전년도 임오(壬午)년은 충개(沖開)하면서 응(應)하였다. 그래서 임오(壬午)년에 혼외정이 있었다. 올해 축토(丑土)를 충개(沖開)하니 올해도 혼외정이 있었다. 5효에 해수(亥水)가 월건에 임하여 화출하였는데 본월(本月)에 바로 있었다.

결과도 임오(壬午)년에 혼외정이 있었다. 예측한 당월에 출현하였다.

【예17】 未月 丁酉日 (旬空：辰巳) 남자가 혼외정을 문의하였다					
태위택(兌爲澤) → 수뢰둔(水雷屯)					
靑龍		父母未土	∥	世	
玄武		兄弟酉金	∣		
白虎		子孫亥水	✗		兄弟申金
螣蛇		父母丑土	∥	應	
勾陳		妻財卯木	✗		妻財寅木
朱雀		官鬼巳火	∣		

《판단》 처재(妻財)를 용신(用神)으로 본다. 처재 묘목(卯木)이 동(動)하여 퇴신(退神)으로 화하였다. 여자 쪽은 이미 자기와 헤어진 적이 있다. 단, 자손(子孫) 해수(亥水)와 월건 미토(未土)와 용신이 삼합국(三合局)을 이루었다. 월건은 세효(世爻)와 동일하여 세효를 대표한다. 그래서 비록 이혼하려고 했지만 인연을 끊을 수가 없다.

자손(子孫)이 백호(白虎)에 임하여 용신(用神)을 장생(長生)한다. 정인(情人)은 바로 애를 낳으려고 한다.

《피드백》 과연 두 사람은 이미 헤어졌고 유월(酉月)에 정인이 애를 낳았다.

【예18】 午月 壬午日 (旬空 : 申酉)					
여자가 정인(情人)과 언제 헤어지겠는지 문의하였다					
택천쾌(澤天夬) ➡ 택산함(澤山咸)					
白虎		兄弟未土	‖		
螣蛇		子孫酉金	∣	世	
勾陳		妻財亥水	∣		
朱雀		兄弟辰土	∣		
靑龍	(父母巳火)	官鬼寅木	✗	應	父母午火
玄武		妻財子水	✗		兄弟辰土

《판단》 관귀(官鬼)를 용신(用神)으로 본다. 관귀 인목(寅木)이 일월의 도움을 얻지 못하여 휴수(休囚)하다. 용신이 청룡(靑龍)에 임하고, 청룡은 주색(酒色)이다. 그래서 정인(情人)은 술을 좋아한다. 용신이 발동(發動)하여 세효(世爻)를 절(絶)한다. 술을 마신 후 항상 자기와 갈등을 일으킨다.

용신(用神) 아래 부모(父母)가 복장(伏藏)되었고 또 동(動)하여 부모로 화한다. 부모는 결혼증서이니 정인(情人)은 기혼남자이다. 세효(世爻)가 기신(忌神)에 임하여 자기는 헤어지고 싶은 생각이 있다. 등사에 임하여 심정이 좋지 않고 망설이고 있다. 용신이 월건(月建)으로 화하는데 화가 왕하여 잠깐 헤어지는 것은 불가능하다. 그러나 원신(元神)이 월파(月破)를 당하고 동(動)하여 회두극(回頭克)으로 화하니 곧바로 헤어질 것이다.

《피드백》 예측은 실제와 동일하였다. 후에 결과에 대한 피드백은 받지 못하였다.

			【예19】 午月 甲申日 (旬空：午未)		
		남자가 혼외정을 문의하였다			
		수화기제(水火旣濟) ➡ 지화명이(地火明夷)			
玄武		兄弟子水	‖	應	
白虎		官鬼戌土	✗		兄弟亥水
螣蛇		父母申金	‖		
勾陳	(妻財午火)	兄弟亥水	│	世	
朱雀		官鬼丑土	‖		
青龍		子孫卯木	│		

《판단》 처재(妻財)를 용신(用神)으로 본다. 처재 오화(午火)는 세효(世爻) 아래 복장(伏藏)되었다. 월의 도움을 얻어 왕상(旺相)하다. 단, 용신이 공망(空亡)이고 관귀(官鬼) 술토(戌土) 아래 입묘(入墓)하였다. 관귀는 남자이다. 그래서 여자에게 남자가 있다는 표시이다. 남편한테 항상 감시를 당하고 있다. 관귀가 발동(發動)하여 세효를 극한다. 혼외정(婚外情)으로 인하여 큰 재난을 불러올 수 있다.

《피드백》 남편한테 들켜서 혼쭐이 났다.

【예20】 午月 甲申日 (旬空：午未)					
여자가 애인과 어떤지 문의하였다					
산수몽(山水蒙) ➡ 화지진(火地晉)					
玄武		父母寅木	∣		
白虎		官鬼子水	∥		
螣蛇	(妻財酉金)	子孫戌土	⚊̸	世	妻財酉金
勾陳		兄弟午火	∥		
朱雀		子孫辰土	⚊̸		兄弟午火
青龍		父母寅木	∥	應	

《판단》 관귀(官鬼)를 용신(用神)으로 본다. 관귀 자수(子水)는 비록 일의 생을 얻었지만 월의 충파(沖破)를 당하였다. 기신(忌神)인 자손(子孫) 술토(戌土)가 지세(持世)하고 발동(發動)하여 용신을 극한다. 자신은 더 이상 함께 지내고 싶은 생각이 없다. 2효에서 자손이 발동하여 극이 많고 생이 적어 헤어지는 것이 틀림없다.

《피드백》 후에 헤어졌다.

06절
동성애(同性愛)

동성애는 비록 세상 사람들에게는 이해되지 않지만 현실에서는 존재하는 결혼의 한 형식이다. 실제로 접했던 괘(卦)의 예가 많지 않기 때문에 당분간은 매우 명확한 결론을 내릴 수 없지만, 적어도 현존하는 괘(卦)로 분석해 보면 일정한 법칙이 있다.

◑ **남자가 혼인예측할 때는...** 처재(妻財)가 지세(持世)하고 등사(螣蛇)나 현무(玄武)가 임하고 원신(元神)과 관귀(官鬼)가 서로 합(合)을 하거나, 세효(世爻)와 관귀(官鬼)가 합(合)을 하는 경우 동성애 성향이 있다. 혹은 처재(妻財)가 세효(世爻)의 기신(忌神)이거나, 세효(世爻)가 동(動)하여 관귀(官鬼) 또는 형제(兄弟)와 합(合)을 하는 경우 동성애 성향이 있다.

◑ **여자가 혼인예측할 때는...** 관귀(官鬼)가 지세(持世)하고 등사(螣蛇)가 임하여 처재(妻財)와 합(合)을 하거나, 자손(子孫)이 지세(持世)하여 처재(妻財)나 형제(兄弟)와 합(合)을 하는 경우 동성애 성향이 있다.

【예1】 卯月 癸卯日 (旬空 : 辰巳)					
남자가 언제 "남자"와 같이 있을 수 있는지 문의하였다					
풍뢰익(風雷益) → 수천수(水天需)					
白虎		兄弟卯木	✗	應	父母子水
螣蛇		子孫巳火	Ⅰ		
勾陳		妻財未土	Ⅱ		
朱雀	(官鬼酉金)	妻財辰土	✗	世	妻財辰土
靑龍		兄弟寅木	✗		兄弟寅木
玄武		父母子水	Ⅰ		

《판단》 관귀(官鬼)를 용신(用神)으로 본다. 관귀 유금(酉金)이 세효(世爻) 아래 복장(伏藏)되었다. 일월이 와서 충(沖)하여 일파(日破)와 월파(月破)를 당하였다. 처재(妻財)가 지세(持世)하지만 공망(空亡)이다. 곧 자신은 여자에 관심이 없음을 말해 준다. 동(動)하면서 관귀와 합(合)을 한다. 관귀는 남자를 의미하여 남자한테 관심이 있다는 것을 나타낸다.

내괘(內卦)가 복음(伏吟)이니 매일 고통 속에서 살고 있다. 용신(用神)이 휴수(休囚)하고 일월의 도움을 얻지 못한다. 그래서 자신의 마음에 드는 사람을 찾기가 쉽지 않다. 세효(世爻)가 공망(空亡)이니 겁이 많다. 본인이 좋아하는 사람한테 가서 감히 구애하지 못한다.

《피드백》 을유(乙酉)년에 직장 동료 한 명에게 구애했지만, 겁이 많아서인지 상대방은 무슨 말인지 이해하지 못해 성공하지 못했다. 자기도 여기 계속 있기가 곤란해 일을 그만뒀다고 말했다.

【예2】午月 丁卯日 (旬空:戌亥)				
남자가 혼인을 문의하였다				
뇌천대장(雷天大壯) ➡ 택뢰수(澤雷隨)				
靑龍		兄弟戌土	‖		
玄武		子孫申金	⚊̸		子孫酉金
白虎		父母午火	∣	世	
螣蛇		兄弟辰土	⚊̸		兄弟辰土
勾陳		官鬼寅木	⚊̸		官鬼寅木
朱雀		妻財子水	∣	應	

【판단】 처재(妻財)를 용신(用神)으로 본다. 처재 자수(子水)가 월파(月破)를 당하고 일의 도움을 얻지 못해 휴수(休囚)하다. 처재 자수(子水)가 초효(初爻)에 임하고, 초효는 어릴 때를 의미한다. 처재는 세효(世爻)의 기신(忌神)이다. 어릴 때부터 여자에 관심이 없었다.

5효 자손(子孫) 신금(申金)이 발동(發動)하여 처재(妻財)를 생한다. 5효는 어르신을 의미한다. 부모가 기어코 자신한테 배우자를 찾아 주려고 한다.

내괘(內卦)가 복음(伏吟)이니 혼인 문제로 인해 자신은 매우 고통스러워 하고 안절부절 못한다. 원신(元神)은 관귀(官鬼)이고, 관귀는 남자이다. 원신은 내면의 세계를 대표한다. 마음속으로는 남자를 더 좋아한다.

【피드백】 실제로 동성애자이다.

【예3】 戌月 丁丑日 (旬空:申酉) 남자가 혼인을 문의하였다					
\multicolumn{6}{c}{지산겸(地山謙) → 간위산(艮爲山)}					
靑龍		兄弟酉金	✗		妻財寅木
玄武		子孫亥水	‖	世	
白虎		父母丑土	‖		
螣蛇		兄弟申金	▮		
勾陳	(妻財卯木)	官鬼午火	‖	應	
朱雀		父母辰土	‖		

【판단】 처재(妻財)를 용신(用神)으로 본다. 하지만 처재 묘목(卯木)은 괘(卦)에 없고 일월의 도움을 얻지 못해 휴수(休囚)하다. 세효(世爻)가 현무(玄武)에 임하고 응효(應爻)는 본래 아내의 효위(爻位)인데 관귀(官鬼)가 임하였다. 이는 마음속의 결혼 상대는 남자임을 나타낸다. 형제(兄弟)에 유금(酉金)이 임하여 세효를 생한다. 원신(元神)은 사유(思維) 혹은 내면세계를 의미한다. 형제는 동류(同類)이기 때문에 동성애 경향이 있다.

【피드백】 실제로 동성애자이다.

【예4】 未月 丁未日 (旬空 : 午未)					
여자가 혼인을 문의하였다					
풍수환(風水渙) ➡ 풍산점(風山漸)					
靑龍		父母卯木	∣		
玄武		兄弟巳火	∣	世	
白虎	(妻財酉金)	子孫未土	∥		
螣蛇	(官鬼亥水)	兄弟午火	⚊╳		妻財申金
勾陳		子孫辰土	╳	應	兄弟午火
朱雀		父母寅木	∥		

《판단》 일반적으로는 관귀(官鬼)를 용신(用神)으로 본다. 하지만 이 괘(卦)에 일월이 관귀를 극한다. 관귀 해수(亥水)가 휴수(休囚)하면서 괘에 없다. 응효(應爻)는 혼인에 있어 배우자의 자리이다. 하지만 자손(子孫)이 응효에 임하였다. 세효(世爻) 사화(巳火)는 또 관귀의 절지(絶地)이다. 즉, 자신은 남자를 거부하고 남자를 좋아하지 않는다. 배우자의 효위(爻位)가 동(動)하여 복장(伏藏)된 처재(妻財) 유금(酉金)과 서로 합(合)을 한다. 처재는 여자이다. 그래서 여자를 좋아한다. 동성애자이다.

《피드백》 실제로 동성애자이다.

07^절
불행한 혼인(婚姻)

　부부 사이에 성격이 맞지 않거나 감정이 변하면 이혼도 생각할 수 있지만 가장 불행한 사람은 애인과 사별해 결혼에 큰 상처를 주는 것이야말로 고통이다. 어떤 사람은 몇 번을 결혼해도 실패하기도 하고 배우자가 죽거나 상대방에게 버림을 받는 경우도 있다.

◉일반적으로 괘에 용신(用神)이 휴수(休囚)하고 백호(白虎)가 임하고 동(動)하여 회두극(回頭克)으로 화하고, 관귀(官鬼)로 화하고, 공망(空亡)으로 화하면 대부분은 사별의 정보이다. 또 효위(爻位)와 육신(六神)에 근거하여 오행 생극으로 질병, 사망, 불의의 사고 등을 판단한다.

【예1】 午月 乙亥日 (旬空：申酉)					
여자가 오늘 이후 생활에 대해 문의하였다					
산풍고(山風蠱) → 산택손(山澤損)					
玄武		兄弟寅木	|	應	
白虎	(子孫巳火)	父母子水	||		
螣蛇		妻財戌土	||		
勾陳		官鬼酉金	⚊	世	妻財丑土
朱雀		父母亥水	|		
靑龍		妻財丑土	⚋		子孫巳火

판단 세효(世爻)가 공망(空亡)이라 기분이 좋지 않고, 인생의 갈림길에서 배회함을 나타낸다. 관귀(官鬼)가 지세(持世)하여 남편은 있다. 동시에 부모(父母)가 일에 임하여 혼약(婚約)이 있음을 의미한다. 그래서 결혼한 사람임을 표시한다. 향규(香閨)인 축토(丑土)가 왕상하다. 이것도 이미 결혼했음을 나타낸다.

하지만 관귀(官鬼) 유금(酉金)은 월에 극을 당하고 일이 생기지 않는다. 구진(勾陳)에 공망(空亡)이 임하고 동(動)하면서 묘(墓)로 화하여 혼인이 좋지 않다. 입묘(入墓)는 끝남을 의미하고 병지(病地)를 보아 질병이다. 남편은 병에 걸려 그녀를 떠났다는 것을 의미한다. 구진은 암을 의미하여 암에 걸려 죽은 것이다.

세효(世爻)가 2효를 생하고, 2효는 친정집을 의미한다. 또 귀혼괘(歸魂卦)이니 집에 간다는 의미이다. 지금 친정에 가고 싶다는 의미가 된다.

피드백 역시 전날에 남편이 죽었다. 어쩔 줄 몰라 잠시 어머니 집에 가서 살고싶었다.

【예2】 乙酉年 戌月 壬午日 (旬空：申酉) 43세 남자가 혼인을 문의하였다					
천화동인(天火同人) → 산화비(山火賁)					
白虎		子孫戌土	❙	應	
螣蛇		妻財申金	✗		官鬼子水
勾陳		兄弟午火	✗		子孫戌土
朱雀		官鬼亥水	❙	世	
靑龍		子孫丑土	❙❙		
玄武		父母卯木	❙		

《판단》 처재(妻財)를 용신(用神)으로 본다. 처재 신금(申金)은 월이 생하고 일이 극하니 쇠왕(衰旺)이 비슷하다. 하지만 용신이 공망(空亡)이며 동효(動爻) 오화(午火)에게 극을 당하고 또 자신도 동(動)하여 관귀(官鬼)로 화한다. 용신이 극을 당하면 대부분이 부부 불화를 의미한다. 심하면 이혼으로 이어진다. 관귀로 화함은 사별을 표시한다.

용신(用神)은 공망(空亡)이다. 갑신(甲申)년은 실공(實空)이다. 바로 극(克)이 귀(鬼)로 화하여 아내가 갑신(甲申)년에 돌아갔다고 판단하였다. 만약 재혼을 생각하면 무자(戊子)년에 형제(兄弟) 오화(午火)를 충거(沖去)할 때 비로소 가능하다.

《피드백》 역시 그의 아내는 갑신(甲申)년 축(丑)월에 골수암에 걸려 세상을 떠났다. 재혼에 대한 판단은 피드백을 기다려야 한다.

【예3】 壬午年 戌月 壬戌日 (旬空:子丑) 스웨덴에 거주하고 있는 어느 여자가 혼인을 문의하였다					
뇌산소과(雷山小過)					
白虎		父母戌土	‖		
螣蛇		兄弟申金	‖		
勾陳	(子孫亥水)	官鬼午火	❙	世	
朱雀		兄弟申金	❙		
靑龍	(妻財卯木)	官鬼午火	‖		
玄武		父母辰土	‖	應	

《판단》 관귀(官鬼)를 용신(用神)으로 본다. 관귀 오화(午火)가 양현(兩現)하여 모두 용신으로 볼 수 있다. 유혼괘(遊魂卦)이니 일생 동안 떠돌아다닌다는 의미가 된다. 세효(世爻)는 일월에 입묘(入墓)하여 사상적 부담이 크고 어려운 상태에 처한다. 생활의 속박에서 벗어날 수 없다. 관귀는 직장을 의미하고, 휴수(休囚)하고 입묘하여 직업이 불안정하여 큰 발전이 없다.

처재(妻財) 묘목(卯木)은 괘에 없고 일월의 도움을 얻지 못했다. 비록 월과 합(合)은 있지만 일의 합(合)은 또 반주(絆住_견제받고 자유롭지 못하다)되었다. 경제 회전이 좋지 않고, 재물운이 평평하여 저축을 할 수 없다.

관귀(官鬼)가 양현(兩現)하여 최소 2번 결혼한다. 유혼괘(遊魂卦)이니 모든 남편은 자신을 떠나려 한다. 4효 관귀 오화(午火)가 구진에 임하였다. 구진은 감옥을 뜻하고, 입묘(入墓)하니 남편 중 한 명은 옥고를 치렀다. 또 부모에 입묘하고, 부모는 차량을 의미한다. 차에 목숨을 잃는다. 그중 한 명이 교통사고로 사망했다는 뜻이다. 2효 관귀 아래 처재(妻財) 묘목(卯木)이 복장(伏藏)하여 두 번째 남편은 재혼자라는 뜻이다.

세효(世爻)가 일월에 입묘(入墓)한다. 입묘는 주로 어지러움과 몽롱함을 의미한다. 그래서 현기증 증세가 있다. 원신(元神) 묘목(卯木)은 괘에 없고 일에 합주(合住)를 당하였다. 태궁(兌宮)에 있는 것은 부족함을 나타낸다. 처재(妻財)는 혈(血)을 의미한다. 그래서 혈액 공급이 잘 안 된다. 2효 관귀(官鬼) 오화(午火)는 자손(子孫)의 태지(胎地)이다. 2효는 자궁으로 청룡이 임하여 출산을 하는 곳이 된다. 그래서 자궁에 병이 있다는 것을 나타낸다. 세효가 구진(勾陳)에 임하고 구진은 근종을 의미한다. 그래서 자궁근종이다. 하지만 일에 입묘하니 끝났음을 의미한다. 치료가 완료된 메시지이기도 하다. 오화(午火)는 시기가 경오(庚午)년임을 표시한다. 괘는 태궁(兌宮)에 있어 음식과 위장을 의미한다. 그래서 위장이 좋지 않다.

Feedback 역시 첫 남편은 투옥돼 그녀가 구출한 이후에 이혼했고, 두 번째 남편은 재혼 자이다. 그녀한테 잘해줬지만 교통사고로 사망했다. 신체의 판단도 매우 정확했다.

◉ 그녀는 또 셋째 남편이 어떠냐고 물었다.

_필자는 앞의 괘에서 육효태극열변법(六爻太極裂變法)을 이용하여 다음과 같이 새로운 괘를 변천시켰다.

【예3-1】 戊月 壬戌日 (旬空 : 子丑)				
산화비(山火賁) ➡ 산뢰이(山雷頤)				
白虎		官鬼寅木	❘	
騰蛇		妻財子水	❚	
勾陳		兄弟戌土	❚	應
朱雀	(子孫申金)	妻財亥水	╱	兄弟辰土
靑龍	(父母午火)	兄弟丑土	❚	
玄武		官鬼卯木	❘	世

(판단) 이 괘(卦)는 그녀의 세 번째 남편이 스스로 낸 괘이다. 그래서 세효(世爻)가 그녀의 남편을 대표한다.

이 괘의 부모(父母) 오화(午火)는 휴수(休囚)하며 괘에 없다. 일월에 입묘(入墓)한다. 이 조합은 이른바 세 번째 남편이 사실상 미혼 동거남이라는 것을 의미한다. 세효(世爻)가 현무(玄武)에 임하고 또 내괘(內卦)에 있다. 그래서 이 남편의 성격이 내성적이라는 것을 나타낸다. 육합괘(六合卦)이니 매우 조용하고 움직이는 것을 싫어한다.

관귀(官鬼)가 괘(卦)에서 술토(戌土)와 삼합이 된다. 관귀는 직업을 의미한다. 그래서 지금까지 세 가지 일을 했었던 적이 있다고 판단했다. 관귀가 휴수(休囚)하여 관운(官運)이 없음을 표시한다. 초효(初爻)에 임하고, 초효는 백성을 의미한다. 그래서 이 남자는 그냥 평범한 사람이다.

일월(日月)·괘(卦)·변효(變爻) 모두 합하면 5명의 형제(兄弟)가 된다. 그래서 형제가 모두 5명이다. 세효(世爻)의 원신(元神)이 양현(兩現)하고 나를 생하는 것은 부모(父母)이다. 육친전환의 원리를 이용해서 원신을 모친으로 본다. 그래서 어머니가 한 명이 아니라는 것이다. 3효 해수(亥水)가 형제로 화출(化出)되어 5명의 형제는 한 어머니에게서 태어난 것이 아니다.

처재(妻財) 자수(子水)가 공망(空亡)이고 해수(亥水)는 일월의 극상(克傷)을 당한다. 동(動)하여 회두극(回頭克)으로 화한다. 하지만 진토(辰土)가 월파(月破)를 당한다. 경진(庚辰)년은 실파(實破)가 되어 그래서 이 해부터 재물운이 좋지 않았다. 재(財)가 주작에 임하면서 극을 당하여 관재구설 때문에 파재되었다. 처재 해수(亥水)는 동거하는 여자로 이 괘를 문의한 사람을 뜻한다. 다음 해에 진월(辰月)은 진토(辰土)가 실파(實破)가 되어 두 사람은 헤어질 것이다.

《피드백》 **Feedback** 역시 다 들어맞았다. 2000년 경진(庚辰)년에는 이 남자가 가게를 운영하였
는데 도난을 당하였다. 또 운전하다 사람을 치어 면허 취소와 손해배상까지 당했다. 두 사
람은 이듬해 진월(辰月)에 헤어졌다.

【예4】 戊月 戊戌日 (旬空:辰巳)					
44세 남자가 혼인을 문의하였다					
지산겸(地山謙) ➡ 지택림(地澤臨)					
朱雀		兄弟酉金	‖		
靑龍		子孫亥水	‖	世	
玄武		父母丑土	‖		
白虎		兄弟申金	⚊		父母丑土
螣蛇	(妻財卯木)	官鬼午火	⚊	應	妻財卯木
勾陳		父母辰土	⚊		官鬼巳火

《판단》 **Judgement** 처재(妻財)를 용신(用神)으로 본다. 처재 묘목(卯木)은 괘에 없고 관귀(官鬼)
오화(午火) 아래 복장(伏藏)되었다. 용신이 월의 합(合)을 얻어 유기(有氣)하다. 하지
만 결국은 일월이 생하지 않아 휴수(休囚)하다. 비신(飛神)이 발동(發動)하여 용신의
사지(死地)가 되었다. 기신(忌神) 형제(兄弟) 신금(申金)이 백호(白虎)에 임하여 왕상
(旺相)하고 발동(發動)되었다. 백호는 사망을 의미하니 결혼이 불행하다. 즉, 아내와
사별하는 상이다.

형제(兄弟) 신금(申金)은 세효(世爻)의 원신(元神)이다. 원신은 사유·내심으로 동
(動)하여 묘(墓)로 화하였다. 슬픈 마음이 아직도 풀리지 않고 답답함을 표시한다. 아
내가 사망한 지 얼마 되지 않음을 설명한다. 지난달 유월(酉月)은 복장(伏藏)한 용신

을 충극(沖克)하는 응기(應期)가 된다. 그래서 유월(酉月)에 아내가 사망했다.

2효 오화(午火)가 동(凍)하여 처재(妻財) 묘목(卯木)으로 화한다. 2효는 집인데 오화(午火)는 사지(死地)이다. 사지(死地)가 동(動)하여 처재로 화하였다. 아내가 죽은 후에 집에 다시 아내가 들어 오는 뜻이 된다.

《피드백》 이 사람은 역시 그해 섣달(음력 12월)에 또 결혼했다.

【예5】 巳月 甲午日 (旬空:辰巳) 여자가 가정 혼인을 문의하였다					
풍천소축(風天小畜) ➡ 수천수(水天需)					
玄武		兄弟卯木	✗		父母子水
白虎		子孫巳火	∣		
螣蛇		妻財未土	∥	應	
勾陳	(官鬼酉金)	妻財辰土	∣		
朱雀		兄弟寅木	∣		
靑龍		父母子水	∣	世	

《판단》 관귀(官鬼)를 용신(用神)으로 본다. 관귀 유금(酉金)은 일월(日月)의 도움을 얻지 못하며 오히려 일월에 극상(克傷)을 당하여 좋지 않다. 비신(飛神)이 비록 공망(空亡)이지만 도화(桃花) 묘목(卯木)이 독발(獨發)하고 세효(世爻)는 형(刑)을 만나며 관귀는 충(沖)을 당하였다. 제3자의 원인으로 인하여 두 사람은 감정이 좋지 않다. 유혼(遊魂)으로 화하니 헤어짐을 의미한다. 그래서 두 사람은 백년해로하지 못한다.

처재(妻財) 진토(辰土)와 관귀(官鬼)가 서로 합(合)을 하여 가정의 주요 경제권은 남편의 손에 있다. 자손(子孫) 사화(巳火)가 왕상(旺相)하고, 자손은 자식을 의미한다. 화(火)는 2의 숫자이니 아이가 2명이다. 일월(日月)이 관귀를 극하고 기신(忌神)은 괘의 5효에 있다. 5효는 도로이니 남편한테 교통사고가 발생함을 주의해야 한다. 묘목(卯木)이 독발(獨發)하여 술월(戌月)에 사고가 일어나는 것을 대비해야 한다.

피드백 역시 부부는 감정에 불화가 생겨 각자 외도했다. 아들이 2명 있다. 그 해 술월(戌月) 경신(庚申)일에 남편이 교통사고로 사망하였다. 수백만 자산이 남편의 죽음으로 인해 행방을 알 수 없게 되었다.

08절
결혼(結婚)

일반적으로 용신(用神)의 쇠왕(衰旺)으로 판단한다.

● 남자는 처재(妻財)를 보고, 여자는 관귀(官鬼)를 본다

⊙왕상(旺相)하고 세효(世爻)를 생합(生合)하면 성사된다.

⊙휴수(休囚)하고 공파(空破)되거나 혹은 응효(應爻)를 생합(生合)하면 성사되지
   않는다.

⊙부모(父母)가 일에 임하고 일과 합(合)하면 쉽게 성사된다.

⊙부모(父母)가 월(月)에 임함은 성사가 되지 않는다.

【예1】 申申年 未月 戊戌日 (旬空:辰巳) 남자가 결혼을 문의하였다					
택수곤(澤水困)					
朱雀		父母未土	‖		
靑龍		兄弟酉金	∣		
玄武		子孫亥水	∣	應	
白虎		官鬼午火	‖		
螣蛇		父母辰土	∣		
勾陳		妻財寅木	‖	世	

《판단》 처재(妻財)를 용신(用神)으로 본다. 처재 인목(寅木)이 지세(持世)하여 이미 여자친구가 있음을 의미한다. 일진(日辰)은 부모(父母)로 부모 진토(辰土)를 충(沖)하여 암동(暗動)한다. 부모는 결혼증서를 의미한다. 부모가 일에 임하여 혼기(婚期)를 나타낸다. 결혼하겠다는 의사가 있음을 의미한다. 하지만 진토(辰土)가 공망(空亡)이라 잠시 동안은 할 수 없다.

부모(父母) 진토(辰土)는 2효에서 공망(空亡)이고 2효는 집·부동산을 의미한다. 공망은 힘이 조금 모자람을 의미한다. 그래서 당장 결혼하지 못하는 이유는 집이 없기 때문이다. 필자가 판단하기로는 다음 해 을유(乙酉)년은 부모 진토(辰土)를 봉합(逢合)한다. 해월(亥月)은 처재(妻財)를 장생(長生)하니 그때 결혼을 한다.

《피드백》 그는 두 사람이 결혼하기를 원했지만 집이 없어서 지금까지 미루고 있다. 얼마 전 집의 자금 모금을 교부했는데 내년에 다 지으면 결혼식을 올릴 수 있을 것이라고 했다.

【예2】 丙戌年 未月 戊辰日 (旬空 : 戌亥)
남자가 여자친구와 결혼할 수 있는지 문의하였다

		택뢰수(澤雷隨) ➡ 진위뢰(震爲雷)			
朱雀		妻財未土	‖	應	
靑龍		官鬼酉金	✗		官鬼申金
玄武	(子孫午火)	父母亥水	∣		
白虎		妻財辰土	‖	世	
騰蛇		兄弟寅木	‖		
勾陳		父母子水	∣		

《판단》 처재(妻財)를 용신(用神)으로 본다. 괘에 처재가 양현(兩現)하여 일과 세효(世爻)에 임한 처재 진토(辰土)를 용신으로 본다. 용신이 지세(持世)하여 자기 마음속에 상대방이 있고, 이 여자친구를 매우 좋아한다. 택뢰수(澤雷隨)는 부합(附合)이니 누구를 따른다는 뜻이 된다. 이 여자친구는 예전에 남자친구가 있었고, 자신이 첫 번째가 아니라는 뜻이다. 자신이 상대방을 총애한다며 무엇이든 그녀의 성격에 맡겼다.

용신(用神)은 독발(獨發)된 유금(酉金)에게 합주(合住)되었다. 병술(丙戌)년은 충개(沖開)된다. 묘월(卯月)은 합신(合神)을 충거(沖去)한다. 그래서 올해 묘월(卯月)에 사귀기 시작한 것이다. 하지만 이 괘(卦)는 길(吉)하지 않다. 관귀(官鬼) 유금(酉金)이 동(動)하여 퇴신(退神)으로 화하여 용신을 합하였다. 관귀는 기타 다른 남자인데 퇴신으로 화하니 되돌아옴을 의미한다. 합(合)은 화해를 의미한다. 그래서 예전 남자친구가 또 찾아올까 봐 걱정이다.

《피드백》 역시 원래 남자친구가 그녀를 찾아왔다. 그래서 이 여자는 그와 헤어졌다.

【예3】 癸未年 子月 己巳日 (旬空:戌亥)					
남자가 어느 여자에게 국제결혼을 알선했는데 성공하는지 문의하였다					
산화비(山火賁) ➔ 산지박(山地剝)					
勾陳		官鬼寅木	|		
朱雀		妻財子水	||		
靑龍		兄弟戌土	||	應	
玄武	(子孫申金)	妻財亥水	✗		官鬼卯木
白虎	(父母午水)	兄弟丑土	||		
螣蛇		官鬼卯木	✗	世	兄弟未土

《판단》 관귀(官鬼)를 용신(用神)으로 본다. 괘에 관귀가 양현(兩現)하여 발동(發動)의 효(爻) 관귀 묘목(卯木)을 용신으로 본다. 용신이 삼합국(三合局)이 형성되어 월(月)이 와서 생하니 반드시 성사된다.

《피드백》 몇 년간의 검증 끝에 을유(乙酉)년에 결혼했다.

		【예4】亥月 丁未日 (旬空：寅卯)				
		여자가 어느 남자와 결혼할 수 있는지 문의하였다				
		곤위지(坤爲地) ➜ 화수미제(火水未濟)				
靑龍		子孫酉金	✗		世	父母巳火
玄武		妻財亥水	‖			
白虎		兄弟丑土	✗			子孫酉金
螣蛇		官鬼卯木	‖		應	
勾陳		父母巳火	✗			兄弟辰土
朱雀		兄弟未土	‖			

《판단》 관귀(官鬼)를 용신(用神)으로 본다. 관귀 묘목(卯木)은 비록 월의 생부(生扶)를 얻지만 일에 입묘(入墓)하였다. 기신(忌神) 자손(子孫) 유금(酉金)이 삼합국(三合局)이 되어 동(動)하면서 용신을 극한다. 또 육충괘(六沖卦)이고 용신이 공망(空亡)이라 결혼할 수 없다.

《피드백》 역시 결혼을 못했다.

【예5】 酉月 辛亥日 (旬空:寅卯)				
남자가 자신과 여자친구가 결혼할 수 있는지 문의하였다				
뇌화풍(雷火豊)				
螣蛇		官鬼戌土	‖	
勾陳		父母申金	‖	世
朱雀		妻財午火	|	
靑龍		兄弟亥水	|	
玄武		官鬼丑土	‖	應
白虎		子孫卯木	|	

《판단》 처재(妻財)를 용신(用神)으로 본다. 처재 오화(午火)는 일월의 도움을 얻지 못하고 일에 극상(克傷)을 당하여 휴수(休囚)하다. 용신이 오화(午火)이니 임오(壬午)년에 대응한다. 그래서 여자친구를 2002년 임오(壬午)년에 만났다고 판단했다.

원신(元神) 묘목(卯木)은 초효(初爻)에 있다. 월파(月破)를 당하고 공망(空亡)이다. 초효는 생각이고, 원신은 사유(思維)이니 여자친구의 내면세계를 나타낸다. 공망은 망설임이고 월건(月建)이 부모(父母)이다. 일반적으로 상대방의 부모를 의미한다. 부모가 충파(沖破)를 당하였다. 여자친구가 줏대 없는 관계로 부모가 좌지우지한다는 뜻이 된다. 그래서 결혼이 성사되기 어렵다.

《피드백》 역시 여자친구는 줏대가 없었고 상대방의 부모는 두 사람 궁합이 맞지 않다고 하면서 두 사람 결혼을 동의하지 않았다.

【예6】 壬午年 酉月 丁未日 (旬空:戌亥) 남자가 언제 결혼할 수 있는지 문의하였다					
풍산점(風山漸) ➡ 천뢰무망(天雷无妄)					
靑龍		官鬼卯木	I	應	
玄武	(妻財子水)	父母巳火	I		
白虎		兄弟未土	✗		父母午火
螣蛇		子孫申金	✗	世	兄弟辰土
勾陳		父母午火	II		
朱雀		兄弟辰土	✗		妻財子水

【판단】 처재(妻財)를 용신(用神)으로 본다. 처재 자수(子水)는 괘에 없고 일이 극하고 형제(兄弟)가 괘에서 양동(兩動)하여 혼인이 늦다. 세효(世爻)가 발동(發動)하여 처재를 생하니 자신은 결혼을 하고 싶어한다. 용신이 월의 생을 얻어 2007년 정해(丁亥)년에 비신(飛神)을 충개(沖開)할 때 결혼한다.

【피드백】 정해(丁亥)년 유월(酉月)에 결혼했다.

【예7】 子月 丙子日 (旬空 : 申酉) 여자가 어느 남자와 결혼할 수 있는지 문의하였다					
손위풍(巽爲風) ➡ 산뢰이(山雷頤)					
靑龍		兄弟卯木	|	世	
玄武		子孫巳火	✗		父母子水
白虎		妻財未土	||		
螣蛇		官鬼酉金	✗	應	妻財辰土
勾陳		父母亥水	✗		兄弟寅木
朱雀		妻財丑土	✗		父母子水

【판단】 관귀(官鬼)를 용신(用神)으로 본다. 용신은 일월(日月)의 도움을 얻지 못해 휴수(休囚)하다. 용신이 응효(應爻)에 임하여 세효(世爻)와 서로 충(沖)한다. 충(沖)을 보면 마주 보고 서로 만나지 못함을 의미한다. 두 사람은 전혀 만난 적이 없다. 용신이 공망(空亡)이라 상대방은 마음이 없다. 동(動)하여 처재(妻財) 진토(辰土)와 합(合)을 하니 상대방은 이미 여자친구가 있다. 육충(六沖)이 유혼(遊魂)으로 화하여 성사되지 못한다.

【피드백】 역시 인터넷에서 알았고 만난 적이 없다. 상대방은 이미 여자친구가 있다.

		【예8】 壬午年 子月 戊辰日 (旬空:戌亥)			
		여자가 언제 결혼할 수 있는지 문의하였다			
		지뢰복(地雷復) → 천화동인(天火同人)			
朱雀		子孫酉金	⚋		兄弟戌土
靑龍		妻財亥水	⚋		子孫申金
玄武		兄弟丑土	⚋	應	父母午火
白虎		兄弟辰土	⚋		妻財亥水
螣蛇	(父母巳火)	官鬼寅木	⚏		
勾陳		妻財子水	⚊	世	

《판단》 관귀(官鬼)를 용신(用神)으로 본다. 관귀 인목(寅木)은 월이 생하고 일이 극하지 않아 왕상하다. 2효에 임하여 남자가 집에 들어옴을 나타낸다. 또 부모 사화(巳火)는 괘에 없다. 응(應)에 현무가 임하여 부모로 화한다. 그래서 이미 동거하는 남자가 있다.

용신(用神)과 처재(妻財) 해수(亥水)가 서로 합(合)을 하니 남자에게 다른 여자가 있다. 공망(空亡)은 또 없어짐을 의미한다. 응효(應爻)는 상대방의 정보를 나타낸다. 부모(父母)로 화출(化出)하여 상대방은 결혼한 적이 있다. 월파(月破)로 화하여 또 이혼을 했다. 지금 사귀고 있는 이 남자는 이혼한 적이 있다.

처재 해수(亥水)가 공망(空亡)이다. 1995년 을해(乙亥)년은 출공(出空)이 된다. 이 남자는 이 해에 이혼한 것이다. 동(動)하여 회두생(回頭生)으로 화하니 이혼 후 그 해에 또 다른 여자와 사귀었다. 형제 축토(丑土)가 동(動)하여 처재를 극한다. 1997년 정축(丁丑)년은 축토(丑土)에 대응(對應)한다. 그래서 1997년에 또 다른 여자와 헤어졌다.

처재(妻財) 해수(亥水)는 원신(元神)인데 공망(空亡)이다. 2001년 신사(辛巳)년은 해수(亥水)를 충실(沖實)한다. 그래서 자신은 이 남자와 서로 알고 지내며 동거한다. 세효(世爻)가 관귀(官鬼)를 생하니 자신은 상대방을 좋아한다.

하지만 원신(元神)이 공망(空亡)이고 일이 극하고 2개의 동효(動爻)가 극하여 세효(世爻)를 생하는 힘이 작아졌다. 원신은 사유(思惟)를 의미한다. 그래서 이 남자는 마음이 자기에게 있지 않아 안 될 것 같다.

지뢰복(地雷復)은 중복의 상(象)이다. 남자를 1명 더 찾아야 성사된다. 해수(亥水)가 공망(空亡)이라 정해(丁亥)년에 출공(出空)하면 성공한다.

【피드백】 역시 그 남자와는 이듬해 헤어졌다. 정해(丁亥)년에 재혼한 사람을 찾았다.

【예9】 寅月 乙丑日 (旬空:戌亥) 여자가 어느 남자와 결혼할 수 있는지 문의하였다					
풍산점(風山漸) ➡ 천지비(天地否)					
玄武		官鬼卯木	|	應	
白虎	(妻財子水)	父母巳火	|		
螣蛇		兄弟未土	✕		父母午火
勾陳		子孫申金	✕	世	官鬼卯木
朱雀		父母午火	||		
靑龍		兄弟辰土	||		

【판단】 관귀(官鬼)를 용신(用神)으로 본다. 관귀 묘목(卯木)은 월의 도움을 얻어 왕상하다. 관귀가 형제(兄弟) 미토(未土)에 입묘(入墓)하였다. 형제 미토(未土)가 부모

(父母) 오화(午火)로 화출(化出)하였다. 형제는 경쟁자이고 동성인을 의미한다. 입묘(入墓)하니 다른 사람에게 갔다. 부모는 결혼증서를 의미한다. 그래서 이 남자는 결혼했고 아내가 있다는 것을 의미한다.

일진이 묘고(墓庫)를 충개(沖開)해 해방이 되었다. 머지않아 아내와 이혼한다는 뜻이다. 세효(世爻) 신금(申金)은 3효에서 월의 관귀(官鬼)에게 충파(沖破)를 당한다. 일에 입묘(入墓)하고 3효는 침대이고, 관귀는 남자를 의미한다. 충파(沖破)는 자신은 이미 처녀가 아님을 의미한다. 입묘는 현재 이 남성과 동거하고 있다는 것을 나타낸다.

자손(子孫) 신금(申金)이 지세(持世)하며 일의 생을 얻고 동효(動爻)가 생하니 왕상(旺相)하고 발동(發動)하였다. 그래서 성사가 되지 않을 것 같다. 동(動)하면서 관귀(官鬼)로 화출(化出)하여 다른 남자와 사귀는 것이다.

《피드백》 계미(癸未)년에 예측하였다. 이 남성은 곧 아내와 이혼했다. 하지만 두 사람은 동거만 하고 결혼하지 않았다. 그후 헤어졌다가 다른 남자와 결혼하게 됐다.

【예10】酉月 丙午日 (旬空:寅卯) 남자가 운기와 혼인을 문의하였다				
수지비(水地比)				
靑龍		妻財子水	∥	應
玄武		兄弟戌土	｜	
白虎		子孫申金	∥	
螣蛇		官鬼卯木	∥	世
勾陳		父母巳火	∥	
朱雀		兄弟未土	∥	

◉재운(財運)을 볼 때 처재(妻財)를 본다. 관운(官運)을 볼 때 관귀(官鬼)를 본다. 혼인(婚姻)은 종합해서 본다.

처재(妻財) 자수(子水)는 월(月)이 생하고 일이 충(沖)을 하여 왕상하다. 처재는 암동(暗動)하여 세효(世爻)를 생하지만 세효가 공파(空破)되어 생하지 못한다. 그래서 많은 돈을 보고도 잡지를 못한다. 항상 재물을 거의 다 잡았다가 놓치곤 한다. 지금은 운이 좋지 않다.

관귀(官鬼)가 공파(空破)이고 일월의 도움을 얻지 못하니 관운이 아예 없다. 처재(妻財) 자수(子水)는 6효에 있다. 또 응효(應爻)에 있어 외지의 여자를 얻는다. 혼인은 비교적 늦다. 부모(父母)가 일에 임하고 정해(丁亥)년은 부모 사화(巳火)를 충(沖)하니 이루어진다.

세효(世爻)가 공망(空亡)에 등사가 임하였다. 등사는 변화, 공망은 마음이 안정되지 않음을 의미한다. 그래서 본인은 하는 일이 용두사미(龍頭蛇尾)가 되고 종종 중도에 일을 그만두게 된다. 이러한 난점을 고쳐야 부자가 될 수 있는 기회를 잡을 수 있다.

◉ 또 권법을 수련하면 어떻겠는지 질문하였다.

세효(世爻)가 등사에 임하여 변화를 의미하고 원신(元神)이 암동(暗動)하여 세효를 생한다. 원신은 사유 혹은 이념을 의미한다. 그래서 당신이 배우고자 하는 것은 형의권(形意拳_동물의 동작을 모방하여 만들어낸 권술의 일종)이다. 하지만 세효가 공망(空亡)이라 요령도 없고 게다가 매일 꾸준히 연습을 하지 못한다.

결혼 결과에 대한 피드백이 없는 것을 제외하고 모든 판단이 정확했다.

【예11】 辰月 壬申日 (旬空：戌亥)						
어느 여자가 딸의 결혼을 예측해달라고 청했는데, 마침 그녀의 집에 도착하자마자						
그녀의 딸이 미국에서 전화를 걸어왔다. 딸이 현장에 없었기 때문에 필자가 괘를 보았다						

뇌풍항(雷風恒) ➡ 화산려(火山旅)						
白虎		妻財戌土	✗	應	子孫巳火
螣蛇		官鬼申金	‖		
勾陳		子孫午火	∣		
朱雀		官鬼酉金	∣	世	
靑龍	(兄弟寅木)	父母亥水	✗		子孫午火
玄武		妻財丑土	‖		

《판단》 관귀(官鬼)를 용신(用神)으로 본다. 세효(世爻) 관귀 유금(酉金)이 주작(朱雀)에 임한다. 금(金)은 소리, 주작은 말함을 의미한다. 그래서 딸이 평소에 말을 잘한다고 판단했다. 하지만 응효(應爻)의 술토(戌土)가 공망(空亡)이고 월파(月破)를 당하여 주작이 임한 관귀를 생하지 못한다. 그래서 연애에 관련되기만 하면 더 이상 할 말이 없어진다.

《피드백》 그렇다. 평소에는 말을 잘하는데 남자를 만나면 말을 못한다.

판단 6효의 처재(妻財) 술토(戌土)는 자손(子孫)의 묘고(墓庫)이다. 자손은 승려 혹은 도사를 의미한다. 묘고(墓庫)는 바로 사원(寺院)을 의미한다. 6효는 또 절의 효위(爻位)이다. 또 술토(戌土)와 해수(亥水)가 양동(兩動)하였다. 술토(戌土)와 해수(亥水)는 건괘(乾卦)에 들어간다. 건(乾)은 신불(神佛)을 의미한다. 그래서 딸이 불교를 믿는다고 판단했다.

피드백 네, 우리 집 사람들은 모두 절에 다닌다.

판단 세효(世爻)가 관귀(官鬼)에 임하고, 관귀는 남자를 의미한다. 백호(白虎)는 위엄(威嚴)을 의미한다. 동(動)하면서 세효를 생하니 딸은 남자와 같은 성격이다.

피드백 맞다. 남자아이 같다.

판단 세효(世爻)가 3효에 있다. 3효는 침대를 의미한다. 술토(戌土)는 공망(空亡)이며 3효의 세효를 생하지 않는다. 그래서 잠을 늦게 잔다.

피드백 맞다. 매일 늦게 잔다.

판단 세효(世爻)가 주작(朱雀)에 임하여 주로 문자를 의미한다. 변괘(變卦)가 이궁(離宮)으로 화하여 들어간다. 고인(古人)은 "주작이 이(離)에 들어가면 글을 잘 쓴다."고 말하였다. 그래서 딸이 글씨를 잘 쓴다고 판단했다.

피드백 맞다. 딸은 서예 실력이 뛰어나다.

판단 술토(戌土)는 세효(世爻)의 원신(元神)으로 공망(空亡)에 월파(月破)에 백호가 임하였다. 백호는 질병을 의미한다. 6효에 있으니 얼굴을 의미한다. 토(土)는 피부를 의미한다. 코[鼻子]에 문세가 있다. 병지(病地)인 해수(亥水)가 발동(發動)하여 청룡에 임하였다. 청룡은 가려움, 수(水)는 액체를 의미한다. 그래서 자주 콧물을 흘린다.

피드백 알레르기 비염이 있다.

판단 작년 병술(丙戌)년은 응효(應爻) 술토(戌土)가 실파(實破)와 실공(實空)이 되었지만 힘이 부족하다. 그래서 술월(戌月)에 관귀(官鬼)를 생할 때 연애할 수 있는 기회가 있다. 술토(戌土)는 6효에 있다. 6효는 국외를 의미한다. 또 응효에 임하였다. 응(應)은 타향을 의미한다. 그래서 외국인을 사귄 적이 있다. 백호(白虎)에 임하여 백인이다. 역마(驛馬)에 임하고, 역마는 장사 혹은 판매를 의미한다. 그래서 이 외국인은 장사하는 사람이다. 하지만 잘 장악하지 못할까 걱정된다.

피드백 그녀는 백인을 사귄 적이 있다. 그 사람은 그녀를 쫓아다녔는데 그녀가 적극적이지 않아서 그 사람이 포기했다.

판단 용신(用神)이 정(靜)하여 충(沖)이 필요하다. 원신(元神)이 공파(空破)이면 합파(合破)가 필요하다. 그래서 딸이 신묘(辛卯)년에 결혼할 수 있을 것이라고 판단했다.

피드백 결과를 기다리는 중이다.

【예12】 甲申年 巳月 己亥日 (旬空 : 辰巳) 남자가 아들이 언제 결혼하는지 문의하였다					
뇌택귀매(雷澤歸妹) ➡ 뇌수해(雷水解)					
勾陳		父母戌土	‖	應	
朱雀		兄弟申金	‖		
靑龍	(子孫亥水)	官鬼午火	Ⅰ		
玄武		父母丑土	‖	世	
白虎		妻財卯木	Ⅰ		
螣蛇		官鬼巳火	✗		妻財寅木

《판단》 처재(妻財)를 용신(用神)으로 본다. 처재 묘목(卯木)은 월(月)이 극하지 않고 일이 생한다. 또 관귀(官鬼) 사화(巳火)가 월에 임하고 동(動)하여 처재로 화한다. 월건(月建)은 시간이 오래됨(長)을 표시한다. 그래서 아들은 이미 여자친구가 있다. 게다가 사귄 기간은 짧지 않다. 사화(巳火)가 공망(空亡)이라 공식적인 혼인관계가 정해지지 않았을 뿐이다. 용신이 백호(白虎)에 임하고, 백호는 의료를 의미한다. 여자친구는 의료 종사자이다.

용신(用神) 묘목(卯木)은 정(靜)하여 내년 을유(乙酉)에 용신을 충(沖)하면 결혼할 수 있다. 자손(子孫) 해수(亥水)가 월파(月破)를 당하는데 일에서 실파(實破)되었다. 정해(丁亥)년은 자손 해수(亥水)에 응(應)한다. 그래서 정해(丁亥)년에 아이를 낳는다.

역시 아들은 이미 여자친구가 있고 의학을 전공했다. 그해 유월(酉月)에 약혼하고 이듬해 결혼하여 정해(丁亥)년 축월(丑月)에 아들을 낳았다.

【예13】 辰月 壬申日 (旬空:戌亥) 여자가 어떤 남자와 결혼할 수 있는지 문의하였다					
지화명이(地火明夷) ➡ 지풍승(地風升)					
白虎		父母酉金	‖		
螣蛇		兄弟亥水	‖		
勾陳		官鬼丑土	‖	世	
朱雀	(妻財午火)	兄弟亥水				
青龍		官鬼丑土	⚊╳		兄弟亥水
玄武		子孫卯木	╳	應	官鬼丑土

관귀(官鬼)를 용신(用神)으로 본다. 괘에 관귀가 양현(兩現)하여 발동(發動)한 관귀 축토(丑土)를 용신으로 본다. 용신이 월건(月建)의 도움을 얻어 원래 길(吉)하지만 동(動)하면서 공망(空亡)으로 화한다. 기신(忌神) 묘목(卯木)이 발동(發動)하여 극하고 또 유혼괘(遊魂卦)이다. 그래서 헤어지는 의미가 되니 성사되지 않는다.

결국 결혼하지 않았다.

【예14】 癸未年 亥月 丙戌日 (旬空 : 午未) **남자가 언제 결혼할 수 있는지 문의하였다**							
뇌산소과(雷山小過) ➜ 지풍승(地風升)							
靑龍		父母戌土	‖				
玄武		兄弟申金	‖				
白虎	(子孫亥水)	官鬼午火	✗		世		父母戌土
螣蛇		兄弟申金	￨				
勾陳	(妻財卯木)	官鬼午火	✗				子孫亥水
朱雀		父母辰土	‖		應		

《판단》 처재(妻財)를 용신(用神)으로 본다. 처재 묘목(卯木)은 월이 생하고 일이 처재를 합한다. 현재 여자친구가 교제하고 있다는 뜻이다. 용신은 관귀(官鬼) 오화(午火) 아래 복장(伏藏)되었다. 원래는 여자친구가 혼인한 적이 있음을 나타내지만 관귀 오화(午火)가 공망(空亡)이고 일에 입묘(入墓)되었다. 실제로 이루어지지 않음을 의미한다. 그래서 여자친구가 다른 사람과 결혼할 뻔했다고 판단했다.

용신(用神)이 괘에 없고 세효(世爻)가 또 공망(空亡)이다. 자신은 아직 낯선 남자이고 여자친구와 동거하지 않았다는 것을 의미한다. 용신이 묘목(卯木)이라 여자친구의 신체가 날씬하다. 왕상(旺相)하니 키가 크다. 용신과 일의 부모(父母)가 서로 합(合)하고 괘의 6효에 있다. 6효는 사원이고, 태궁(兌宮)에 있는 것도 사원을 의미한다. 그래서 여자친구는 종교인이다.

처재(妻財) 묘목(卯木)은 1999년 기묘(己卯)년에 대응(對應)하고 복장(伏藏)된 것이 출현(出現)하여 만난다. 세효(世爻)가 동(動)하여 부모(父母)로 화한다. 본인은 이 해에 결혼할 뻔했다.

부모(父母) 진토(辰土)가 일에 임하여 암동(暗動)하였다. 을유(乙酉)년은 부모 진토 (辰土)를 합한다. 처재(妻財) 묘목(卯木)이 충출(沖出)하면 결혼할 수 있다.

피드백 역시 유월(酉月)에 지금의 여자친구를 만났고, 여자친구가 다른 사람과 약혼 해서 둘은 헤어졌다. 자신은 1999년에 결혼할 뻔했다. 지금의 여자친구는 가톨릭 신자이 다. 이후의 결과가 어떻게 되었는지 피드백이 없다.

【예15】 癸未年 酉月 癸丑日 (旬空:寅卯) 남자가 언제 결혼할 수 있는지 문의하였다					
지천태(地天泰) ➡ 지수사(地水師)					
白虎		子孫酉金	‖	應	
螣蛇		妻財亥水	‖		
勾陳		兄弟丑土	‖		
朱雀		兄弟辰土	✗	世	父母午火
靑龍	(父母巳火)	官鬼寅木	Ⅰ		
玄武		妻財子水	✗		官鬼寅木

판단 처재(妻財)를 용신(用神)으로 본다. 처재가 양현(兩現)하여 발동(發動)한 처 재 자수(子水)를 용신으로 본다. 용신은 월의 생을 얻어 왕상하다. 하지만 동(動)하면 서 공망(空亡)으로 화한다. 일이 와서 극하니 현재는 여자친구가 없다.

세효(世爻)는 용신(用神)의 묘고(墓庫)이다. 발동(發動)하여 용신을 세효에 입묘(入 墓)시켰다. 본인은 결혼을 간절히 원한다. 처재(妻財)와 일의 형제(兄弟)가 서로 합 (合)을 한다. 장래에 찾을 사람은 한 번 혼인을 한 사람이다. 용신은 자수(子水)이다.

무자(戊子)년에 비로소 결혼이 가능하다.

[피드백] 역시 무자(戊子)년 진월(辰月)에 결혼했다.

09절
이혼(離婚)

◘ 이혼과 결혼은 정반대이다

⊙ 용신(用神)이 왕상하면 이혼할 수 없다.

⊙ 용신(用神)이 휴수하면 이혼할 수 있다.

◘ 또 세효(世爻)의 육친을 본다

⊙ 기신(忌神)이 지세(持世)하면 대부분 자신이 이혼하고 싶어 한다.

⊙ 응효(應爻)에 기신(忌神)이 임하면 대부분 상대방이 이혼하고 싶어 한다.

◘ 간효(間爻)는 기타 다른 사람의 상황이다

⊙ 기신(忌神)을 돕는 것이 있으면 누군가 이혼을 부추긴다.

⊙ 용신(用神)을 생하거나 합하거나 기신(忌神)을 극하는 것이 있으면 이혼을 막기
위한 중재자가 있다.

【예1】 卯月 己亥日 (旬空 : 辰巳)				
여자가 남편이 이혼을 하려고 하는데 결과가 어떤지 문의하였다				
산풍고(山風蠱)				
勾陳		兄弟寅木	∣	應
朱雀	(子孫巳火)	父母子水	∥	
靑龍		妻財戌土	∥	
玄武		官鬼酉金	∣	世
白虎		父母亥水	∣	
螣蛇		妻財丑土	∥	

《판단》 관귀(官鬼)를 용신(用神)으로 본다. 관귀 유금(酉金)은 월에게 충파(沖破)를 당하였다. 일의 도움이 없고 원신(元神)마저 휴수(休囚)하여 도움이 없다.

이혼은 예견된 일이다. 이달에 이혼하지 않고 다음달에 반드시 이혼한다.

《피드백》 역시 그달에 이혼했다.

【예2】寅月 辛酉日 (旬空：子丑)
여자가 남편이 이혼을 하려고 하는데 너무 걱정되어 결과가 어떤지 문의하였다

		곤위지(坤爲地) → 화지진(火地晉)			
螣蛇		子孫酉金	✗	世	父母巳火
勾陳		妻財亥水	‖		
朱雀		兄弟丑土	✗		子孫酉金
靑龍		官鬼卯木	‖	應	
玄武		父母巳火	‖		
白虎		兄弟未土	‖		

【판단】 여자가 이혼을 예측할 경우 일반적으로 관귀(官鬼)를 용신(用神)으로 본다. 하지만 걱정 때문에 문의한 것이라면 괘의 변화에 따라 판단해야 한다.

자손(子孫)이 지세(持世)하여 삼합국(三合局)이 형성되었고 일의 도움을 얻어 왕상(旺相)하다. 자손은 시름을 덜어내는 신(神)이라 오히려 왕상한 것이 좋다. 비록 육충괘(六沖卦)이지만 이혼하지 않는다.

【피드백】 역시 오랫동안 서로 다투고 싸웠지만 이혼은 하지 않았다.

【예3】 午月 庚寅日 (旬空：午未) 여자가 남편과의 이혼이 성공할 수 있는지 문의하였다					
풍택중부(風澤中孚) → 건위천(乾爲天)					
螣蛇		官鬼卯木	∣		
勾陳	(妻財子水)	父母巳火	∣		
朱雀		兄弟未土	⚊⚊	世	父母午火
靑龍	(子孫申金)	兄弟丑土	⚊⚊		兄弟辰土
玄武		官鬼卯木	∣		
白虎		父母巳火	∣	應	

《판단》 관귀(官鬼)를 용신(用神)으로 본다. 괘에 관귀가 양현(兩現)하여 2효의 관귀를 용신으로 본다. 용신은 일의 도움을 얻었다. 일에 임하여 세효(世爻)를 극하여 이혼이 순조롭지 않다. 세효가 공망(空亡)인데 화출(化出)된 부모(父母) 오화(午火)도 공망이다. 세효와 합(合)을 하고 부모는 결혼증서를 의미한다. 공망은 허약(虛約)·비공식을 의미한다. 또 유혼괘(遊魂卦)라 남편이 아니라 바깥 사람을 의미한다. 그래서 이 조합은 그녀가 밖에 사람이 있고 다른 남자와 동거하고 있기 때문에 이혼하고 싶다는 뜻이다.

부모(父母) 오화(午火)는 월에 임하여 세효(世爻)와 합(合)을 한다. 오미합(午未合)은 방합(方合)이니 어떤 연관성이 있음을 나타낸다. 월이 와서 합(合)을 한다. 월건(月建)은 오래되었다는 것을 의미하여 그녀와 동거하는 남자는 이미 과거에 알았던 사람임을 설명한다.

《피드백》 역시 남편이 외출한 틈을 타 예전 남자친구를 만났다. 이혼하고 싶은데 이혼할 수 없었다.

		【예4】乙酉年 戌月 辛未日 (旬空 : 戌亥) 여자가 남편과 이혼할 수 있는지 문의하였다			
		화풍정(火風鼎) ➡ 택천쾌(澤天夬)			
螣蛇		兄弟巳火	⚊̸		子孫未土
勾陳		子孫未土	⚋̸	應	妻財酉金
朱雀		妻財酉金	❙		
靑龍		妻財酉金	❙		
玄武		官鬼亥水	❙	世	
白虎	(父母卯木)	子孫丑土	⚋̸		官鬼子水

《판단》 관귀(官鬼)를 용신(用神)으로 본다. 관귀 해수(亥水)는 2효에서 지세(持世)하였는데 공망(空亡)이다. 2효는 집·주택인데 지세(持世)하니 집에 같이 있음을 표시한다. 하지만 공망이라 남편이 지금 곁에 없고 집에도 없다는 뜻이 된다.

세효(世爻)가 현무(玄武)에 임하고 부모(父母) 묘목(卯木)은 괘에 없고 동효(動爻)인 축토(丑土) 아래 복장(伏藏)되면서 또 입묘(入墓)했다. 결혼증서 없이 동거하는 조합이다. 초효(初爻) 자손(子孫) 축토(丑土)가 용신(用神)을 극하고 동(動)하여 관귀로 화한다. 남편과 이혼하고 다른 남자와 결혼하고 싶다는 뜻이다. 현재 용신이 공망이라 이혼하지 못한다. 정해(丁亥)년에 출공(出空)되어야 이혼할 수 있다.

《피드백》 역시 남편은 2년째 외출 중이다. 자신은 또 다른 남자와 친해져서 이혼하려고 한다. 최종 결과는 피드백이 없었다.

【예5】 亥月 戊申日 (旬空 : 寅卯)					
여자가 오빠와 새언니가 이혼하는지 문의하였다					
화택규(火澤睽)					
朱雀		父母巳火	|		
靑龍	(妻財子水)	兄弟未土	||		
玄武		子孫酉金	|	世	
白虎		兄弟丑土	||		
螣蛇		官鬼卯木	|		
勾陳		父母巳火	|	應	

《판단》 처재(妻財)를 용신(用神)으로 본다. 처재 자수(子水)는 5효에 있고 청룡(靑龍)이 임하였다. 청룡은 미모를 표시한다. 새언니가 아름다운 용모를 가졌다.

용신(用神)은 형제(兄弟) 미토(未土) 아래 복장(伏藏)되었다. 복장(伏藏)은 바깥을 의미하고, 형제는 쟁탈자이니 새언니는 밖에 다른 남자가 있다. 2효 묘목(卯木)이 공망(空亡)이니 용신이 2효를 생하지 않는다. 그래서 새언니가 집에 많이 들어오지 않는다. 하지만 용신이 월의 도움을 얻고 일이 생하니 왕상하다. 기신(忌神)이 조용하니 이혼은 하지 않는다.

《피드백》 역시 4년이 지났는데도 이혼하지 않고 같이 살고 있다.

【예6】 申月 丁亥日 (旬空 : 午未)					
여자가 남편과 이혼할 수 있는지 문의하였다					
감위수(坎爲水) ➡ 택풍대과(澤風大過)					
靑龍		兄弟子水	⚋	世	
玄武		官鬼戌土	▬		
白虎		父母申金	⚋✕		兄弟亥水
螣蛇		妻財午火	⚋✕	應	父母酉金
勾陳		官鬼辰土	▬		
朱雀		子孫寅木	⚋		

《판단》 관귀(官鬼)를 용신(用神)으로 본다. 괘에 관귀가 양현(兩現)하여 세효(世爻)에 가까운 관귀 술토(戌土)를 용신으로 본다. 용신이 현무(玄武)에 임하여 세효를 극한다. 현무는 주로 풍류를 의미하여 남편이 다른 여자와 놀기를 좋아하고 자신에게 잘해주지 않는다. 술토(戌土)는 처재(妻財)의 묘고(墓庫)이다. 처재가 응효(應爻)에 임하고 처재는 여자를 의미한다. 응(應)은 타인을 의미한다. 남편은 마음속에 다른 여자만 생각하고 있다는 뜻이다. 육충괘(六沖卦)는 부부간의 불화를 의미한다. 하지만 관귀가 일월의 극상(克傷)을 당하지 않아 비록 부부 사이가 나쁘지만 이혼하기 힘들다는 뜻이 된다. 유혼(遊魂)으로 화하고 3효가 공(空)하면서 용신을 생할 수 없다. 3효는 침대이니 두 사람은 별거이며, 같은 침대를 사용하지 않음을 표시한다.

《피드백》 역시 별거 중이지만 이혼은 하지 않았다.

【예7】 丙戌年 丑月 辛亥日 (旬空：寅卯)					
여자가 자신의 애인이 언제 아내와 이혼하는지 문의하였다					
산화비(山火賁) ➔ 산천대축(山天大畜)					
螣蛇		官鬼寅木	|		
勾陳		妻財子水	||		
朱雀		兄弟戌土	||	應	
靑龍	(子孫申金)	妻財亥水	|		
玄武	(父母午火)	兄弟丑土	✗		官鬼寅木
白虎		官鬼卯木	|	世	

【판단】 처재(妻財)를 용신(用神)으로 본다. 괘에 처재가 양현(兩現)하여 일에 임한 처재 해수(亥水)를 용신으로 본다. 용신이 비록 일의 도움을 얻지만 월의 극을 받아 쇠왕(衰旺)은 가리기가 힘들다. 반면 괘에 형제(兄弟)가 독발(獨發)하여 이혼은 이미 정해졌고, 단지 시간문제일 뿐이다. 시기를 판단해보면, 용신은 마침내 내년 정해(丁亥)년이 도위되어 이 해에 이혼한다.

인월(寅月)과 묘월(卯月)은 형제(兄弟)가 제(制)를 받아 용신(用神)을 극할 힘이 없다. 진월(辰月)은 형제가 왕을 득하고 용신이 입묘(入墓)하니 이혼의 시기이다. 하지만 이 괘(卦)에 세효(世爻)가 공망(空亡)이니 자신은 꼭 애인과 결혼하는 것이 아니다.

【피드백】 역시 상대방은 정해년(丁亥年) 진월(辰月)에 아내와 이혼했지만 그녀는 다른 남자친구가 생겼고, 원래 남자친구와 결혼도 하지 않았다.

【예8】 辰月 壬戌日 (旬空: 子丑) 여자가 남편이 자신과 이혼하는지 문의하였다					
지뢰복(地雷復) ➡ 지택림(地澤臨)					
白虎		子孫酉金	‖		
螣蛇		妻財亥水	‖		
勾陳		兄弟丑土	‖	應	
朱雀		兄弟辰土	‖		
靑龍	(父母巳火)	官鬼寅木	⚊		官鬼卯木
玄武		妻財子水	❙	世	

【판단】 관귀(官鬼)를 용신(用神)으로 본다. 관귀 인목(寅木)이 2효에서 동(動)하여 진신(進神)으로 화하였다. 2효는 집인데, 진신(進神)으로 화하면 멀리 가는 상(象)이 된다. 그래서 이혼은 시간문제이다. 관귀 인목(寅木)이 동(動)하여 처재(妻財) 해수 (亥水)와 합(合)을 하여 남편한테 다른 여자가 생겼다.

세효(世爻)가 공망(空亡)이라 용신(用神)을 생하지 않는다. 자신은 이미 남편을 사랑 하지 않는다. 용신은 일월의 도움을 얻지 못했다. 세(世)·응(應)이 공망이라 두 사람 모두 이혼할 의사가 있다.

신월(申月)에 용신(用神)이 충극(沖克)을 당하여 신월(申月)에 이혼한다.

【피드백】 역시 신월(申月) 해일(亥日)에 이혼했다.

【예9】 戌月 丁巳日 (旬空:子丑) 여자가 남편이 이혼하자고 하는데 결과가 어떻게 될지 문의하였다					
수풍정(水風井) → 지풍승(地風升)					
靑龍		父母子水	‖		
玄武		妻財戌土	✗	世	父母亥水
白虎	(子孫午火)	官鬼申金	‖		
螣蛇		官鬼酉金	∣		
勾陳	(兄弟寅木)	父母亥水	∣	應	
朱雀		妻財丑土	‖		

《판단》 관귀(官鬼)를 용신(用神)으로 본다. 괘에 관귀가 양현(兩現)하여 일과 합(合)한 관귀 신금(申金)을 용신으로 본다. 세효(世爻)가 발동(發動)하여 관귀를 생하니 자신은 남편을 좋아해서 이혼하고 싶은 생각이 없다.

용신(用神)과 일이 서로 합(合)을 하니 남편은 연연하며 여자를 좋아한다. 하지만 일이 자손(子孫)이다. 처재(妻財)도 아니고 형제(兄弟)도 아니다. 그래서 바람둥이일 뿐이지 도화(桃花)운은 없다. 용신이 왕상(旺相)하여 이혼할 수 없다.

《피드백》 역시 남편은 한 유부녀에게 마음이 있어 매일 구애하고 자기한테 이혼을 요구했다. 하지만 그 여자가 남편의 구애를 거절했다. 경신일(庚申日)에 자신과 화해했다.

【예10】亥月 己丑日 (旬空：午未) 남자가 아내와의 이혼에 대해 문의하였다					
뇌수해(雷水解)					
勾陳		妻財戌土	‖		
朱雀		官鬼申金	‖	應	
靑龍		子孫午火	∣		
玄武		子孫午火	‖		
白虎		妻財辰土	∣	世	
螣蛇	(父母子水)	兄弟寅木	‖		

〔판단〕 처재(妻財)를 용신(用神)으로 본다. 처재가 양현(兩現)하여 세효(世爻) 처재 진토(辰土)를 용신으로 본다. 용신은 2효에 있다. 2효는 집인데 일의 도움을 얻어 왕상(旺相)하다. 용신이 왕상하여 오히려 이혼하기 힘들다.

〔피드백〕 역시 4년이 지났지만 아직도 이혼하지 못했다.

IO절

재혼(復婚)

⊙ 용신(用神)의 쇠왕(衰旺)으로 판단한다

- 용신(用神)이 왕상하면서 동(動)하여 퇴신(退神)으로 화하거나, 귀혼괘(歸魂卦)이거나, 육충(六沖)이 육합(六合)으로 화하면 쉽게 재혼한다.

- 휴수(休囚)하고 공파(空破)되거나, 동(動)하여 진신(進神)으로 화하거나, 육충(六沖)이 육충(六沖)으로 화하거나, 유혼괘(遊魂卦)가 되면 쉽게 성사되지 못한다.

【예1】 丁亥年 酉月 己酉日 (旬空 : 寅卯) 77세 여자가 재혼을 문의하였다					
산천대축(山天大畜) → 수택절(水澤節)					
勾陳		官鬼寅木	✗		妻財子水
朱雀		妻財子水	✗	應	兄弟戌土
靑龍		兄弟戌土	⫶		
玄武	(子孫申金)	兄弟辰土	✗		兄弟丑土
白虎	(父母午火)	官鬼寅木	ǀ	世	
螣蛇		妻財子水	ǀ		

《판단》 관귀(官鬼)를 용신(用神)으로 본다. 괘에 관귀가 양현(兩現)하여 발동(發動)한 관귀 인목(寅木)을 용신으로 본다. 용신이 비록 동(動)하여 회두생(回頭生)을 받고 있지만 공망(空亡)이다. 또 일월에 극을 당하였다. 근(根)이 없는 목(木)은 생부(生扶)를 받아도 일어날 수 없다. 아마 재혼할 기회가 없을 것이다.

세효(世爻)가 공망(空亡)이라 마음이 공허한 상(象)이 된다. 2효에서 공망이라 혼자 집에 있어 매우 고독하다. 용신이 동(動)하여 자수(子水)로 화하여 회두생(回頭生)이 되었다. 틀림없이 오년(午年)에 자수(子水)를 충거(沖去)하니 이혼한 것이다.

《피드백》 역시 임오(壬午)년에 이혼하였다. 지금 재혼을 하려고 하는데 남편이 승낙을 안 해 주고 있다.

		여자가 남편과 재결합을 문의하였다			

산뢰이(山雷頤) ➡ 산택손(山澤損)

玄武		兄弟寅木	❙		
白虎	(子孫巳火)	父母子水	❚		
螣蛇		妻財戌土	❚	世	
勾陳	(官鬼酉金)	妻財辰土	❚		
朱雀		兄弟寅木	✗		兄弟卯木
靑龍		父母子水	❙	應	

【판단】 관귀(官鬼)를 용신(用神)으로 본다. 관귀 유금(酉金)이 복장(伏藏)하여 남편이 곁에 없다. 응효(應爻)는 남편의 자리인데 공망(空亡)에 임하여 남편 자리가 비어 사람이 없다. 산뢰이(山雷頤)는 입을 열어 남에게 부탁하는 상(象)이다. 그녀는 남편에게 재결합을 청하려고 한다. 하지만 세효(世爻)는 월파(月破)에 등사가 임하였다. 등사는 불안을 의미하니 그만큼 자신이 이 일로 괴로워하고 있다는 뜻이다.

형제(兄弟) 인목(寅木)은 2효에서 독발(獨發)하였다. 관귀(官鬼)는 절지(絶地)가 되고 2효는 집이다. 용신(用神)이 택효(宅爻)에서 절지(絶地)를 만나 남편은 집에 들어오지 않을 것이다. 또 주괘(主卦)가 유혼(遊魂)이니 헤어진다는 의미가 된다. 그래서 다시는 모이지 않을 것이다. 이 일은 성사가 안 된다.

세효(世爻)가 월파(月破)되어 자신의 마음이 산산조각이 났음을 표시한다. 일의 형제(兄弟)가 합(合)을 하여 파(破)를 해결한다. 일의 합은 극을 포함하고 있다. 나를 극하는 것은 관귀이다. 그래서 이 형제는 남자로 볼 수도 있다. 자신의 부서진 마음을 풀어줄 수 있음을 나타낸다. 출월(出月)이 되면 파(破)가 되지 않는다. 그래서 다음 달이면 나타난다. 하지만 이 형제는 합파(合破)하는 동시에 세(世)에 있는 재(財)를 극한다. 그래서 나타난 이 사람은 자기 돈을 쓰는 것이다.

《피드백》 역시 남편과 재혼하지 못했고, 사월(巳月)에 20세 연하의 사내아이를 만나 동거했다. 그녀가 돈을 벌어 상대방을 먹여 살린다.

【예3】 申月 辛卯日 (旬空 : 子丑) 여자가 남편과 재결합을 할 수 있는지 문의하였다						
산천대축(山天大畜) ➜ 지수사(地水師)						
螣蛇		官鬼寅木	✗			子孫酉金
勾陳		妻財子水	‖		應	
朱雀		兄弟戌土	‖			
靑龍	(子孫申金)	兄弟辰土	✗			父母午火
玄武	(父母午火)	官鬼寅木	ǀ		世	
白虎		妻財子水	✗			官鬼寅木

《판단》 관귀(官鬼)를 용신(用神)으로 본다. 괘에 관귀가 양현(兩現)하여 발동(發動)한 관귀 인목(寅木)을 용신으로 본다. 용신이 비록 일의 도움을 얻지만 월에 충파(沖破)되며 또 회두극(回頭克)으로 화하여 성사되지 않는다. 초효(初爻)가 동(動)하여 관귀로 화하여 장차 다른 사람과 결혼할 것이다.

《피드백》 역시 재혼도 성사되지 않았다.

【예4】 巳月 辛亥日 (旬空 : 寅卯) 남자가 재결합을 할 수 있는지 문의하였다					
감위수(坎爲水) ➡ 천지비(天地否)					
螣蛇		兄弟子水	⚊̷	世	官鬼戌土
勾陳		官鬼戌土	⚊		
朱雀		父母申金	⚊̷		妻財午火
靑龍		妻財午火	⚋	應	
玄武		官鬼辰土	⚊̷		妻財巳火
白虎		子孫寅木	⚋		

《판단》 처재(妻財)를 용신(用神)으로 본다. 처재 오화(午火)가 비록 월의 도움을 얻지만 일에 극을 당하여 쇠왕(衰旺)을 가리기 힘들다. 게다가 형제(兄弟)가 지세(持世)하고 괘에 기신(忌神) 자수(子水)가 삼합국(三合局)이 되고 또 육충괘(六沖卦)가 되어 재결합이 안 된다.

《피드백》 역시 재결합이 되지 않았다.

【예5】 卯月 戊午日 (旬空 : 子丑)					
여자가 재결합을 문의하였다					
화택규(火澤睽) ➡ 화천대유(火天大有)					
朱雀		父母巳火	│		
靑龍	(妻財子水)	兄弟未土	‖		
玄武		子孫酉金	│	世	
白虎		兄弟丑土	⤫		兄弟辰土
螣蛇		官鬼卯木	│		
勾陳		父母巳火	│	應	

《판단》 관귀(官鬼)를 용신(用神)으로 본다. 관귀 묘목(卯木)은 비록 월의 도움을 얻어 왕상(旺相)하지만 원신(元神) 자수(子水)가 괘에 없고 공망(空亡)에다가 휴수(休囚)하다. 구신(仇神)이 독발(獨發)하여 원신을 합주(合住)하니 관귀를 생할 수 없다. 세효(世爻)는 월의 관귀에게 충파(沖破)를 당하였다. 남편이 승낙하지 않음을 표시한다. 남편이 자신을 싫어한다. 재결합이 안 된다.

《피드백》 역시 재결합이 되지 않았다.

【예6】卯月 戊辰日 (旬空:戌亥) 여자가 재결합을 문의하였다					
화택규(火澤睽) → 화천대유(火天大有)					
朱雀		父母巳火	|		
靑龍	(妻財子水)	兄弟未土	||		
玄武		子孫酉金	|	世	
白虎		兄弟丑土	✗		兄弟辰土
螣蛇		官鬼卯木	|		
勾陳		父母巳火	|	應	

《판단》 관귀(官鬼)를 용신(用神)으로 본다. 용신은 월의 도움을 얻어 왕상하다. 원신(元神) 자수(子水)는 휴수(休囚)하며 괘에 없다. 구신(仇神) 형제(兄弟) 축토(丑土)가 독발(獨發)하여 좋지 않다. 세효(世爻)는 월의 관귀에게 충파(沖破)를 당하였다. 하지만 또 일과 합(合)이 되어 불파(不破)되고 귀혼괘(歸魂卦)로 화하니 성사되지만 원신이 무력하니 오래가지 못한다.

《피드백》 역시 재결합 후 또 이혼하려고 한다.

II절
종신고독(終身孤獨)

혼인예측 시 다음과 같은 경우는 대부분 평생 고독한 운명이고, 결혼은 어렵다고 판단한다.

- ⊙ 기신(忌神)이 지세(持世)하고...
- ⊙ 용신(用神)이 휴수(休囚)·공파(空破)되고...
- ⊙ 사묘절(死墓絕)을 만나거나...
- ⊙ 자손(子孫)이 공파(空破)되거나...
- ⊙ 세효(世爻)가 6효에 있거나 등사(螣蛇)에 임하는 경우

【예1】 辰月 乙亥日 (旬空：申酉) 여자가 일생에 대해 문의하였다					
택산함(澤山咸) → 풍산점(風山漸)					
玄武		父母未土	✗	應	妻財卯木
白虎		兄弟酉金	|		
螣蛇		子孫亥水	✗		父母未土
勾陳		兄弟申金	|	世	
朱雀	(妻財卯木)	官鬼午火	||		
靑龍		父母辰土	||		

《판단》 세효(世爻)가 공망(空亡)이니 원신(元神)이 와서 생하는 것을 얻지 못한다. 응(應)에 있는 원신 미토(未土)는 6효에서 동(動)하여 회두극(回頭克)을 받아 세효를 생하지 못한다. 6효는 노년을 의미하여, 늙어서 의지할 곳 없는 외로운 운명을 나타낸다.

자손(子孫) 해수(亥水)는 비록 일의 도움을 얻지만 월이 극하고 부모(父母) 미토(未土)가 발동(發動)하여 극하고 또 동(動)하여 회두극(回頭克)으로 화한다. 세효가 공망(空亡)이니 자손을 생할 수 없어 자녀가 없다는 뜻이 된다.

관귀(官鬼) 오화(午火)는 일월의 도움을 얻지 못하고 일에게 극상(克傷)되고, 괘에 해수(亥水)가 발동(發動)하여 극하니 혼인이 없다. 종합적으로 분석하면 이것은 평생고독의 정보이다.

《피드백》 실제로 그렇다.

제3장
혼인 분류 예측
397

【예2】卯月 己未日 (旬空:子丑)				
여자가 평생운을 문의하였다				
곤위지(坤爲地) ➡ 산뢰이(山雷頤)				
勾陳		子孫酉金	⚋̸ 世	官鬼寅木
朱雀		妻財亥水	⚋	
靑龍		兄弟丑土	⚋	
玄武		官鬼卯木	⚋ 應	
白虎		父母巳火	⚋	
螣蛇		兄弟未土	⚋̸	妻財子水

【판단】 세효(世爻)는 6효에서 월파(月破)를 당하고 원신(元神)이 공(空)이 되며 세효를 생하지 않는다. 6효는 노년, 초효는 어릴 때를 의미한다. 어릴 적부터 줄곧 남의 도움을 받지 못했다. 육충괘(六沖卦)이니 일생이 안정되지 않아 고생을 한다.

자손(子孫)이 월파(月破)를 당하고 관귀(官鬼)로 화한다. 원신(元神)이 공(空)으로 화하니 평생 아이가 없다. 기신(忌神)인 자손이 지세(持世)하고 관귀는 일에 입묘(入墓)한다. 또 동효(動爻)인 미토(未土)에 입묘(入墓)한다. 육충괘(六沖卦)이고 처재(妻財)가 휴수(休囚)하여 관귀를 생할 힘이 없어 결혼이 어렵다.

세효(世爻)는 관귀(官鬼)에 충파(沖破)를 당하였다. 또 동(動)하여 관귀로 화한다. 세효는 6효에 있어 머리를 의미한다. 목(木)은 신경을 의미하고, 원신(元神)은 사유를 의미한다. 초효(初爻)에서 동(動)하여 공(空)으로 화한다. 초효는 사유를 의미한다. 그래서 사고(思考)가 제대로 안 된다.

【피드백】 사실 부모님이 일찍 돌아가셨고, 정신병이 있다. 혼자 고독하게 지낸다.

【예3】寅月 戊寅日 (旬空：申酉) 남자가 평생운을 문의하였다					
지천태(地天泰) → 산택손(山澤損)					
朱雀		子孫酉金	⚊⚋	應	官鬼寅木
靑龍		妻財亥水	‖		
玄武		兄弟丑土	‖		
白虎		兄弟辰土	⚊⚋	世	兄弟丑土
螣蛇	(父母巳火)	官鬼寅木	│		
勾陳		妻財子水	│		

《판단》 형제(兄弟)가 지세(持世)하고, 처재(妻財)가 휴수(休囚)하고 일월에 합주(合住)되었다. 원신(元神)이 공망(空亡)에 절(絶)로 화하였다. 또 일월에 절(絶)을 당하였다. 처재를 생할 힘이 부족하다. 평생 혼인을 이루기 어렵다.

자손(子孫) 유금(酉金)은 일월의 도움을 얻지 못하고 공망(空亡)이 관귀(官鬼)로 화하고, 세효(世爻)는 퇴(退)로 화하고 일월에 극상을 당하여 자손을 생할 힘이 없다. 아이도 없다는 정보이다. 종합해 보면 평생 외로운 삶이다.

《피드백》 사실 57세가 되었는데도 아직 외톨이다.

【예4】 午月 丙辰日 (旬空 : 子丑)					
47세 남자가 언제 결혼할 수 있는지 문의하였다					
감위수(坎爲水) ➡ 수풍정(水風井)					
靑龍		兄弟子水	‖	世	
玄武		官鬼戌土	❙		
白虎		父母申金	‖		
螣蛇		妻財午火	⚊⚋	應	父母酉金
勾陳		官鬼辰土	❙		
朱雀		子孫寅木	‖		

《판단》 처재(妻財)를 용신(用神)으로 본다. 처재 오화(午火)는 월의 도움을 얻어 왕상(旺相)하다. 하지만 용신이 독발(獨發)하여 사지(死地)로 화하여 좋지 않다. 세효(世爻) 자수(子水)는 6효에서 공망(空亡)이다. 6효는 늙음을 의미하고, 퇴직의 자리이다. 공망은 고독을 의미하고, 독발(獨發)이 등사에 임하였다. 등사 또한 고독을 의미한다. 6효는 인연이 없음을 뜻한다. 세효는 재(財)에 충파(沖破)를 당하였다. 독발의 효(爻)는 또 자손(子孫)의 사지(死地)이다. 아내나 자식이 전혀 없는 정보이다. 평생 외롭게 사는 것을 나타낸다.

《피드백》 실제로 그 당시 고독하게 혼자 살고 있었다.

【예5】 辛巳年 子月 丁未日 (旬空 : 寅卯)					
49세 여자가 자기 일생에 큰일이 있는지 문의하였다					
지산겸(地山謙) → 지화명이(地火明夷)					
靑龍		兄弟酉金	‖		
玄武		子孫亥水	‖	世	
白虎		父母丑土	‖		
螣蛇		兄弟申金				
勾陳	(妻財卯木)	官鬼午火	‖	應	
朱雀		父母辰土	✕		妻財卯木

【판단】 관귀(官鬼)를 용신(用神)으로 본다. 관귀 오화(午火)는 월파(月破)를 당하고 원신(元神)은 공망(空亡)이고 괘에 없다. 그래서 결혼이 어렵다. 자손(子孫)은 일에 극을 당하고 독발(獨發)한 효(爻)에 입묘(入墓)한다. 그래서 자녀를 두기 어렵다. 부모(父母)가 일에 임함은 혼기(婚期)를 의미한다. 독발이 사지(死地)로 화하여 평생 혼인이 쉽지 않다. 향규(香閨)인 해수(亥水)가 입묘(入墓)한다. 이것도 결혼이 없다는 것을 표시한다.

세효(世爻)가 자손(子孫) 해수(亥水)로 현무(玄武)가 임하였다. 현무는 우울함을 의미한다. 독발(獨發)한 진토(辰土)에 입묘(入墓)한다. 그래서 생활이 폐쇄되고 외부와의 교류가 많지 않음을 표시한다. 묘고(墓庫)는 부모(父母)로 주작(朱雀)에 임하고, 부모는 어르신을 의미한다. 주작은 언어를 의미하여 어른에게 설교 혹은 잔소리를 듣는 것을 표시한다.

【피드백】 역시 이모를 돌봐줄 사람이 없어 시집도 못 가고 이모를 모시고 있다. 그런데 이모가 잔소리를 많이 해서 자신은 고민이 많다.

		택천쾌(澤天夬)	➡ 택풍대과(澤風大過)		
朱雀		兄弟未土	‖		
靑龍		子孫酉金	Ｉ	世	
玄武		妻財亥水	Ｉ		
白虎		兄弟辰土	Ｉ		
螣蛇	(父母巳火)	官鬼寅木	Ｉ	應	
勾陳		妻財子水	✗		兄弟丑土

【예6】辛巳年 子月 戊午日 (旬空:子丑)

48세 여자가 평생의 큰일에 대해 문의하였다

《판단》 관귀(官鬼)를 용신(用神)으로 본다. 관귀 인목(寅木)은 비록 월의 생을 얻어 왕상(旺相)하지만 자손(子孫) 유금(酉金)이 지세(持世)하고, 향규(香閨)인 자수(子水)는 공망(空亡)인데 공망(空亡)으로 화하였다. 결혼증서를 의미하는 부모(父母) 사화(巳火)는 괘에 없다. 자수(子水)가 공(空)에서 공(空)으로 화한다. 관귀를 생할 수 없다. 자손의 사지(死地)는 독발(獨發)의 효(爻)에 있다. 남편과 아이에 대한 정보가 없다. 남편과 아이에 대한 정보가 없어 고독한 운명이다.

갑인(甲寅)년에 21세였고, 그 시절은 결혼 적령기였다. 용신(用神)이 유년의 지지와 일치한다. 결혼의 기회가 있었을 것이다.

《피드백》 실제로 갑인(甲寅)년에 동창과 연애했지만 성사되지 않았다. 상대방이 다른 사람과 결혼하자 그녀는 이 남자를 계속 기다렸다. 경진(庚辰)년 동창 모임에서 첫사랑이 떠올라 다시 인연을 이어갈 가능성이 있는지 문의하였다.

12절

혼인(婚姻)의 유년(流年) 분석

혼인의 유년(流年) 판단은 일반적인 판단과 다르다. 유년(流年) 지지가 용신에 대한 생극(生克), 충합(沖合)을 근거로 하여 희기(喜忌)를 분석·판단해야 한다. 유년의 지지도 육친으로 환산하여 취상(取象)을 통해 진일보한 판단을 할 필요가 있다. 유년의 육친은 괘에 따라 육친이 변한다.

유년의 판단은 해마다 아주 작은 것도 빠짐없이 판단하는 것이 아니고 괘의 동효(動爻)의 변화, 용신의 공파(空破), 충합(沖合), 생극(生克)을 보고 응기의 규칙을 이용하여 판단해야 정확하다.

이것은 괘가 정보를 표현할 때 가장 강한 정보를 반영하기 때문이다. 중요하지 않은 정보, 즉 예측 내용과 관련이 없는 정보는 괘에 일반적으로 반영되지 않는다. 괘는 커야[大] 응하고 작으면[小] 응하지 않는다. 가까워야[近] 응하고 멀면[遠] 응하지 않는다. 강렬한 정보는 괘에 나타난다.

【예1】甲申年 未月 庚子日 (旬空 : 辰巳)				
1970년생 여자가 혼인을 문의하였다				
뇌화풍(雷火豊) ➡ 뇌천대장(雷天大壯)				
螣蛇		官鬼戌土	‖	
勾陳		父母申金	‖	世
朱雀		妻財午火	❘	
靑龍		兄弟亥水	❘	
玄武		官鬼丑土	⚊✗	應	子孫寅木
白虎		子孫卯木	❘	

【판단】 관귀(官鬼)를 용신(用神)으로 본다. 괘(卦)에 관귀가 양현(兩現)하여 발동(發動)한 관귀 축토(丑土)를 용신으로 본다. 관귀 축토(丑土)는 월의 충파(沖破)를 당하고 동(動)하여 회두극(回頭克)으로 화하니 혼인이 좋지 않다. 용신이 2효에 있어 원래는 조혼이다. 하지만 휴수(休囚)하고 극을 당하여 조금 늦지만 매우 늦은 편은 아니다. 관귀가 양현(兩現)하고 파(破)는 일의 합(合)으로 인해 파(破)가 풀렸다. 그래서 한 번의 혼인 실패 후에 두 번째 결혼이 있다.

관귀(官鬼) 축토(丑土)가 동(動)하여 인목(寅木)은 회두극(回頭克)으로 화하였다. 1995년 을해(乙亥)년은 변효(變爻)를 합주(合住)하여 용신(用神)을 극하지 않는다. 그래서 그녀는 이 해에 결혼했다.

하지만 용신(用神)이 축토(丑土)인데 월파(月破)에 회두극(回頭克)으로 화한다. 1997년 정축(丁丑)년은 용신을 실파(實破)하고 회두극(回頭克)으로 화한다. 그래서 이 해에 이혼한 것으로 판단할 수 있다.

1998년 무인(戊寅)년, 1999년 기묘(己卯)년은 기신(忌神)에 해당한다. 용신(用神)이 극을 당하니 재혼할 기회도 없고 남자친구도 없다.

2000년 경진(庚辰)년은 관귀(官鬼)인 술토(戌土)를 충(沖)하니 혼담의 기미가 보인다. 그러나 용신(用神)에게 불리한 문제는 해결하지 못했기 때문에 성사되지 않는다.

2001년 신사(辛巳)년, 2002년 임오(壬午)년은 관귀를 생하는 해이다. 비록 만날 기회가 있었지만 표준적인 응기(應期)에 해당하는 해가 아니므로 역시 성사되지 않는다.

2003년 계미(癸未)년은 관귀 축토(丑土)가 일과 합(合)을 하고 있는데 충개(沖開)되었다. 결혼에 대해 이야기할 기회가 있음을 표시한다. 그러나 충개는 오히려 변효(變爻)에게 극제(克制)를 당한다. 그래서 그냥 사귀기만 할 뿐 성사되지 않는다.

올해 갑신(甲申)년은 변효(變爻)인 인목(寅木)을 충거(沖去)한다. 용신(用神)이 더 이상 극을 당하지 않아 올해 당연히 재혼한다.

관귀(官鬼) 축토(丑土)가 첫 번째 남편이고, 관귀 술토(戌土)는 두 번째 남편이다. 관귀 술토(戌土)는 처재의 묘고(墓庫)이다. 지금의 남편은 돈이 많은 편이라고 판단하였다. 등사에 임하고, 등사는 변화를 의미하여 성질이 변덕스럽다는 것을 뜻한다.

2효 관귀(官鬼) 축토(丑土)는 세효(世爻)의 원신(元神)이다. 2효에서 극을 당하며 월파(月破)를 당하였다. 현무(玄武)가 임하고 2효는 생식기, 자궁을 의미한다. 현무는 말을 언급하기가 난처함을 의미한다. 자손(子孫)은 또 자궁을 의미한다. 원신(元神)이 자손에게 극을 받는 것은 부인과 질환을 뜻한다. 목(木)은 통증이다. 그래서 생리통이 있는 것으로 판단했다. 현무는 한랭을 의미한다. 그래서 자궁냉증이 있다고 판단했다.

《피드백》 위의 판단이 모두 들어맞아 조금도 틀리지 않았다.
Feedback

【예2】 乙酉年 寅月 丙子日 (旬空:申酉)				
1968년생 여자가 혼인을 문의하였다				
뇌화풍(雷火豊)				
靑龍		官鬼戌土	‖	
玄武		父母申金	‖	世
白虎		妻財午火	❙	
螣蛇		兄弟亥水	❙	
勾陳		官鬼丑土	‖	應
朱雀		子孫卯木	❙	

[판단] 관귀(官鬼)를 용신(用神)으로 본다. 괘에 관귀가 양현(兩現)하여 일과 합(合)한 관귀 축토(丑土)를 용신으로 본다. 용신은 일월의 도움을 얻지 못하고 월이 극한다. 일과의 합(合)은 만혼(晚婚)이다. 하지만 용신이 2효에 있고 또 응효(應爻)이다. 응(應)은 부처(夫妻)의 자리이다. 2효도 역시 부처(夫妻)의 자리이다. 그래서 종합해서 분석해 보면 늦은 편은 아니다.

용신(用神)이 합(合)을 만나면 대부분 충개(沖開)될 때 응기(應期)가 된다. 1990년 경오(庚午)년은 21세로 자수(子水)를 충개한다. 또한 암동(暗動)한 오화(午火)의 응기(應期)가 된다. 용신이 생의 도움을 얻어 연애가 시작된 해이다. 하지만 세효(世爻)가 공파(空破)를 당하여 유년이 공파(空破)의 문제를 해결하지 못했기 때문에 연애만 할 뿐 혼인에 성공할 수 없었다.

1991년 신미(辛未)년은 용신(用神)인 축토(丑土)를 충(沖)하니 역시 응기(應期) 중 하나이다. 이 해에도 연애 기회가 있었다. 하지만 미토(未土)는 또 암동(暗動)한 원신(元神) 오화(午火)를 합주(合住)하였다. 그래서 연애를 길게 할 수 없었다.

1992년 임신(壬申)년은 세효(世爻)가 출현하여 출공(出空) 및 실파(實破)되었다. 신금(申金)은 부모(父母)로 문서를 의미하여 결혼을 나타낸다. 하지만 공망(空亡)에 현무(玄武)가 임하여 이 조합은 동거하는 조합이다. 이 해에 남자친구를 만나 동거하였다.

1993년 계유(癸酉)년은 기신(忌神)인 묘목(卯木)을 충거(沖去)한다. 부모(父母) 신금(申金)이 제왕(帝旺)의 해에 이르러 정식으로 혼인신고를 하고 결혼식을 올렸다.

1994년 갑술(甲戌)은 자손(子孫) 묘목(卯木)을 합주(合住)하여 애를 낳았다. 자손은 양(陽)이니 남자아이가 된다.

하지만 용신인 관귀 축토(丑土)가 휴수(休囚)하고 월에 극상을 당한다. 기신(忌神)인 자손 묘목(卯木)은 월의 도움과 일의 생을 얻어 왕상(旺相)하다. 왕상한 효는 휴수한 효를 극할 수 있다. 그래서 혼인이 불안정하다. 관귀가 양현하여 재혼을 피할 수 없다.

1997년 정축(丁丑)년은 용신이 도위하여 극을 당하는 해이다. 그래서 이 해에 반드시 이혼할 것이다. 하지만 괘에 용신이 합주(合住)되었다. 합(合)은 미루는 뜻이다. 그래서 이혼이 잘 안 된다.

세효인 부모는 결혼증서를 의미한다. 공망(空亡)에 월파(月破)를 당하였다. 이혼을 보려면 출공(出空)과 실파(實破)의 해를 보아야 한다. 2004년 갑신(甲申)년은 원신 오화(午火)가 공망에 들어가니 용신(用神)이 더 이상 유지할 힘이 없으니 이혼한다.

2002년 임오(壬午)년은 세효가 목욕(沐浴)의 해에 이르렀다. 오화(午火)가 암동(暗動)하여 관귀를 생함이 이 해에 응하였다. 관귀가 합(合)이 되어 충(沖)을 해야 열린다. 암동으로 관귀를 생하니 남자가 있다는 뜻이다. 그래서 이 해에 바람을 피웠다.

[피드백] 위의 추론은 아이의 성별이 틀렸다는 것 외에는 모두 정확하다.

【예3】 丙戌年 卯月 甲辰日 (旬空 : 寅卯)					
31세 여자가 언제 결혼할 수 있는지 문의하였다					
지화명이(地火明夷) → 지천태(地天泰)					
玄武		父母酉金	‖		
白虎		兄弟亥水	‖		
螣蛇		官鬼丑土	‖	世	
勾陳	(妻財午火)	兄弟亥水	Ⅰ		
朱雀		官鬼丑土	⚊̸		子孫寅木
靑龍		子孫卯木	Ⅰ	應	

【판단】 관귀(官鬼)를 용신(用神)으로 본다. 괘에 관귀가 양현(兩現)하여 발동(發動)한 관귀 축토(丑土)를 용신으로 본다. 용신은 월이 극하지만 일이 도와 쇠왕(衰旺)을 가리기 힘들다. 하지만 용신이 동(動)하여 회두극(回頭克)으로 화하니 혼인이 좋지 않다. 비록 부모(父母) 유금(酉金)이 월파(月破)를 당하지만 일(日)의 합(合)을 얻어 앞으로 반드시 결혼한다.

1997년 정축(丁丑)년에 용신(用神) 축토(丑土)가 발동(發動)하여 반드시 연애할 기회가 있다. 하지만 회두극(回頭克)으로 화하여 성공하지 못한다.

2004년 갑신(甲申)년은 변효(變爻)인 인목(寅木)을 충거(沖去)하니 또 기회가 있다. 하지만 인목(寅木)이 공망(空亡)이라 충실(沖實)이 의심되어 불안정하다.

2007년 정해(丁亥)년에 변효(變爻)를 합주(合住)하니 용신(用神)이 더 이상 극을 받지 않아 또 연애의 기회가 있다.

2008년 무자(戊子)는 관귀를 합(合)하는 응기(應期)가 되어 이 해에 결혼할 수 있다.

《피드백》 역시 1997년과 2004년에는 연애가 이루어지지 않았다. 2007년에 연애를 하여 2008년에 약혼을 하였다.

【예4】 甲申年 午月 乙亥日 (旬空 : 子丑)					
여자가 질병에 대해 문의하였다					
간위산(艮爲山) ➡ 수지비(水地比)					
玄武		官鬼寅木	⚊	世	妻財子水
白虎		妻財子水	⚋		兄弟戌土
螣蛇		兄弟戌土	‖		
勾陳		子孫申金	⚊	應	官鬼卯木
朱雀		父母午火	‖		
靑龍		兄弟辰土	‖		

《판단》 이 괘(卦)는 원래 질병을 예측한 것인데, 병(病)을 정확하게 예측했기 때문에 혼인도 문의했다. 결과가 맞아떨어졌다. 질병은 세효(世爻)를 용신(用神)으로 본다. 이 여자는 병원을 나오자마자 필자를 찾아 예측한 것이다.

세(世)는 6효에서 일의 생을 얻고 회두생(回頭生)으로 화한다. 또 5효가 발동(發動)하여 생하니 왕상(旺相)하다. 하지만 3효 자손(子孫) 신금(申金)이 발동(發動)하여 세효(世爻)를 극하고 또 관귀(官鬼) 묘목(卯木)으로 화출(化出)되었다. 세효에 불리하니 질병이고, 관귀를 화출(化出)해 나온 것도 병(病)을 의미한다.

3효는 자궁의 자리이고, 자손(子孫)도 자궁을 의미한다. 화출(化出)된 관귀(官鬼)는 자손의 태지(胎地)니 더더욱 자궁을 의미한다. 구진(勾陳)에 임하니 종양을 의미한다. 그래서 자궁근종이 있다고 판단했다. 목(木)은 3이니 혹이 3개 있다고 판단하였다.

피드백 판단은 그녀를 깜짝 놀라게 했다. 그리고 병원보다 더 빠르고 정확하다고 했다. 그녀는 방금 전 검사에서 자궁근종 세 개를 발견했다고 말했다.

판단 세효(世爻)는 6효에 있어 머리를 의미한다. 원신(元神) 자수(子水)가 백호(白虎)에 임하고 월파(月破)를 당하였다. 세효도 월파(月破)로 화한다. 수(水)는 혈액을 의미하고, 백호도 혈(血)을 의미한다. 머리에 혈액 공급이 부족하다. 게다가 현무(玄武)가 임하니 머리가 어지럽다는 의미가 된다. 그래서 현기증이 있는 것으로 판단된다. 5효는 수(水)이니 목구멍을 의미하고, 월파(月破)에 회두극(回頭克)으로 화하니 목구멍이 좋지 않다.

피드백 역시 판단이 들어맞았다.

◉ 이이 자신의 결혼을 예측해달라고 부탁했다. 나이는 갑진(甲辰)년생이라고 했다.

혼인예측은 관귀(官鬼)를 용신(用神)으로 본다. 1988년 무진(戊辰)년은 신자진(申子辰) 삼합국이 되어 관귀를 생한다. 또 진토(辰土)가 변효(變爻)인 술토(戌土)로 충거(沖去)하니 원신(元神)이 구제를 받았다. 이 해는 만 24세인데 결혼 적령기라 이 해에 결혼한다고 판단했다.

괘(卦)에 자손(子孫) 신금(申金)이 발동(發動)하였다. 1989년 기사(己巳)년은 자손을 합주(合住)하여 이 해에 아이를 낳는다. 간위산(艮爲山)괘로 간(艮)은 소남(少男)이고, 자손은 양효(陽爻)이니 남자아이를 낳았다.

이 괘(卦)는 비록 관귀(官鬼)가 지세(持世)하면서 일의 생을 얻어 왕상(旺相)하다. 지세(持世)는 점유를 의미한다. 하지만 6효에 임하고, 6효는 퇴직의 자리이고 또 월파(月破)로 화하니 비록 있지만 없는 것과 같다는 뜻이다. 2선으로 물러나 별거하였다. 시기를 판단한다면, 자손(子孫) 신금(申金)이 발동(發動)하여 극한다. 하지만 공망(空亡)이다. 1992년 임신(壬申)년은 자손이 출공(出空)하여 관귀를 극한다. 이 해부터 불화가 생기기 시작했다.

1994년 갑술(甲戌)년은 원신(元神) 변효(變爻)의 응기(應期)이다. 원신(元神) 자수(子水)가 공망에 회두극(回頭克)으로 화하여 관귀(官鬼)를 생할 수 없다. 또 결혼증서를 나타내는 부모(父母) 문서가 입묘(入墓)하여 이 해에 별거했다.

세효(世爻)가 월파(月破)로 화하고 원신(元神)도 월파(月破)를 당하였다. 원신은 사유와 심정을 나타내고, 월파(月破)는 마음이 부서지는 것을 나타낸다. 세효가 현무(玄武)에 임하고, 현무는 우울을 의미하여 심정이 좋지 않고 기분이 나쁨을 표시한다. 괘에 3효 자손(子孫)이 동(動)하여 관귀(官鬼) 묘목(卯木)으로 화하였다. 세효가 동(動)하여 목욕지(沐浴地)로 화(化)하였다. 또 현무가 임하는데, 현무는 애매모호를 의미하여 그녀는 혼외정사가 있을 것이라고 판단했다.

괘(卦)에 기신(忌神) 자손(子孫) 신금(申金)이 동(動)하여 관귀(官鬼)를 극한다. 2001년 신사(辛巳)년은 신금(申金)이 합주(合住)되어 관귀는 더 이상 극을 당하지 않는다. 또 자손 신금(申金)이 관귀로 화하여 동(動)은 합(合)이 응기(應期)이다. 그래서 2001년에 애인이 생겼다고 판단했지만 그녀는 인정하지 않았다.

계속 판단 이 해에 나타난 남자는 당신과 결혼하고 싶어 한다. 그에게는 특징이 하나 있는데, 노래를 좋아하고 수준도 매우 높다. 여기까지 판단하고 나니 그녀가 인정했다.

피드백 이 해에 어떤 남자가 자기한테 구애했다. 자기와 결혼하고 싶어 했다. 노래도 잘한다. 자신은 결혼하고 싶지 않아서 좀 지내다가 헤어졌다고 말했다.

왜 이렇게 판단하는가?

왜냐하면 이 해 신사(辛巳)년은 자손(子孫) 신금(申金)을 합(合)하고 사화(巳火)는 부모(父母)로 결혼증서를 의미한다. 기신(忌神) 자손을 합주(合住)하여 관귀(官鬼)를 극하지 못하게 한다. 그래서 결혼하고 싶어 한다. 합(合)은 좋아한다는 의미이고, 신금(申金)은 공망(空亡)으로 또 자손이다. 자손은 오락으로 금(金)이 공(空)하면 울림을 의미하니 노래를 의미한다.

괘(卦)에 자손(子孫) 신금(申金)이 관귀(官鬼)로 화하지만 공(空)으로 화되면 안 된다. 올해 갑신(甲申)년은 신금(申金)이 출공(出空)하여 관귀로 화한다. 그래서 또 새로운 애인이 생긴다.

◉ 그녀는 "올해 이 남자는 어때요?" 하고 물었다.

판단 신금(申金)이 묘목(卯木) 관귀(官鬼)로 화출(化出)하였다. 신금(申金)은 올해 태세를 대표한다. 묘목(卯木)을 바로 월로 보면 묘월(卯月)에 애인이 생겼다. 관귀 지세(持世)는 우울과 걱정을 의미한다. 갑신(甲申)년에 자손(子孫)이 출공(出空)하여 곁에 있는 관귀를 충거(沖去)한다. 그래서 자신은 이 남자를 좋아한다. 그와 함께 있으면 즐겁다고 판단했다. 하지만 자손이 출공(出空)하여 생재(生財)하고 반면 재(財)는 회두극(回頭克)으로 화하니 이 남자와 교제하면 여자가 돈을 대준다. 늘 그에게 돈을 쓴다.

《피드백》 위의 판단은 모두 정확하였다.

		【예5】 丙戌年 丑月 甲子日 (旬空:戌亥)			
		남자가 혼인을 문의하였다			
		천화동인(天火同人) → 천산둔(天山遯)			
玄武		子孫戌土	|	應	
白虎		妻財申金	|		
螣蛇		兄弟午火	|		
勾陳		官鬼亥水	|	世	
朱雀		子孫丑土	||		
靑龍		父母卯木	✗		子孫辰土

[판단] 처재(妻財)를 용신(用神)으로 본다. 응효(應爻)는 처의 자리인데 공망(空亡) 이니 현재 결혼을 못했다.

세효(世爻)와 응효(應爻)는 술해(戌亥)인데 동일한 궁(宮)으로 모두 건괘(乾卦)에 있 다. 세효가 구진(勾陳)에 임하는데 구진은 움직이지 않는 상(象)이다. 고정된 장소 혹 은 사무실의 장소를 나타낼 수 있기 때문에 함께 지내온 상대는 고향 친구 아니면 동 료라고 판단한다.

초효(初爻) 부모(父母) 묘목(卯木)이 발동(發動)하여 1999년 기묘(己卯)년은 응기(應 期)라 할 수 있다. 부처(夫妻)의 자리인 응효(應爻)와 합(合)하여 이 해에 여자친구를 사귀었다. 유년에 출현한 묘목(卯木)의 작용으로 인해 그 해의 여자는 키가 크고 호리 호리한 몸매이다. 현무(玄武)가 있는 술토(戌土)와 합주(合住)하였다. 현무는 섹시함 을 의미하여 이 여자가 매우 예쁘고 기품이 있다는 것을 말해 준다. 합(合)한 것이 자 손(子孫)이고, 자손은 예술을 의미한다. 그래서 이 여자는 예술적 재능이 있다. 술토 (戌土)는 역마(驛馬)이니 이 여자는 많이 다니고 출장도 많이 간다. 술토(戌土)는 6효에 있다. 6효는 머리를 의미한다. 현무는 흑색이니 머리가 흑색이다. 목(木)은 모발을 의미하고, 묘목(卯木)이 초효에서 6효로 합해 오니 머리를 길게 길렀다. 6효는 얼굴이고 토(土)는 코를 의미하는데 왕상(旺相)하니 코가 크고 예쁘다.

《피드백》 동료이다. 세부적인 판단은 모두 다 정확하다.

판단 2000년 경진(庚辰)년은 응효(應爻)인 술토(戌土)를 충실(沖實)하여 이 해에 또 한 명의 여자가 나타났다. 괘에 초효(初爻) 묘목(卯木)이 진토(辰土)로 화출(化出)하였다. 그래서 이 해에 사귀는 여자가 기묘(己卯)년과 관련되어 기묘(己卯)년에 알게 된 것이라고 판단했다. 경진(庚辰)의 납음(納音)은 백랍금(白蠟金)이니 이 여자의 생김새가 희고 깨끗하다. 금(金)은 재(財)이니 이 여자는 장사를 하거나 금융업을 한다. 유년 경진(庚辰)은 세효(世爻)의 묘고(墓庫)인 동시에 관귀의 묘고(墓庫)이다. 관귀는 남자를 의미하고, 묘고(墓庫)는 관리를 의미한다. 그래서 이 여자는 남자를 통제하는 것을 좋아하고, 남자를 만나면 명령을 내리는 것을 좋아한다.

피드백 1999년에 잠시 지내다 헤어졌다가 2000년에 다시 찾아왔다. 여자 쪽은 고향 사람으로 피부가 깨끗하고 회사를 운영한다. 사람을 관리하는 데 익숙하기 때문에 남자에게 명령을 내리는 것을 좋아한다. 뜻밖에 그녀는 나의 동의 없이 부모님 앞에서 우리가 결혼한다고 발표했다. 나는 화가 나서 헤어졌다.

판단 2001년 신사(辛巳)년은 충실(沖實)한다. 또 5효의 처재(妻財) 신금(申金)을 합주(合住)했다. 신금(申金)은 처재로 이 해에도 역시 여자가 출현한다. 신금(申金)이 5효에 임하고, 5효는 도로를 의미하니 이 해에 여자는 길 위에서 알게 된 것이다. 사화(巳火)는 처재의 장생지(長生地)이다. 그래서 그 여자가 금융업을 하는 것으로 판단했다.

피드백 2001년에 만난 여자는 기차에서 알게 되었다. 마침 자기와 같은 특별석에 앉아 있었다. 은행에서 근무하고 있다.

⊙여기까지 판단하자 그는 앞의 판단이 모두 다 맞았다며, 마지막으로 언제 결혼할 수 있는지 물었다.

판단 세효(世爻)가 공망(空亡)이고 처재(妻財)의 생을 얻지 못한다. 정해(丁亥)년은 세효가 출공(出空)이 되니 결혼할 수 있다.

피드백 역시 정해(丁亥)년 연말에 결혼했다.

【예6】 癸未年 戊月 癸亥日 (旬空 : 子丑) 여자가 무오(戊午)년생 남동생의 혼인을 문의하였다						
지화명이(地火明夷)　→　산천대축(山天大畜)						
白虎		父母酉金	⚊⚊		子孫寅木
螣蛇		兄弟亥水	‖		
勾陳		官鬼丑土	‖	世	
朱雀	(妻財午火)	兄弟亥水	❘		
靑龍		官鬼丑土	⚊⚊		子孫寅木
玄武		子孫卯木	❘	應	

《판단》 *Judgement* 처재(妻財)를 용신(用神)으로 본다. 처재 오화(午火)는 휴수(休囚)하며 괘에 없다. 아직 결혼을 못했음을 나타난다.

2001년 신사(辛巳)년은 비신(飛神)을 충개(沖開)하여 용신(用神)이 출현(出現)하였다. 태세(太歲)가 또 처재(妻財)이다. 그래서 이 해에 여자친구가 생겼다. 처재 사화(巳火)가 비록 세효(世爻)를 생하지만 부모(父母) 유금(酉金)과 관귀(官鬼) 축토(丑土)와 삼합국이 되었다. 부모 유금(酉金)과 일체가 되어 이루어질 수 없다. 부모가 백호

(白虎)에 임하고 부모는 차, 백호는 도로, 유금(酉金)은 또 역마(驛馬)를 의미한다. 그래서 조합하면 운전자의 정보이기 때문에 이 여자친구는 결국 택시기사와 결탁해 교제한다고 판단했다.

《피드백》 여자친구는 한 택시기사에게 꾀여 갔다.

판단　2002년 임오(壬午)년은 복장(伏藏)된 용신(用神)이 출현하였다. 주작(朱雀)이 임하여 채팅해서 알게 된 것이다. 임오(壬午)년은 납음(納音)으로 양류목(楊柳木)이니 태세(太歲) 또한 처재(妻財)이다. 몸매가 날씬하고 예쁘고 여성스럽다. 하지만 오화(午火) 그 자체가 형제(兄弟) 아래 복장하고 또 월의 관귀(官鬼) 술토(戌土)에 입묘(入墓)하였다. 그래서 이 여자는 정직하지 못하며 여러 남자와 관계가 있음을 나타낸다. 태세(太歲)가 자손(子孫) 태지(胎地) 유금(酉金)을 극하고, 유금(酉金)이 백호에 임하고 절(絶)로 화하니 유산한 적이 있다.

피드백　인터넷 채팅으로 알게 되었다. 이 여자는 아주 예쁘다. 다른 사람과 동거한 적이 있다. 자궁외 임신으로 유산한 적이 있다.

판단　올해 계미(癸未)년은 세효(世爻)를 충실(沖實)하고 또 처재(妻財) 오화(午火)를 합한다. 그래서 여자친구를 사귈 기회가 또 생긴다. 게다가 양띠일 수도 있다. 왜냐하면 미토(未土)는 양을 의미한다. 태세(太歲)와 세효의 오행은 모두 토(土)이다. 지인의 소개를 의미한다. 세효가 공망(空亡)이니 망설임 혹은 싫음을 의미한다. 충실(沖實)을 당하여 다른 사람의 설득으로 또 원함을 나타낸다. 태세(太歲)가 관귀이니 못생겼음을 의미한다. 보아하니 이 여자와 결혼했다.

피드백　이웃이다. 친구가 소개해 준 것이다. 그는 여자가 못생겨서 싫었다. 하지만 소개자의 권유로 동의했다. 이 여자아이는 바로 양띠이다. 그 해 섣달에 결혼했다.

【예7】 丁亥年 辰月 壬申日 (旬空 : 戌亥)
경술(庚戌)년생 남자가 언제 결혼할 수 있는지 문의하였다

천지비(天地否) ➡ 수산건(水山蹇)

白虎		父母戌土	✗	應	子孫子水
騰蛇		兄弟申金			
勾陳		官鬼午火	✗		兄弟申金
朱雀		妻財卯木	✗	世	兄弟申金
靑龍		官鬼巳火	‖		
玄武	(子孫子水)	父母未土	‖		

【판단】 처재(妻財)를 용신(用神)으로 본다. 세효(世爻)가 부모(父母) 술토(戌土)에 합주(合住)당하여 자신의 혼인은 주로 부모가 조종하는 것임을 나타내고 어른이 마음대로 한다. 처재 묘목(卯木)은 일월의 도움을 얻지 못하며 일이 극을 한다. 회두극(回頭克)으로 화하고 또 육합괘(六合卦)이다. 비교적 결혼이 늦다.

【피드백】 결혼 상대는 부모님이 동의해야만 비로소 가능하다. 현재 38세이니 당연히 만혼이다.

판단 세효(世爻)가 주작(朱雀)에 임하고, 주작은 교육 혹은 문서를 의미한다. 동(動)하면서 문서인 부모(父母)와 합(合)을 하니 자신은 글씨를 쓸 수 있고 그림을 그릴 수 있다. 교사 일에 종사한 적이 있을 것이다.

피드백 미술을 전공했고, 교사 생활을 하다가 그만뒀다.

판단 세효(世爻)가 6효 부모(父母) 술토(戌土)와 합(合)을 하고 6효는 사당·절을 의미한다. 술토(戌土)는 관귀(官鬼)의 묘고(墓庫)이니 관귀는 신불(神佛), 묘고는 사원(寺

院)을 의미한다. 그래서 당신은 사원과의 관계가 밀접하고 인연이 깊다고 판단했다.

피드백 맞다. 저는 9년 동안 절에서 살았고, 그곳에서 그림을 그렸다.

판단 2000년 경진(庚辰)년은 응효(應爻)를 충실(沖實)한다. 응(應)은 부처(夫妻)의 자리이다. 또 용신(用神) 처재(妻財) 묘목(卯木)은 술토(戌土)에 합주(合住)를 당하였다. 이 해에 충개(沖開)를 한다. 그래서 이 해에 여성과 접촉하기 시작했다. 결혼할 수 있는 운에 들어간 것으로 계산할 수 있다. 하지만 소용이 없었다. 술토(戌土) 역시 월파(月破)를 당하였다. 응효(應爻)가 태세(太歲)에 충파(沖破)를 당하여 성사될 수 없다.

피드백 1년 동안 혼담이 많았지만 공식적인 연애는 없었다.

판단 용신(用神) 묘목(卯木)이 동(動)하여 회두극(回頭克)으로 화한다. 2001년 신사(辛巳)년은 신금(申金)을 합주(合住)하니 용신은 더 이상 극을 받지 않아 결혼할 수 있는 해이다. 하지만 일에 신금(申金), 변효(變爻)도 신금(申金)이니 합주(合住)는 기회일 뿐이지 성사될 수 없다는 뜻이다. 태세(太歲)가 합(合)을 한 것은 모두 형제(兄弟) 신금(申金)으로 일월, 괘, 변효 3개가 신금(申金)이다. 형제는 친구를 의미한다. 그래서 이 해에 사귄 여자친구가 사교성이 너무 강하고 친구가 많아서 안 된다.

피드백 그 여자는 교제가 너무 넓다. 모친은 그런 여자를 믿을 수 없다고 동의하지 않는다.

판단 2003년 계미(癸未)년은 용신(用神)이 입묘(入墓)한다. 2004년은 용신이 극을 당하고 바로 기신(忌神)이 힘을 얻을 때이다. 이 2년 동안 여자친구가 없었다.

피드백 맞다. 이 2년 동안 여자친구가 없었다.

판단 2005년 을유(乙酉)년은 처재 묘목(卯木)에 합(合)을 당했는데 태세(太歲)가 와서 충개(沖開)한다. 이 해에 본격적으로 연애를 시작한다. 묘목(卯木)은 6효의 술토(戌土)에게 합주(合住)되었는데 이 해에 충개되었다. 6효는 외국인데 충개되어 합

(合)을 하지 않는다. 외국에서 돌아왔다는 뜻이다. 이번 해에 나타난 여자친구는 외국에서 돌아온 사람이다. 하지만 태세(太歲) 유금(酉金)은 형제로 처재를 충극(沖克)한다. 그래서 이 해에 만난 여자친구는 돈을 너무 잘 쓴다. 절약하며 살아갈 줄 모른다.

피드백 맞다. 이 해에 여자 2명을 사귀었는데 한 사람은 일본, 또 한 사람은 싱가포르에서 돌아왔다. 내 생각에는 괜찮은 것 같은데 다만 돈을 너무 잘 쓴다. 모친이 동의하지 않는다.

판단 2006년 병술(丙戌)년은 응효를 실파(實破)하고 실공(實空)하고 또 처재 묘목(卯木)을 합주(合住)한다. 그래서 여자친구가 생긴다. 하지만 부모 문서가 괘에서 원래는 공망(空亡)이다. 태세(太歲)가 와도 시간만 의미할 뿐이다. 이 해에 만난 여자친구는 결혼 이야기를 꺼내지 않는다. 그냥 지내기만 할 뿐 결혼에 대한 의식이 강하지 않다.

피드백 맞다. 이 해에 몇 명의 여자들을 만났는데, 나는 괜찮다고 생각했지만 여자들은 바로 결혼하고 싶어 하지 않았다. 몇 년 더 사귀고 이야기하자고 한다. 내가 나이가 많아서 기다릴 수 없어서 그래서 같이 지낼 수 없었다.

판단 올해 정해(丁亥)년은 용신(用神)이 휴수(休囚)하였는데 장생(長生)을 얻었다. 그래서 여자친구를 만났다. 인월(寅月)은 기신(忌神) 변효(變爻)를 충거(沖去)한다. 그래서 정월에 여자친구가 생긴다. 장생(長生)은 초기 단계로 성숙되지 않음을 의미하기 때문에 올해 사귄 여자들은 모두 자신보다 나이가 훨씬 적다.

피드백 올해 두 명이나 사귀었는데 모두 나보다 10살이나 어렸다. 너무 안 어울렸다. 게다가 2005년의 그 여자가 또다시 찾아왔는데 우리 엄마는 모두 동의하지 않았다. 언제까지 기다려야 하나?

판단 2010년 무인(戊寅)년은 변효(變爻)인 신금(申金)을 충거(沖去)한다. 이 해가 되어야 결혼할 수 있다.

피드백 이 내용은 결과를 기다리는 중이다.

六爻婚姻豫測學

육효혼인예측학

1판 1쇄 발행 | 2024년 10월 25일

지은이 | 왕호응
옮긴이 | 박형규
펴낸곳 | **학산**출판사
주소 | 서울시 종로구 종로 127-2 영흥빌딩 502호
전화 | 010-7143-0543 / 02)765-1468
이메일 | boak5959@naver.com
출판등록 | 2017년 12월 29일

책임편집 | 김영철
표지 및 본문디자인 | 개미집

ISBN 979-11-987735-1-7 (93180)